경찰손실보상법

— 이론의 이해부터 손실의 보상까지 —

서정범 · 김용주 · 김민정 저

세창출판사

서 문

　적법한 경찰작용으로 인하여 국민에게 손실이 발생하였다면 그에 대하여는 경찰상 손실보상을 통한 구제가 행해져야 마땅한데, 그를 위해서는 관련 법률에 손실보상 규정이 존재하여야 한다. 그런데 우리나라의 경우 과거에는 「경찰관 직무집행법」에 손실보상 규정이 없었던 관계로 경찰상 손실보상은 행해질 수 없었으며, 이 때문에 오래전부터 학계와 실무계 공히 경찰손실보상제도를 도입할 필요성을 강조하여 왔다. 그리고 이러한 주장이 받아들여져 2013년에 법 개정을 통하여 「경찰관 직무집행법」에 손실보상 규정이 신설되기에 이르렀다.

　이처럼 법 개정을 통하여 경찰상 손실보상의 가능성이 확보되고, 실무적으로도 경찰상 손실보상이 행해지기 시작한 지 벌써 10년이 흘렀다. 그러나 그럼에도 불구하고 경찰상 손실보상에 관한 학문적 연구는 그리 활발하지 못한 면이 있으며, 특히 경찰상 손실보상의 문제를 전방위적으로 다룬 본격적인 학술서적은 사실상 전무한 실정이다. 이에 경찰상 손실보상의 문제에 대해 개별적으로 연구를 해 왔던 공저자들은 각자의 연구를 공유하고 그를 집대성하여 경찰상 손실보상에 관한 기본서를 출간하는 것에 뜻을 같이하였는바, 그러한 의기투합의 결과물로 본서가 출간되게 되었다.

　언제나 그렇듯 본서가 이러한 형태로 출간된 것은 실로 많은 분의 도움이 있었기에 가능했는바, 여기서 거명하여 고마움을 표하고자 한다. 먼저 경찰상 손실보상에 관한 연구저작물을 발표하여 본서를 집필함에 있어 공저자들에게 많은 영감을 주신 동학(同學)에게 고마움을 표

한다. 단언컨대 이분들의 선행 연구가 없었다면 본서의 출간은 불가능했었다고 해도 과언이 아니다. 또한 어려운 출판사정하에서도 본서의 출간을 선뜻 허락하여 주신 세창출판사 이방원 사장님께 이 자리를 빌려 감사의 마음을 전한다. 그리고 공저자들의 까다로운 요구를 무리없이 반영하여 본서의 완성도를 높여 주신 세창출판사 편집부 직원분들께도 감사의 마음을 표한다.

2024년 1월
공 저 자

차례

서 론(Einleitung)

제1장 ‖ 행정상의 손실보상 일반이론

제2장 ‖ 경찰손실보상제도

제3장 ‖ 경찰손실보상 심의사례 분석

서 론(Einleitung)

서 론(Einleitung)

경찰행정은 조세행정과 더불어 침해행정의 전형을 이루고 있는 바, 이는 경찰이 경찰작용을 수행하는 과정에서 개인의 생명이나 신체 또는 재산에 침해를 가하는 경우가 많다는 것을 의미한다. 이러한 사정 때문에 경찰작용으로 인하여 개인에게 발생한 피해를 메꾸어 주어야 할 필요성이 일찍부터 인정되었으며, 그를 위한 수단으로서 경찰구제제도가 확립되기에 이르렀다. 경찰구제제도는 처음에는 경찰작용이 행해진 이후에 경찰작용으로 인하여 발생한 피해를 메꾸어 주기 위한 사후적 구제제도로서 발전되었지만, 근래 들어 행정작용에 대한 절차적 통제의 문제가 대두되면서 사전적 구제제도에 관한 논의가 활발해지고 있다. 그러나 그러한 경향에도 불구하고 경찰구제제도의 중점은 여전히 사후적 구제제도에 놓여 있다고 볼 수 있다.

경찰구제의 중점을 사후적 구제에 두는 경우, 경찰구제는 「경찰작용으로 말미암아 자기의 권익을 침해당한 자가 경찰행정청이나 법원에 대하여 그 경찰작용의 시정 또는 손해의 전보를 구하는 절차」를 의미하는 것으로 이해할 수 있다. 이러한 사후적 구제제도는 경찰작용으로 인하여 개인에게 불이익이 발생한 경우에 그러한 불이익을 금전으로 메꾸어 주는 실체적 행정구제(경찰상의 손해전보)와 경찰작용으로 말미암아 자기의 권익을 침해당한 자가 경찰관청이나 법원에 대하여 당해 경찰작용의 시정을 구하는 방법을 통하여 행해지는 절차적 행정구제(행정쟁송)로 대별해 볼 수 있다. 한편 경찰작용으로 인한 사후적 구제제도 중 행정쟁송은 다른 작용에 관한 행정쟁송과 다를 바가 전혀 없으며, 경찰상의 손해전보 중 경찰상의 손해배상 또한 행정상의 손해배상에 관한 일반논리가 그대로 적용되므로, 경찰구제와 관련하여 이

들 문제를 특별히 따로 논할 실익은 사실상 없다고 할 수 있다. 그러나 경찰상의 손실보상의 문제는 비록 행정상의 손실보상에 관한 일반적 논의와 그 이론적 기초를 같이하지만, 법적 근거나 보상의 대상 등에 있어 행정상의 손실보상 일반론과는 조금 다른 양상을 띠고 있다. 따라서 여기에 경찰상의 손실보상을 행정상의 손실보상 일반론과 별도로 논할 실익이 있다고 본다.

주지하는 바와 같이 행정상 손실보상이 행해지기 위해서는 관련 법률에 손실보상규정이 존재하여야 한다. 따라서 적법한 공권력 행사로 특별한 희생이 발생하여 이론상 손실보상의 필요성이 인정될 수 있는 경우라 할지라도, 관련 법률에 보상규정이 존재하지 않으면 손실보상을 받을 수가 없는 경우가 발생한다. 그런데 우리나라의 실정법 가운데에는 손실보상의 필요성이 인정되는 이른바 공용침해(Enteignung)를 규정하면서도 그에 대한 손실보상 규정을 갖고 있지 않은 법률들이 많다. 그리고 이로 인하여 당해 법률에 규정된 공용침해로 인하여 개인의 재산권 등이 침해되었음에도 불구하고 손실보상을 받지 못하는 일이 발생하고 있다. 그리고 이 때문에 손실보상의 실정법적 근거, 특히 「헌법」제23조 제3항의 공용침해조항의 법적 효력과 관련하여 다양한 학설이 전개되고 있는 실정이다. 그러나 경찰상의 손실보상과 관련해서는 이러한 논의가 사실상 불필요한데, 그 이유는 우리의 「경찰관 직무집행법」제11조의2에 「국가는 경찰관의 적법한 직무집행으로 인하여 다음 각 호의 어느 하나에 해당하는 손실을 입은 자에 대하여 정당한 보상을 하여야 한다」라는 규정(동조 제1항)이 신설됨으로써, 적법한 경찰작용에 대한 손실보상의 법적 근거가 존재하게 되었기 때문이다.[1] 이처럼 법개정을 통하여 「경찰관 직무집행법」에 경찰손실보상제

---

1) 경찰상의 손실보상을 받을 수 있는 다른 요건들을 모두 갖추고 있음에도 불구하고 단지 손실보상 규정이 존재하지 않는다는 것만으로 손실보상을 받을 수 없는 것의 문제점은 학자들에 의해 오래전부터 지적되어 왔다. 그리고 이러한 문제의 해결을 위하여 마침내 2013년 4월 15일의 법개정을 통하여 「경찰관 직무집행법」제11조의2가 신설되었다.

도가 도입됨으로써 적법한 경찰작용으로 인하여 손실을 입은 국민에게 예산을 전용하거나 현장 경찰관의 개인비용으로 변상을 해왔던 불합리한 관행을 시정하고, 명확한 법적 근거를 가지고 손실보상을 해줄 수 있는 길이 열리게 되었다.

따라서 이제부터 우리나라에서의 경찰작용에 대한 손실보상에 관한 모든 논의는 「경찰관 직무집행법」 제11조의2의 손실보상 규정의 내용을 중심으로 전개되어야만 한다. 이는 「경찰관 직무집행법」상의 손실보상 규정이 행정상 손실보상에 관한 일반 법리와는 다른 내용을 담고 있는가 하면, 학계에서의 논의를 받아들여 지금까지 전혀 찾아볼 수 없었던 내용까지 담고 있어서 행정상의 손실보상에 관한 일반법리가 경찰상의 손실보상에는 그대로 적용될 수 없게 되었기 때문이다. 이 가운데 특히 주목할 것으로는 다음과 같은 것이 있다.

첫째, 2013년에 법개정을 통하여 신설된 「경찰관 직무집행법」상의 손실보상 규정은 손실보상에 관한 일반적 논의를 그대로 답습하여 단지 재산상의 손실에 대해서만 손실보상을 인정하고 있었다. 그러나 경찰활동의 경우 여타의 행정활동과 달리 (특히 무기사용 등과 관련하여) 비재산적 법익 침해의 문제가 빈발하는 것을 고려할 때 그러한 규정방식은 문제가 있다는 점이 지적되면서, 결국 2018년의 법 개정을 통하여 생명과 신체에 대한 침해에 대하여서도 손실보상을 인정하는 규정이 도입되었다(동법 제11조의2 제1항). 이로 인하여 우리나라에서도 경찰관의 적법한 경찰활동으로 인한 비재산적 법익 침해에 대한 손실보상의 길이 열리게 되었다.

둘째, 전통적인 경찰행정법 이론은 경찰책임자의 위험방지의무－비용부담의무－무보상(無補償)의 원칙이 필연적으로 결합된다는 것을 내용으로 하는 '연계원칙(連繫原則, Konnexitätsprinzip)'에 기초하고 있다. 그리고 이러한 연계원칙에 따라서 경찰책임자는 경찰상의 위험방지를 위한 의무를 부담하고, 그러한 위험방지조치에 소요되는 비용을 모두 부담하여야 할 뿐만 아니라 경찰권발동으로 인하여 자신에게 손실이 발생한 경우에도 손실보상을 청구할 수 없다는 것이 경찰행정법학에서 오랫동안 정설의 지위를 점하고 있다. 그러나 「경찰관 직무집행법」은 손실발생의 원인에 대하여 책임이 있는 자라고 할지라도 자기 자신의 책임에 상응하는 정도를 초과하는 손실을 입은 경우에는 손실보상을 청구할 수 있음을 명문으로 규정하고 있다.

전술한 바와 같이 「경찰관 직무집행법」에 손실보상 규정이 신설되면서 적법한 경찰작용으로 인해 손실을 입은 개인은 동법이 규정한 손실보상 절차에 따라 손실보상을 받을 수 있게 되었다. 그리고 실제로 동 규정이 설치된 2013년 이래 지난 10년 동안 적법한 경찰작용에 대한 손실보상을 청구한 사례는 수천 건에 달하고 있다. 그런데 그들 사례에 있어 손실보상을 인용 또는 기각한 결정의 주문 및 그 이유를 상세히 설명하고 있는 것은 서울특별시경찰청이 발간한 「손실보상 기각 사례집」(2018.2)을 제외하고는 그 어디에서도 찾아볼 수 없는 실정이다. 그리고 이는 경찰상손실보상에 관한 사례연구를 사실상 불가능하게 만들고, 결국 경찰상 손실보상에 관한 이론의 발전을 저해하는 가장 주요한 원인으로 기능하고 있다. 「경찰관 직무집행법」에 손실보상 규정이 신설되어 손실보상이 행해진 지 10년이 흘러갔음에도 불구하고 경찰상 손실보상에 관한 본격적인 연구가 행해진 바 없는 이유 또한 그러한 사정에 기인하는 바 크다고 할 것이다.

본서는 이러한 사정에 대한 문제 의식을 가진 공저자 3명이 각자가 지금까지 경찰상 손실보상에 관해 행해 온 연구결과를 공유하여 경찰상 손실보상에 관한 본격적인 학술연구서를 발간해 보자고 의기투합한 결과의 산물인바, 공저자 3인과 그들이 저술한 부분을 간단히 소개하면 다음과 같다.
서정범(경찰대학 법학과 교수, 경찰청 손실보상위원장: 제1장 행정상의 손실보상 일반이론)
김용주[2](초당대학교 공공행정학부 교수, 충청남도 자치경찰위원회 위원: 제2장 경찰손실보상제도)

김민정[3](변호사, 서울특별시경찰청 송무관: 제3장 경찰손실보상 심의사례 분석)

본서의 특징 내지 본서를 집필함에 있어 공저자들이 주력했던 사항을 열거하면 다음과 같다.

첫째, 본서는 경찰상의 손실보상에 관련된 모든 문제를 전방위적으로 고찰하고 있다. 즉, 본서는 경찰상의 손실보상에 관한 논의가 상당 부분 행정상의 손실보상 일반이론에 기초하여 전개되고 있음을 직시하여 먼저 행정상 손실보상에 관한 일반론을 다루고, 경찰행정법 일반이론에 상응하는 경찰상의 손실보상에 관련된 이론을 고찰하고 있다. 아울러 경찰상의 손실보상에 관한 학문적 논의가 우리나라의 「경찰관 직무집행법」에 어떻게 반영되어 있는지를 동법상의 손실보상 규정의 내용을 토대로 상세히 고찰하고 있다.

둘째, 우리나라에 경찰상 손실보상제도가 도입된 지 10년이 지났으며, 그동안 경찰상 손실보상 청구에 대한 보상 여부 결정이 행해진 사례가 전국적으로 수천 여건이 있었음에도 불구하고 지금까지 경찰상 손실보상에 관한 실증적 연구는 전무한 것이 사실이다. 이러한 사정을 안타깝고 또 부끄럽게 여긴 공저자들은 여러 경로를 통하여 힘들게 얻은 실제 심결례에 대한 분석을 통하여 경찰상 손실보상에 대한 실증적 연구를 행하였다.

셋째, 이러한 실증적 연구는 국민에게 경찰상 손실보상 청구에 대한 보상 여부와 관련하여 예측가능성을 제시해 주고, 향후 유사 사례

---

2) 김용주 교수는 이미 오래전부터 경찰상 손실보상, 특히 그와 관련된 실증적 사례에 관한 연구를 해 왔는데, 대표적 저작으로는 김용주, "경찰손실보상 심의사례의 경찰법적 검토", 공법학연구 제20권 제1호(2019), 26쪽 아래; 김용주/김민정, "경찰손실보상에 관한 경찰법 도그마틱―쟁점 사례 분석과 제언―", 고려법학 제111호(2023), 251쪽 아래.

3) 김민정 변호사는 서울경찰청에서 손실보상 안건 검토를 담당하고 있어 손실보상 실무에 정통하며, 근래에 "경찰작용에서 손실보상의 법적 문제에 관한 연구"라는 주제를 가지고 한국외국어대학교에서 법학박사학위를 취득한 바 있다.

에 있어 결정 기준을 제시해 준다는 점에서 그 필요성이 인정된다. 그런데 이러한 실증적 연구에 있어 제일 중요한 것은 모든 논의가 경찰행정법 일반이론을 토대로 하고, 또한 그러한 이론과 부합할 수 있도록 전개되어야 한다는 것이다. 따라서 이러한 연구는 경찰행정법을 전공하는 학자들만이 수행할 수 있다고 할 것인바, 그런 면에서 오랫동안 경찰행정법을 전공해 온 본서의 공저자들이야말로 이런 연구를 수행하기에 가장 적합한 학자들이라고 자부한다.

전술한 바와 같이 경찰손실보상제도의 도입은 적법한 경찰작용으로 인해 손실을 입은 국민에 대한 권리구제에 충실을 기할 수 있게 함은 물론이고, 현장의 집행 경찰관에게 적극적인 직무수행의 동기를 부여할 수 있게 하였다. 이런 점에서 경찰손실보상제도는 국민과 경찰(기관) 모두에게 미치는 효과가 매우 크다고 할 수 있다. 한편 경찰손실보상제도가 제대로 기능하려면 경찰손실보상제도의 근거·범위·절차·한계 등을 명확히 할 필요가 있는바, 본서는 그러한 점을 분명히 하여 경찰손실보상제도에 대한 이론적 이해와 그러한 이론의 실무에의 적용을 용이하게 하려는 목적의식을 가지고 쓰여졌다. 그리고 이러한 목적을 최대한 구현하기 위해서 공저자들은 본서를 제1장 「행정상의 손실보상 일반이론」, 제2장 「경찰손실보상제도」, 제3장 「경찰손실보상 심의사례 분석」의 3개 장으로 구성하였는바, 각 장의 구성과 내용은 다음과 같다.

먼저 제1장 「행정상의 손실보상 일반이론」은 행정상 손실보상에 관한 기본적 이해를 도모하는 것을 그 목적으로 하고 있다. 이는 경찰손실보상제도가 근본적으로 행정상 손실보상의 일 유형에 해당하므로 경찰손실보상제도에 관한 총합적 이해를 위해서는 행정상 손실보상에 관한 이해가 전제되어야 한다는 점을 고려한 것이다. 제1장은 제1절 행정구제 수단으로서의 행정상의 손실보상과 제2절 행정상의 손실보상의 2개 절로 이루어져 있다. 한편 제2절은 행정상 손실보상의 의의와 요건, 대상과 기준, 유형과 방법, 손실보상에 대한 불복 및 특별한 유형의 손실보상에 관해 상세히 다루고 있다.

다음으로 제2장 「경찰손실보상제도」는 본서에서 가장 중핵적인 부분으로, 경찰손실보상제도를 그에 관한 경찰행정법 일반이론으로부터 시작하여 현행 「경찰관 직무집행법」의 내용에 이르기까지 전방위적으로 남김없이 다루고 있다. 제2장은 제1절 경찰손실보상제도의 기초이론, 제2절 경찰손실보상제도 이해를 위한 경찰법 체계, 제3절 경찰손실보상의 요건, 그리고 제4절 경찰손실보상의 절차의 4개 절로 구성되어 있다.

마지막으로 제3장 「경찰손실보상 심의사례 분석」에서는 손실보상 심의위원회의 심의 대상이 되었던 구체적 사건에 대한 심의사례를 통해 손실보상 여부 및 범위에 대한 기준이 어떻게 형성되고 있는지를 살펴보고, 손실보상의 여부 및 범위를 확정하는 데 경찰법 이론이 어느 정도 투영되어 있는지를 분석하였다. 아울러 손실보상심의기준을 확립하기 위하여 구체적 심의결과의 적절성 여부를 제시하는 것도 소홀히 하지 않았다.

본서의 공저자들은 법(학)이론은 실제로 사회에서 발생하는 문제를 법적으로 해결하는 데 도움이 되는 한도에서만 도그마로서 존재의 의를 갖는다고 생각한다. 따라서 경찰법 이론이 존재하는 목적 또한 경찰법적 문제를 해결하는 데 있어서 사회통념에 적합한 결론을 도출하는 데 기여하는 것에 두어져야 한다고 생각한다. 이러한 관점에서 경찰손실보상제도를 둘러싼 문제를 경찰법 이론이라는 필터를 가지고 해결하려는 시도를 행하였으며, 이를 통해 독자들이 경찰손실보상제도를 최대한 잘 이해할 수 있도록 구성하려고 노력하였다. 즉, 경찰법 이론이라는 도구를 활용하여 실무사례를 분석하고 유형화함으로써, 경찰손실보상의 여부·범위·한계에 대한 일정한 원칙과 기준을 세우고자 노력하였다. 특히 최근 경찰손실보상의 실무사례에 나타나고 있는 위험, 경찰의 직무, 경찰권 발동의 대상으로서 경찰책임자의 선정, 경찰권 발동의 시기 및 정도에 대한 이론적 평가를 통해 경찰직무의 적법성을 평가하고, 이를 전제로 손실발생의 원인에 대한 책임 여부에 대하여 치밀한 분석을 거쳐 손실보상의 여부 및 범위를 이끌어 내고자 노력하였다.

공저자들의 이러한 노력이 한편으로는 적법한 경찰작용으로 인해 손실을 입은 국민에게는 권리구제의 확보를 용이하게 하는 재료로, 다른 한편으로는 현장에서 실무를 집행하는 경찰(기관)에게는 자신이 행하는 작용에 대한 후속적 책임에 대한 두려움 없이 적극적으로 직무를 수행할 수 있는 근거로서 활용되기를 희망하며 머리글에 대하고자 한다.

제 **1** 장

행정상의 손실보상 일반이론

제1절

행정구제 수단으로서의 행정상의 손실보상

I. 행정구제의 의의

행정상의 손실보상은 행정작용의 과정에서 국민에게 발생한 피해에 대한 구제, 즉 행정구제를 위한 수단의 하나로 설명되어 왔다. 따라서 행정상의 손실보상을 이해하기 위하여서는 먼저 행정구제가 무엇을 의미하며, 행정구제의 수단으로는 어떠한 것이 있는지, 그리고 행정상의 손실보상이 행정구제 제도 중에서 어떤 의미를 갖는지에 관하여 알아두어야 한다.

행정은 행정목적의 실현을 그의 직무로 하는바, 이러한 직무를 수행하는 과정에서 종래 행정은 개인에게 명령·강제하는 권력적 수단을 많이 사용하여 왔다.[4] 이는 행정작용이 행정의 직접적 상대방이 되는 개인의 자유와 권리를 침해하는 경우가 종종 있다는 것을 의미한다. 한편 이처럼 행정작용으로 인하여 개인의 권익침해가 발생하는 경우

---

[4] 이는 행정이 행정목적의 실현을 위하여 개인에게 명령·강제하는 것을 유일한 수단으로 한다는 것을 의미하지는 않으며, 단지 종래 명령·강제를 그 주된 수단으로 삼아 왔다는 것을 의미할 뿐이다. 실제로 오늘날 행정은 그의 목적을 달성하기 위하여 명령·강제라는 권력적 수단 이외에도 비권력적 수단을 많이 활용하고 있으며, 근래에 들어서는 사법적(私法的) 수단을 사용하는 경우 또한 증대하고 있는 실정이다.

에는 그러한 권익침해를 어떻게 메꾸어 줄 것인가?라는 문제가 발생하게 되는데, 이것이 바로 행정구제의 문제이다. 여기서 행정구제란 "행정작용으로 말미암아 자기의 권익을 침해당한 자가 행정관청이나 법원에 대하여 그 행정작용의 시정 또는 손해의 전보를 구하는 절차"를 총칭한다. 한편 이러한 행정구제가 문제되는 이유는 위법한 행정작용의 경우는 물론이고, 적법한 행정작용으로 인하여 개인이 불이익을 입게 되는 경우에도 그러한 불이익을 개인에게 영속적으로 귀속시킬 수는 없는 경우가 있다는 것, 따라서 그러한 불이익을 메꾸어 줄 필요가 있다는 것에서 찾을 수 있다.

II. 행정구제 개관

이하에서는 먼저 전술한 바와 같은 행정구제의 개념을 토대로 하여 그의 수단을 전체적으로 개관한 후에, 행정상의 손실보상이 행정구제 제도 내에서 갖는 의미에 관한 논의 전반에 관하여 아래의 도표를 가지고 설명해 보기로 하겠다.

1. 사전적 행정구제와 사후적 행정구제

행정구제는 행정구제가 행해지는 시점을 기준으로 할 때, 사전적 행정구제와 사후적 행정구제로 나누어 볼 수 있다. 이 경우 사전적 행정구제란 행정작용으로 인하여 개인의 권익이 침해되는 일이 발생하지 않도록 하는 것을 말하는바, 이러한 사전적 행정구제가 행정구제의 이상이라는 것은 의문의 여지가 없다. 오늘날 사전적 행정구제로서 가장 중요한 것은 행정작용을 행하기에 앞서 이해관계인의 의견을 듣는 과정을 의미하는 행정절차이다. 다만 행정절차는 당해 행정작용과 관련된 행정법규가 일반 「행정절차법」과 다른 특별한 규정을 갖고 있지 않는 한 행정절차법상의 행정절차의 예에 따라 행하여지기 마련이므로, 행정구제와 관련하여 별도로 행정절차에 관하여 상세히 논할 실익은 그리 크지 않다고 생각한다.

한편 이처럼 사전적 행정구제가 행정구제의 이상이라고는 하지만 '구제'라는 개념은 이미 어떤 일이 저질러진 것을 그 개념적 전제로 하여, 그로 인하여 발생한 권익침해를 (사후적으로) 메꾸어 주는 것을 의미함이 보통이다. 따라서 행정구제에 관한 논의는 일반적으로 사후적 행정구제, 즉 행정작용으로 인하여 개인의 권익침해가 발생한 경우에 있어서의 구제를 중심으로 행해지고 있다.

2. 실체적 행정구제와 절차적 행정구제

사후적 행정구제는 그 내용을 기준으로 할 때 다시 실체적 행정구제와 절차적 행정구제로 나누어진다. 여기서 실체적 행정구제란 행정작용으로 인하여 개인에게 불이익이 발생한 경우에 그러한 불이익을 금전으로 메꾸어 주는 것을 말하는바, 이를 '행정상의 손해전보(損害塡補)'라고 부른다. 이러한 행정상의 손해전보가 행정구제에 있어서는 사실상 가장 핵심적인 문제를 이루며, 행정상의 손실보상 또한 이에 속한다.

한편 절차적 행정구제란 행정작용으로 말미암아 자기의 권익을 침해당한 자가 행정관청이나 법원에 대하여 당해 행정작용의 시정을 구하는 방법을 통하여 행해지는 구제를 말하는바, 절차적 행정구제는 행정심판이나 행정소송의 형식을 취하는 것이 일반적이다. 한편 절차적 행정구제는 (관련 법률에서 쟁송절차에 관하여 특별한 규정을 갖고 있는 경우를 제외하고는) 행정심판법과 행정소송법에 따른 행정심판이나 행정소송의 방식에 의하게 되는바, 행정심판과 행정소송을 합하여 행정쟁송이라고 부르고 있다

III. 행정상의 손실보상과 행정상의 손해배상

전술한 내용에 따르면 행정상의 손해전보는 행정구제 가운데 사후적 행정구제, 그리고 그 가운데서도 실체적 행정구제 수단으로서의 의미를 갖는다. 한편 행정상의 손해전보는 다시 다음과 같은 두 가지 유형으로 나누어 볼 수 있는바, 그 하나는 적법한 행정작용으로 입은 손실에 대한 행정상의 손실보상이고, 다른 하나는 위법한 행정작용으로 입은 손해에 대한 행정상의 손해배상이다.

행정공무원의 직무상 불법행위 또는 행정이 설치·관리하는 영조물의 하자로 인하여 개인에게 손해가 발생한 경우, 개인이 국가 또는 지방자치단체에 대하여 행정상의 손해배상을 청구할 수 있음은 물론이며(「국가배상법」 제2조 및 제5조), 이 또한 행정상의 손해전보의 중요한 유형 중 하나이다. 다만 이 같은 행정상의 손해배상의 문제는 국가배상에 관한 일반 이론에 준하여 생각하면 될 일이므로, 본서에서 별도로 다룰 필요는 사실상 없다고 생각한다. 결국 이상의 논의를 바탕으로 할 때, 행정구제와 관련하여 (본서의 제2장 이하에서 다루는 내용을

이해하기 위한 전제로서) 본서에서 별도로 다룰 실익이 있는 것은 '행정
상의 손실보상'이 유일하다고 할 것이다. 제1장에서 행정구제의 여러
수단 중 행정상의 손실보상의 문제만을 심층적으로 다루고 있는 이유
또한 여기서 찾아볼 수 있다.

제2절

행정상의 손실보상

I. 개 설

본서에서 다루는 경찰상의 손실보상은 기본적으로 행정상의 손실보상과 그 이론적 기초를 같이하며, 경찰상의 손실보상에 관한 모든 논의는 행정상의 손실보상에 관한 일반이론에 관한 논의를 그 전제로 한다. 따라서 경찰상의 손실보상, 특히「경찰관 직무집행법」상의 손실보상에 관한 논의에 앞서 행정상의 손실보상에 관하여 알아볼 필요가 있다.

1. 행정상의 손실보상의 의의

(1) 행정상의 손실보상의 개념

행정상의 손실보상이란「적법한 공권력행사로 인하여 사유재산에 가하여진 특별한 희생에 대하여, 사유재산권의 보장과 공평부담의 견지에서 행정주체가 행하는 조절적인 재산적 전보」를 말하는데, 행정상의 손실보상은 다음과 같은 개념 구조를 갖고 있다.

첫째, 행정상의 손실보상은 '적법한' 공권력 행사를 그 원인으로 하며, 이 점에서 '위법한' 공권력 행사를 원인으로 하는 행정상의 손해배상과 구별된다.

둘째, 행정상의 손실보상은 '공권력행사'를 그 원인으로 한다. 따라서 비권력적 작용(예:「공익사업을 위한 토지 등의 취득 및 보상에 관한 법률」상의 협의에 의한 취득)에 수반하여 행해지는 손실보상은－실정법상으로 또는 실무상으로 '손실보상'이란 용어가 사용되는 경우에도－여기에서의 행정상의 손실보상에 해당하지 않는다.

셋째, 행정상의 손실보상은 '재산상 손실'에 대한 보상의 성격을 가지며, 따라서 생명·신체에 대한 침해에 대해서는 행정상의 손실보상이 행해지지 않음이 원칙이다.

넷째, 행정상의 손실보상은 '특별한 희생(Sonderopfer)'에 대한 보상이며, 이 점에서 재산권 자체에 내재하는 사회적 제약(Sozialbindung)과 구분된다.

(2) 행정상의 손해배상과 행정상의 손실보상의 관계

가. 행정상의 손해배상과 행정상의 손실보상의 구별

행정상의 손해배상과 행정상의 손실보상은 양자 모두 행정작용으로 인한 손해나 손실을 금전으로 전보하는 제도라는 점에서는 공통적인 성질을 갖는다. 그러나 이러한 공통점에도 불구하고 양자는 발전연혁과 성질을 달리하는 별개의 법제도로 이해되어 왔는바, 양자의 구체적인 차이점을 열거하면 다음과 같다.

첫째, 행정상의 손해배상은 개인주의적 사상과 도의적 책임주의를 기초원리로 하는 반면, 행정상의 손실보상은 단체주의적 사상과 사회적 공평부담주의를 기초이념으로 한다.

둘째, 행정상의 손해배상은 위법행위를, 행정상의 손실보상은 적법행위를 원인으로 한다.

셋째, 행정상의 손해배상의 경우 그에 관한 일반법으로 「국가배상법」이 존재하지만,[5] 행정상의 손실보상에 관하여는 일반법이 존재함

---

5) 이로 인해 '행정상의 손해배상'을 통상적으로 국가배상이라고 부르기도 한다.

이 없이 개별법이 규율하고 있다. 다만, 본서에서 다루고 있는 경찰상의 손실보상에 관하여는 「경찰관 직무집행법」 제11조의2가 사실상 일반법에 준하는 성질을 갖는다고 볼 수 있다.

넷째, 행정상의 손해배상은 재산적 손해뿐만 아니라 비재산적 손해에 대해서도 행해지는 반면, 행정상의 손실보상은 원칙적으로 재산적 손실에 대하여만 행해진다. 다만 비재산적 손실에 대한 손실보상을 가능하게 하기 위한 이론이 희생보상청구권이란 이름으로 발전해 왔으며, 개별법에서 일정한 요건하에 비재산적 손실에 대한 손실보상을 인정하는 규정을 두고 있는 경우도 있다. 이와 관련하여 「경찰관 직무집행법」 제11조의2가 비재산적 손실에 대한 손실보상 규정을 갖고 있음을 주목할 필요가 있다.

다섯째, 행정상의 손해배상의 경우 생명·신체에 대한 침해를 원인으로 하는 손해배상청구권은 양도 및 압류가 불가능한 반면, 행정상의 손실보상청구권은 양도 및 압류가 가능하다.

나. 양자의 접근 경향

전술한 바와 같은 차이점에도 불구하고 오늘날 행정상의 손해배상과 행정상의 손실보상의 접근 내지 융합을 시도하는 노력이 전개되고 있는바, 이러한 경향의 원인은 다음과 같은 것에서 찾을 수 있다.

1) 불법행위 이론 자체의 수정: 오늘날 사법(私法) 분야에서 불법행위책임의 개인주의적·도의적 책임으로서의 의미가 점차 감소되어 가고 있는바, 그와 마찬가지로 행정상의 손해배상에 있어서도 책임의 근거를 전적으로 개인주의적·도의적인 것에 두는 사상은 더 이상 받아들여지지 않고 있다. 즉, 행정상의 손해배상에 있어서도 가해행위의 위법성 여부를 따짐이 없이 피해자의 입장에서 '부담의 공평화'에 책임의 근거를 찾는 경향이 심화되고 있다.

2) 위험책임론, 위법·무과실책임의 등장: 불법행위에 기한 행정상의 손해배상과 적법행위에 기한 행정상의 손실보상의 중간적 영역을 차지하고 있는 위험책임론 등이 등장하면서 양자의 이념적 대립이 점차 해

소되어 가고 있다. 또한 독일에서 발전된 수용유사침해 및 수용적 침
해의 이론[6]도 이와 관련이 있어 보인다.

2. 행정상의 손실보상의 근거

(1) 이론적 근거

행정상의 손실보상의 이론적 근거에 관하여는 종래 기득권설[7]이
나 은혜설[8] 등이 주장된 바 있으나, 오늘날은 사유재산에 가하여진 특
별한 희생은 국민 전체의 부담으로 전보하는 것이 자연법적인 정의와
공평의 원칙에 합당하다는 특별희생설이 통설이다.

(2) 실정법적 근거

「헌법」상의 손실보상 규정이 행정상 손실보상의 실정법적 근거가
된다. 한편 손실보상 규정은 1948년 제헌헌법에 「공공필요에 의하여
국민의 재산권을 수용 또는 제한함은 법률이 정하는 바에 의하여 상당
한 보상을 지급함으로써 행한다」(제15조 제3항)라는 형태로 규정된 이
래 수차례에 걸쳐 개정되었는바,[9] 현행 「헌법」은 이와 관련하여 제23
조 제3항에서 「공공필요에 의한 재산권의 수용·사용 또는 제한 및 그
에 대한 보상은 법률로써 하되 정당한 보상을 지급하여야 한다」라고

---

6) 수용유사침해 및 수용적 침해 이론에 관하여 자세한 것은 서정범/박상희/김용
　주, 일반행정법, 세창출판사, 2022, 559쪽 아래 참조.

7) 자연법상의 기득권불가침원칙에 입각한 견해로 "기득권은 원칙적으로 침해할 수
　없으나, 예외적으로 긴급권(緊急權)에 의한 침해는 허용되지만 그 경우에도 기득
　권의 경제적 가치에 대해서는 보상이 행해져야 한다"는 것을 내용으로 한다.

8) 극단적인 공익우선 및 국가권력 절대사상을 기초로 하여 "국가가 공익을 위하
　여 국민의 재산을 침해한 경우에도 보상이 당연히 주어져야 하는 것은 아니지
　만 개별법에 손실보상규정을 두는 경우도 있는바, 그것은 국가가 단지 은혜로
　서 보상하는 것에 불과하다"고 하는 견해이다.

9) 헌법상의 손실보상규정의 변천에 관하여 자세한 것은 김남진/김연태, 행정법
　Ⅰ, 법문사, 2021, 710쪽 아래 참조.

규정하고 있다.

(3) 공용침해조항의 법적 효력

가. 문제의 의의

「헌법」제23조 제3항은「공공필요에 의한 재산권의 수용·사용 또는 제한 및 그에 대한 보상은 법률로써 하되 정당한 보상을 지급하여야 한다」고 규정하여 공공필요에 의한 재산권의 수용·사용 또는 제한, 즉 공용침해(公用侵害, Enteignung)를 규정하는 법률은 동시에 보상규정을 둘 것을 요구하고 있다. 이는 손실보상규정이 법률에 존재하여야 한다는 것 자체가 행정상의 손실보상의 요건이 된다는 것을 의미한다.

그런데 전술한 바와 같이 행정상의 손실보상에 관하여는 일반법이 없으며, 각 개별법이 그에 관하여 규정하고 있을 뿐이다. 따라서 공용침해의 근거가 되는 법률이 손실보상에 관한 규정을 두어야 함에도 불구하고 그렇지 않은 경우가 있게 되는바, 이러한 경우에는 행정상의 손실보상의 실정법적 근거가 무엇인지가 문제된다. 이는 헌법상의 공용침해조항(제23조 제3항)이 어떤 법적 효력을 갖는지와 밀접한 관련이 있는바, 이 문제에 관하여는 아직까지 학설의 일치를 보지 못하고 있다. 판례 또한 일관된 내용을 보이지 못하고 있는 것으로 보인다.

나. 학 설[10]

1) 위헌무효설: 헌법상의 보상규정은 입법자가 국민의 재산권을 침해하는 규정을 정립하는 경우에는 보상규정도 두도록 입법자를 구속

---

10) 과거에는 이하에 소개하는 학설 이외에 "헌법상의 보상규정은 입법에 대한 방침규정의 성격을 가질 뿐이며 따라서 법률의 명시적 규정이 없는 한 손실보상은 받을 수 없다"는 것을 내용으로 하는 방침규정설도 주장된 바 있다. 다만 방침규정설은 헌법상의 재산권 보장의 원칙과 합치되지 않는다는 점이 인식되면서 더 이상 학설로서 가치를 상실하고 사라지게 되었다.

하는 효력을 갖는다는 견해이다.[11] 즉, ① 공용침해를 규정하면서 보상규정을 두고 있지 않은 법률은 위헌무효이고, ② 그에 근거한 공용침해행위는 위법한 직무행위가 되므로 ③ 따라서 이 경우에는 국가배상법에 근거한 손해배상의 청구만이 가능하다는 견해이다.

2) **직접효력설:** 「헌법」상의 보상규정은 국민에 대해 직접적 효력이 있으며, 따라서 보상규정이 없는 법률에 의하여 재산권을 침해당한 국민은 직접 「헌법」상의 보상규정(제23조 제3항)에 근거하여 손실보상을 청구할 수 있다는 견해이다.[12]

3) **유추적용설:** 공용침해에 따른 보상규정이 없는 경우에는 「헌법」 제23조 제1항(재산권보장조항) 및 제11조(평등의 원칙)에 근거하여, 「헌법」 제23조 제3항 및 관계법률 보상규정의 유추적용을 통하여 보상을 청구할 수 있다는 견해이다.[13] 이 견해는 결국 독일에서 발전된 수용유사침해의 법리를 받아들여 문제를 해결하고자 하는 것으로 이해할 수 있는데, 위법·무책의 공용침해에 대한 보상과 국가배상은 그 성립요건이나 (배상 및 보상의) 범위 등에 있어 차이가 있다는 것을 입론의 배경으로 하고 있다.

4) **보상 입법부작위 위헌설:** 공용침해를 인정하고 있는 개별적 법률이 보상규정을 두고 있지 않은 경우 그 법률규정 자체가 위헌이 되는 것이 아니라 보상규정을 두지 아니한 입법부작위가 위헌이며, 따라서 이러한 법률에 의해 재산권을 침해받은 자는 입법부작위에 대한 헌법소원을 통해 구제를 받을 수 있을 뿐이라는 견해이다.

다. 판 례

이 문제에 관하여 판례의 입장이 어떤 것인지는 분명하지 않은 면이 있으며, 대법원과 헌법재판소의 설명 방식 또한 상이점이 발견된

---

11) 이로 인해 위헌무효설을 '입법자에 대한 직접효력설'이라고도 부른다.

12) '입법자에 대한 직접효력설'과 구분하기 위하여 이를 특히 '국민에 대한 직접효력설'이라고 부르기도 한다.

13) 유추적용설을 간접효력규정설이라고 부르기도 한다.

다. 이하에서 판례의 입장을 간단히 소개하기로 한다.

1) 대법원의 입장: 대법원은 종래에는 법적 근거 없이 행한 징발에 대하여는 불법행위 문제로 처리하거나(대판 1966. 10. 18, 66다1715 참조), 개별 법률에 손실보상규정이 없는 경우에도 손실보상을 인정하였다(대판 1972. 11. 28, 72다1597 참조).[14] 그리고 근래에 들어서는 관련 보상규정을 유추적용하여 보상을 긍정하는 판결을 행한 바 있다. 다만 이러한 판결은 위에서 설명한 '유추적용설'을 취한 것으로 보기는 곤란하며, 단지 법률규정의 흠결을 보충하는 통상적인 해석론에 불과하다고 생각된다.

관련판례

「공유수면매립공사를 시행함으로써 어민들이 더 이상 허가어업을 영위하지 못하는 손해를 입게 된 경우에는, 어업허가가 취소 또는 정지되는 등의 처분을 받았을 때 손실을 입은 자에 대하여 보상의무를 규정하고 있는 수산업법 제81조 제1항을 유추적용하여 그 손해를 배상하여야 할 것이고, 이 경우 그 손해액은 공유수면매립사업의 시행일을 기준으로 삼아 산정하여야 한다」(대판 2004. 12. 23, 2002다73821).

2) 헌법재판소의 입장: 헌법재판소는 공용침해를 인정하고 있는 법률이 보상규정을 두고 있지 않은 경우 진정입법부작위가 위헌임을 선언하거나(관련판례 ① 참조) 해당 조항에 대하여 헌법불합치를 선언하면서 입법자에게 보상입법의 의무를 부과하는 방식으로 문제 해결을 도모하고 있다(관련판례 ② 참조).

관련판례

①「이 사건 입법부작위는 입법자가 헌법에서 위임받은 손실보상에 관한 법률제정의무를 자의적으로 방치하고 있고 이로 인하여 사설철도회사

---

14) 다만 손실보상을 인정하는 근거에 대하여는 명확한 설명이 없다.

재산관계권리자 중 그의 손실보상청구권이 확정된 자의 재산권을 침해하기에 이르렀으므로 위헌이라 할 것이다」(헌재결 1994. 12. 29, 89헌마2).[15]
② 「도시계획법 제21조에 규정된 개발제한구역제도 그 자체는 원칙적으로 합헌적인 규정인데, 다만 개발제한구역의 지정으로 말미암아 일부 토지소유자에게 사회적 제약의 범위를 넘는 가혹한 부담이 발생하는 예외적인 경우에 대하여 보상규정을 두지 않은 것에 위헌성이 있는 것이고, 보상의 구체적 기준과 방법은 헌법재판소가 결정할 성질의 것이 아니라 광범위한 입법형성권을 가진 입법자가 입법정책적으로 정할 사항이므로, 입법자가 보상입법을 마련함으로써 위헌적인 상태를 제거할 때까지 위 조항을 형식적으로 존속케 하기 위하여 헌법불합치결정을 하는 것인바, 입법자는 되도록 빠른 시일 내에 보상입법을 하여 위헌적 상태를 제거할 의무가 있다」(헌재결 1998. 12. 24, 89헌마214·97헌바78 병합).

라. 결 어

행정상의 손실보상에 관한 지금까지의 논의는 행정상의 손실보상은 반드시 손실보상을 규정하고 있는 법률이 있는 경우에만 가능한 것일까?라는 의문에서 출발한 것이라고 할 수 있는데, 이 문제에 대해서는 아직까지 그 어떤 학설도 지배적 견해의 지위에 있다고 이야기할 수 없을 만큼 다양하게 학설이 전개되고 있다. 한편 이처럼 공용침해의 근거가 되는 법률이 손실보상에 관한 규정을 두어야 함에도 불구하고 손실보상 규정을 갖고 있지 않은 경우, 행정상의 손실보상의 실정법적 근거를 어디에서 찾을 것인지에 관하여 지배적 견해가 존재하지 않는 원인은 무엇보다도 그 문제에 관하여 지금까지 주장된 학설들이 모두 약간씩의 문제점을 안고 있다는 것에서 찾을 수 있다. 판례가 자신들이 어느 학설에 따르고 있다는 입장을 밝히지 않고 있는 것 또한 같은 이유에서라고 생각한다.

---

15) 이 사건은 사설철도회사의 재산 수용에 대한 보상절차규정을 두고 있던 군정법령이 폐지됨으로써 그 재산 수용에 대한 보상절차에 관한 법률이 없게 된 것이 문제가 되었다.

3. 손실보상청구권의 성질

(1) 학 설

손실보상청구권의 성질에 대하여는 공권설과 사권설이 대립하고 있다.

가. 공권설

손실보상은 원인행위인 '권력작용'(예: 토지수용 등)의 법적 효과이므로 손실보상청구권은 공권이라는 견해로, 종래의 다수설이다. 공권설에 따르게 되면 손실보상청구에 관한 소송은 특별한 규정이 없는한, 행정소송인 당사자소송에 의하게 된다.

나. 사권설

손실보상의 원인행위가 공법적인 것이라고 하여도 그에 대한 손실보상까지 공법관계에 해당한다고 볼 수 없다고 하여, 손실보상을 사법상의 채권·채무관계로 보아 손실보상청구권을 사권이라고 보는 견해이다. 사권설에 따르게 되면 손실보상청구에 관한 소송은 민사소송에 의하게 된다.

(2) 판 례

판례는 종래 손실보상청구권의 성질에 관하여 종래 사권설에 따르고 있었다.

관련판례

「어업면허에 대한 처분 등이 행정처분에 해당된다 하여도 이로 인한 손실은 사법상의 권리인 어업권에 대한 손실을 본질적 내용으로 하고 있는 것으로서 그 보상청구권은 공법상의 권리가 아니라 사법상의 권리이고, 따라서 같은 법 제81조 제1항 제1호 소정의 요건에 해당한다고 하여 보상을 청구하려는 자는 행정관청이 그 보상청구를 거부하거나 보상금액을 결정한 경우라도 이에 대한 행정소송을 제기할 것이 아니라 면허어업에 대한 처분을 한 행정관청(또는 그 처분을 요청한 행정관청)이 속한 권리주체인 지방자치단체(또는 국가)를 상대로 민사소송으로 직접 손실보상금지급청구를 하여야 하고, 이러한 법리는 농어촌진흥공사가 농업을 목적으로 하는 매립 또는 간척사업을 시행함으로 인하여 같은 법 제41조의 규정에 의한 어업의 허가를 받은 자가 더 이상 허가어업에 종사하지 못하여 입게 된 손실보상청구에도 같이 보아야 한다」(대판 1998. 2. 27, 97다46450).

이와 관련하여 근래에 대법원이 손실보상청구권의 법적 성질을 공법상 권리로 보아 그에 관한 쟁송도 행정소송(당사자소송)에 의하여야 한다는 취지의 판결을 행하고 있음은 주목을 요한다.

관련판례

① 하천구역 편입토지에 대한 하천법상의 손실보상청구권: 「법률 제3782호 하천법 중 개정법률 부칙 제2조의 규정에 의한 보상청구권의 소멸시효가 만료된 하천구역 편입토지 보상에 관한 특별조치법' 제2조, 제6조의 각 규정들을 종합하면, 위 규정들에 의한 손실보상청구권은 1984. 12. 31. 전에 토지가 하천구역으로 된 경우에는 당연히 발생되는 것이지, 관리청의 보상금지급결정에 의하여 비로소 발생하는 것은 아니므로, 위 규정들에 의한 손실보상금의 지급을 구하거나 손실보상청구권의 확인을 구하는 소송은 행정소송법 제3조 제2호 소정의 당사자소송에 의하여야 한다」(대판 2006. 5. 18, 2004다6207 전원합의체 판결).
② 사업폐지에 대한 손실보상청구권: 「구 공익사업을 위한 토지 등의 취득 및 보상에 관한 법률」 제79조 제2항, 「공익사업을 위한 토지 등의 취득 및 보상에 관한 법률 시행규칙」 제57조에 따른 사업폐지 등에 대한 보상청구권은 공익사업의 시행 등 적법한 공권력의 행사에 의한 재산상 특별한 희생에 대하여 전체적인 공평부담의 견지에서 공익사업의 주체가 손해를 보상하여 주는 손실보상의 일종으로 공법상 권리임이 분명하므로 그에 관한 쟁송은 민사소송이 아닌 행정소송절차에 의하여야 한다」 (대판 2012. 10. 11, 2010다23210).

다만 이러한 판례를 들어 우리나라의 대법원이 "모든 행정상 손실 보상청구권의 성질을 공권으로 보고 있다"라고 단언할 수 있는지는 의 문시되는 점이 있다. 왜냐하면 이들 판례를 단지 하천법상의 하천구역 편입토지에 대한 손실보상청구권과 사업폐지에 대한 손실보상청구권 의 성질을 공권으로 본 것에 불과하다고 해석할 수도 있기 때문이다.

II. 손실보상의 요건

1. 서—재산권의 가치보장과 존속보장

행정상의 손실보상의 요건을 설명하는 방식은 크게 ① 행정상의 손실보상의 요건 중 '특별한 희생'의 문제에 대해서만 주로 고찰하는 입장과 ②특별한 희생 이외의 여러 요건에 대해서도 보다 상세하고도 엄격하게 고찰하는 입장으로 나누어 볼 수 있다. 행정상 손실보상의 요건에 관한 이러한 설명방식의 차이는 전자는 재산권의 가치보장(價值保障)을, 후자는 재산권의 존속보장(存續保障)을 중시하는 것에 기인 하는바, 본서에서는 후자의 입장에 입각하여 서술하기로 하겠다.

(1) 재산권의 가치보장

공용침해와 관련하여, 국가 등의 공권력행사 그 자체는 다툴 수 없 는 것이므로 정당한 '보상'이나 확보하자는 입장이다. 「인용(認容)하라, 그리고 청산(淸算)하라」라는 법언(法諺)은 이 같은 사상을 단적으로 표 현하고 있다.

(2) 재산권의 존속보장

재산권이 갖는 금전적 가치보다는 재산권 자체 내지 그의 존속을 중시하는 입장으로 그 같은 사상은 「방어(防禦)하라, 그리고 청산하라」 라는 법언에 잘 나타나 있다. 「공익사업을 위한 토지 등의 취득 및 보상에 관한 법률」상의 환매(還買)제도는 존속보장의 이상을 실현하는 제도라고 볼 수 있다.

한편 이처럼 재산권의 존속보장을 가치보장에 우선시키는 논거는 재산권의 인격적 자유에 대한 관계를 중시하는 것에서 찾을 수 있다.

2. 행정상의 손실보상의 요건

(1) 재산권에 대한 공권적 침해

가. 재산권

행정상의 손실보상을 규정하고 있는 법률이 특별히 비재산적 침해에 대한 보상을 규정하고 있지 않는 한,[16] 재산권에 대한 침해만이 행정상의 손실보상의 대상이 된다. 한편 여기서 재산권이란 소유권 기타 법에 의하여 보호되고 있는 재산적 가치 있는 일체의 권리를 의미한다. 이러한 재산권에는 공법상의 권리와 사법상의 권리(물권, 채권, 무체재산권)가 모두 포함한다.

한편 '재산적 가치 있는'이라는 의미는 현존하는 구체적인 재산가치를 말하므로 기대이익(예: 地價 상승에 대한 기대)은 여기서의 보호대상에 포함되지 아니한다. 문화적 · 학술적 가치 또한 특별한 사정이 없는 한 여기서의 재산적 가치에 해당하지 않으며, 따라서 행정상의 손실보상의 대상이 되지 않는다.

관련판례

「문화적, 학술적 가치는 특별한 사정이 없는 한 그 토지의 부동산으로서의 경제적, 재산적 가치를 높여 주는 것이 아니므로 토지수용법 제51조 소정의 손실보상의 대상이 될 수 없으니, 이 사건 토지가 철새 도래지로

---

16) 비재산적 침해에 대한 손실보상을 규정하고 있는 예로는 「경찰관 직무집행법」 제11조의2 제2항을 들 수 있다.

서 자연 문화적인 학술가치를 지녔다 하더라도 손실보상의 대상이 될 수 없다」(대판 1989. 9. 12, 88누11216).

나. 공권적 침해

침해란 일체의 재산적 가치의 감소를 의미하며, '공권적'이란 '공법 상의 것'을 의미한다. 헌법은 재산권의 수용·사용 및 제한을 재산권에 대한 공권적 침해의 전형적 유형으로 열거하고 있다. 그러나 공권적 침해의 유형이 이들 3가지에만 국한되는 것은 아니다. 즉, 이들 이외에 환지(도시개발법 참조)나 환권(도시 및 주거환경정비법 참조) 등으로 인하 여 재산적 가치가 감소하는 경우 또한 여기서의 재산권에 대한 공권적 침해에 해당한다.

다. 침해의 의도성(意圖性)과 직접성(直接性)

개인의 재산권에 대한 침해가 공권력 주체에 의하여 의도되었거나, 아니면 최소한 재산상 손실에 대한 직접적 원인이 되어야 한다. 이 같 은 의미의 침해의 직접성은 엄격한 의미의 공용침해와 수용적 침해[17] 를 구분함에 있어 중요한 의미를 갖는다.

(2) 공공의 필요

가. 의 의

행정상의 손실보상의 원인이 되는 재산권에 대한 공권적 침해는 '공공의 필요'를 위하여 행하여져야 하는바, 헌법재판소는 여기서의 '공 공의 필요'를 "국민의 재산권을 그 의사에 반하여 강제적으로라도 취득 해야 할 공익적 필요성"을 의미하는 것으로 이해하여 왔다(헌재결 2001. 4. 28, 2010헌바114 등 참조).

---

17) 수용적 침해에 관하여 자세한 것은 Ⅵ. 특별한 유형의 손실보상 참조.

한편 공공의 필요에 대한 이러한 이해에도 불구하고 재산권에 대한 침해가 공공의 필요를 위한 것이라고 할 수 있는지 여부는 궁극적으로 공용침해를 통해 얻어지는 이익과 재산권자의 재산권 보유에 대한 사익 간의 이익형량을 통하여 구체적 사안에 따라 확정되어야 한다. 이 경우 비례의 원칙이 형량의 척도가 될 수 있다. 그러나 적어도 순수한 국고목적(國庫目的, 예컨대 국유재산의 증대)을 위한 것은 여기서의 공공필요에 해당하지 않는다.

나. 공공적 사용수용(公共的 私用收用)의 문제

이윤추구를 목적으로 하는 사기업을 유치하는 것이 때로는 그 지역의 경제발전, 특히 고용창출에 도움이 되는 경우가 있다. 이와 관련하여 이러한 경우에는 해당 사기업에 대해서도 공용수용권을 부여할 수 있는지의 문제가 있다. 독일의 경우 이러한 문제는 공공적 사용수용이란 이름으로 논의되고 있는바, 독일 연방행정재판소는 벤츠(Benz)사가 복스베르크(Boxberg)에서 자동차주행시험장을 건설하기 위하여 사인의 토지를 수용한 사례에 있어 이를 고용창출과 지역경제의 활성화를 이유로 공공의 필요라는 요건을 충족한 것으로 판시한 바 있다.[18]

📝 생각거리: 우리나라에서 공공적 사용수용의 예

우리나라의 경우 역시 외국인을 대상으로 한 워커힐관광 및 서비스 제공사업이 공익사업으로 인정된 바 있다(이하의 관련판례 참조). 근래에 민간기업이 도시계획시설사업의 시행자로서 도시계획사업시설에 필요한 토지 등을 수용할 수 있도록 규정한 「국토의 계획 및 이용에 관한 법률」 제95조 제1항과 관련하여 이러한 관점에서의 논의가 활발히 행해지고 있는 실정이다.

---

18) Vgl. BVerwGE 71, 108 ff.

관련판례 「원심이 이건 워커힐관광, 써비스 제공사업을 한국전쟁에서 전사한 고 워커 장군을 추모하고 외국인을 대상으로 하여 교통부 소관사업으로 행하기로 하는 정부방침 아래 교통부 장관이 토지수용법 제3조 1항3호 소정의 문화시설에 해당하는 공익사업으로 인정하고 스스로 기업자가 되어 본건토지수용의 재결신청을 하여 중앙토지수용 위원회의 재결을 얻어 보상금을 지급한 사실을 인정하였음은 정당하고, 사실관계가 이렇다면 본건 수용재결은 적법유효한 것이라 할 것이므로 반대의 견해로서 이것이 법률의 제규정을 잘못 적용한 당연 무효의 것이라 함을 전제로 하는 논지는 이유없다」(대판 1971. 10. 22, 71다1716).

다. (기본권의 일반적 제한사유로서의) 공공복리와의 관계

재산권의 존속보장과의 조화를 고려할 때 공공의 필요의 개념을 너무 넓게 해석하는 것은 문제시된다. 따라서 여기서의 공공의 필요는 기본권의 일반적 제한사유로서의 '공공복리'보다는 좁게 보는 것이 타당하다고 생각한다.

(3) 침해의 적법성

손실보상의 원인이 되는 재산권에 대한 공권적 침해는 적법한 것이어야 하는바, 여기에서 '적법한 것'이란 법률에 근거한 것임을 의미한다. 또한 여기서의 법률은 국회에서 심의·의결된 형식적 의미의 법률을 의미한다.

침해가 위법한 경우에는 행정상의 손해배상 또는 수용유사침해 (Ⅵ. 참조)의 문제가 발생할 뿐, 엄밀한 의미에서의 손실보상의 원인이 될 수 없다.

(4) 보상규정

「헌법」 제23조 제3항이 「보상은 법률로써 하되, 정당한 보상이 지급되어야 한다」고 규정하고 있는 것에 비추어 볼 때, 보상규정이 법률상 존재하여야 한다는 것 또한 손실보상의 요건이 된다. 이

와 관련하여 「헌법」 제23조 제3항이 독일식의 불가분조항(不可分條項,
Junktimklausel)[19]의 원칙, 즉 「공용침해의 근거 법률에는 손실보상규정
도 함께 (동시에) 규정되어 있어야 한다」는 원칙을 규정한 것인지에 대
하여는 학설의 대립이 있는데, 긍정설이 다수설인 것으로 보인다.[20]

(5) 특별한 희생

손실보상의 요건이 충족되기 위하여서는 재산권에 대한 공권적 침
해로 인하여 '사회적 제약(社會的 制約, Sozialbindung)'을 넘어서는 '특별
한 희생(特別한 犧牲, Sonderopfer)'이 발생하여야 한다. 그런데 실제로 어
떤 손실이 발생한 경우, 그 손실이 보상을 요하는 특별한 희생인지, 아
니면 보상이 필요 없는 재산권에 내재하는 사회적 제약에 불과한 것인
지를 판단하는 것은 쉬운 일이 아니다. 따라서 양자의 구별기준이 문
제가 되는데 이에 대하여는 다음과 같이 학설이 대립한다.[21]

가. 형식적 기준설

재산권에 대한 침해를 받은 자가 특정되어 있는지의 여부를 기준
으로 하는 견해로, 종래 개별행위설(個別行爲說, Einzelakttheorie)[22]이라
고도 하였다. 한편 공익을 위하여 특정인 또는 제한된 범위 내의 자에
게만 재산권침해가 발생한 경우에 그에게는 다른 자에게 요구되지 않
는 특별한 희생이 과해진 것이 된다는 것을 이유로 이 학설을 특별희

---

19) Junktimklausel은 부대조항(附帶條項), 동시조항(同時條項) 또는 연결조항(連結
條項)이라고도 번역되고 있다.
20) 반대의 입장으로는 김남진/김연태, 행정법 I, 법문사, 2021, 667쪽 이하.
21) 특별한 희생과 사회적 제약의 구분에 관한 이하의 학설은 재산권의 사회적 제
약과 공용침해와의 관계에 대하여 '경계이론'을 취할 때에 문제되는 것이다(경
계이론에 대하여는 후술).
22) 개별행위설이라는 명칭은 공용침해가 본래 특정인에 대한 개별적 행정행위
를 통해서 행하여졌던 것에서 유래한다. 그러나 그 후 '법률에 의한 공용침해
(Legalenteignung)'도 행해지게 되면서 개별행위설이라는 명칭은 적당하지 못하
게 되었으며, 이로 인하여 형식적 기준설이라는 용어가 사용되기 시작하였다.

생설(特別犧牲說, Sonderopfertheorie)이라고도 부른다.

나. 실질적 기준설

1) **보호가치설(Jellinek)**: 한 나라의 역사·언어·일반적 사상 등에 비추어 볼 때 재산권은 보호할 만한 것과 그렇지 않은 것으로 구분될 수 있음을 전제로 하여, 이 가운데 전자에 대한 침해만을 특별한 희생으로 보는 견해이다.

2) **수인한도설(Stödter)**: '침해의 본질성(本質性)과 강도(强度)'를 기준으로 하는 견해로, 이에 따르면 재산권의 본질인 배타적 지배를 침해한 경우에 수인한도(受忍限度)를 넘어서는 공용침해가 된다.

3) **목적위배설(Weber·Huber·Forsthoff)**: 재산권에 대한 침해가 재산권 본래의 기능 또는 목적에 위배되는지의 여부를 기준으로 하는 견해로, 기능설이라고도 불린다. 이러한 기준에 의하면 택지(宅地)가 개발제한구역으로 지정된 경우에는 특별한 희생에 해당한다는 결론에 달하게 된다.

4) **사적 효용설(Reinhardt)**: 헌법이 보장하는 사유재산제도의 본질을 개인의 이니셔티브와 개인의 이익, 즉 사적 효용성(私的 效用性, Privatnützigkeit)에서 구하여 그의 침해 여부를 기준으로 하는 견해이다.

5) **사회적 비용설**: 개인의 특별한 희생이 손실보상을 실시하기 위해 소요되는 비용(조사비용, 담당공무원의 보수, 기타 제도운영비)을 상회하는 시점(개인의 특별한 희생 ≥ 손실보상의 사회적 비용)을 보상 실시를 필요로 하는 기점으로 보는 견해이다.

6) **상황구속성의 법리**: 주로 토지의 이용제한과 관련하여 발전된 이론으로, 동일한 토지라 하여도 그것이 놓여 있는 위치와 상황에 따라 사회적 제약에 차이가 있다는 견해이다. 한편 헌법재판소는 이러한 상황구속성의 법리에 근거하여 토지거래계약허가제의 합헌성을 인정한 바 있다.

관련판례

「토지거래허가제는 선진 외국의 여러 나라에서도 이미 시행하고 있으며 특히 우리나라는 국토면적이 협소한데다 이용가능한 면적이 세계에서 유래가 없을 정도로 협소하여 그 한정된 국토의 효율적인 이용에 대한 노력이 더 많이 요구되고 있는 만큼 토지재산권에 대한 제한과 의무가 더 많이 따르게 된다. 따라서 토지거래허가제에 따른 제한은 국민 모두가 수인(受忍)하여야 할 토지재산권에 내재된 부담으로서 토지재산권의 본질적인 내용을 침해하는 것으로 볼 수 없다」(헌재결 1989. 12. 22, 88 헌가13 참조).

7) 중대성설: 행정기관의 행위가 재산권에 미치는 중대성과 범위를 기준으로 하는 견해로, 독일 연방행정법원이 기본적으로 이에 따르고 있다.

다. 절충설

실질적 기준을 주로 하고 형식적 기준을 참작함이 타당하다는 견해이다.

라. 판 례

대법원은 특별한 희생과 사회적 제약의 구분기준에 대해서 자신의 입장을 밝힌 바 없으며, 단지 특별한 희생의 요건이 필요하다는 것을 전제로 손실보상을 인정하고 있을 뿐이다. 헌법재판소 역시 어느 하나의 학설에 따르고 있다고 할 수 없을 만큼 다양한 기준을 적용하여 특별한 희생에 해당하는지 여부를 판단하고 있다.[23]

---

23) 이로 인하여 헌법재판소가 절충설에 따르고 있다는 해석이 역설적으로 가능하다.

📝 참고: 경계이론과 분리이론

(1) 문제의 의의

헌법은 재산권 제한의 유형으로 ① 재산권의 사회적 구속성의 한계를 넘지 않는 '재산권의 사회적 제약'(헌법 제23조 제1항 및 제2항)과 ② 재산권의 사회적 구속성의 한계를 넘어서는 '공용침해'를 규정하고 있다(헌법 제23조 제3항). 이와 관련하여 개별 법률에 의한 재산권 제한이 이 중에서 어디에 해당하는지, 그리고 양자의 관계를 어떻게 이해할 것인지를 둘러싸고 학설은 크게 다음과 같이 대립하고 있다.

(2) 경계이론(境界理論)

독일 연방최고법원이 취하고 있는 견해로 재산권의 사회적 제약과 공용침해를 별개의 제도로 보는 것이 아니라 양자는 재산권 침해의 정도에 따라 경계지어진 것에 불과하다고 보는 견해이다. 경계이론에 따르면 사회적 제약은 공용침해보다 재산권에 대한 침해가 중대하지 않은 것으로 보상 없이 수인하여야 하는 반면, 공용침해는 사회적 제약을 넘어서는 재산권에 대한 침해로 그에 대한 '보상규정의 유무와 관계없이' 보상을 필요로 한다. 따라서 원래 사회적 제약에 불과했던 것에 과도한 침해(= 특별희생)가 발생하게 되면 경계(문턱)를 넘어 공용침해의 문제로 전환되어 보상이 필요하게 된다.

한편 경계이론은 공공필요에 의한 재산권 침해에 대한 구제는 당해 침해행위의 무효·취소 등의 문제가 아니라 손실보상의 문제가 될 뿐이라고 하여 재산권의 가치보장적 측면을 강조하게 된다. 후술하는 수용유사침해이론은 이러한 경계이론에 입각할 때 효과적으로 설명할 수 있다.

(3) 분리이론(分離理論)

독일 연방헌법재판소가 자갈채취판결에서 제시한 이론으로 사회적 제약과 공용침해는 입법자의 의사에 따라 애초부터 명확히 분리된다는 것을 그 내용으로 한다. 즉 보상규정을 갖춘 재산권 침해만이 공용침해에 해당하며, 원래 사회적 제약에 불과했던 것에 과도한 침해가 발생하였다고 하여도 보상이 필요한 공용침해의 문제로 전환되지는 않는다는 것이다. 이러한 분리이론에 따르면 비례의 원칙에 위배되는 재산권의 과도한 침해를 발생하는 사용·제한을 규정하는 법률에 보상규정이 없으면 그러한 침해적 조치의 취소만이 문제되며, 보상은 이루어질 수 없게 된다. 다만 그처럼 보상규정을 갖고 있지 않은 법률은 위헌성을 띠게 되고, 따라서 입법자는 이러한 위헌성을 방지하기 위하여 당해 법률에 금전보상만이 아닌 다양한 형태의 보상규정을 두어야 하는바, 이를 '보상의무가 있는 재산권의 내용규정'이라고 한다.

우리나라의 헌법재판소 역시 분리이론에 따르고 있는 것으로 해석된다.

관련판례 「도시계획법 제21조에 의한 재산권의 제한은 개발제한구역으로 지정된 토지를 원칙적으로 지정 당시의 지목과 토지현황에 의한 이용방법에 따라 사용할 수 있는 한, 재산권에 내재하는 사회적 제약을 비례의 원칙에 합치하게 합헌적으로 구체화한 것이라고 할 것이나, 종래의 지목과 토지현황에 의한 이용방법에 따른 토지의 사용도 할 수 없거나 실질적으로 사용·수익을 전혀 할 수 없는 예외적인 경우에도 아무런 보상없이 이를 감수하도록 하고 있는 한, 비례의 원칙에 위반되어 당해 토지소유자의 재산권을 과도하게 침해하는 것으로서 헌법에 위반된다」(헌재결 1998. 12. 24, 89헌마214·97헌바78 병합).

(4) 경계이론과 분리이론의 차이점

경계이론과 분리이론의 중요한 차이점은 다음과 같다.

첫째, 사회적 제약을 벗어나는 무보상의 공용침해에 대하여 경계이론이 (수용유사침해이론 등을 동원하여) 보상을 통한 가치보장에 중점을 두고 있는 반면에, 분리이론은 당해 침해행위의 폐지를 주장함으로써 위헌적 침해의 억제를 통한 존속보장에 중점을 두고 있다.[24]

둘째, 경계이론에 따르면 재산권 제한의 유형은 공용침해와 사회적 제약의 2가지가 있게 되는 것에 반하여, 분리이론에 따르면 재산권 제한의 유형은 ① (보상을 요하는) 공용침해, ② 보상의무가 있는 사회적 제약, ③ 보상이 필요 없는 사회적 제약의 3가지가 있게 된다.

---

24) 다만 이러한 설명에 대하여는 "존속보장은 경계이론이나 분리이론과는 관계없이 법치국가원리에서 도출되는 것이다"라는 비판이 있다.

III. 손실보상의 대상과 기준

1. 손실보상의 대상

손실보상의 대상은 역사적으로 '대인적 보상'에서 '대물적 보상'으로, 그리고 대물적 보상에서 '생활보상'으로 변천하여 왔다.

(1) 대인적 보상

대인적 보상(對人的 補償)이란 피수용자의 수용목적물에 대한 주관적 가치를 기준으로 행해지는 보상을 말한다.[25]

대인적 보상의 방법을 택하는 경우 보상의 기준이 일정하지 않게 되고, 또한 보상액이 상승하게 되는 문제점이 있다. 이러한 사정으로 인하여 대인적 보상은 그 지위를 대물적 보상에 내주기에 이르렀다.

(2) 대물적 보상

대물적 보상(對物的 補償)이란 수용목적물에 대한 객관적 시장가격을 보상의 기준으로 파악하는 입장으로, 수용의 대상과 보상의 대상이 대체적으로 일치한다는 점에 그 특징이 있다.

다만 철저한 대물적 보상이 때로는 피수용자에 대한 정당한 보상이 되지 못하는 경우가 있다는 문제점이 있다.

(3) 생활보상

가. 생활보상의 의의

생활보상의 개념은 대물적 보상이 갖는 문제점을 해결하기 위하여

---

25) 이러한 대인적 보상에 가장 철저했던 나라는 영국이었는바, 1845년의 영국 토지조항정리법은 그 대표적 입법례였다. 또한 1914년의 Corrie v. McDermott 사건에 관한 「수용되는 토지의 가치는 토지소유자에게 있어서의 당해 토지의 가치를 기준으로 하여야 한다」는 판례 역시 대인적 보상의 사상을 잘 나타내 주고 있다.

등장한 것인바, 생활보상이란 재산권에 대한 침해로 인하여 생활의 근거를 상실하게 되는 재산권의 피수용자 등에 대하여 생활재건에 필요한 정도의 보상을 행하는 것을 의미한다. 즉, 생활보상은 사회국가의 이념에 따라서 재산권에 대한 침해가 없었던 것과 같은 생활상태를 만들어 주는 것을 말하는바, 이는 보상의 역사에 있어 최종단계의 보상으로서의 의미를 갖는다.

한편 생활보상에 대한 설명 방법은 학자들 간에 커다란 차이를 보이고 있다. 먼저 (본서와 같이) 생활보상을 협의로 이해하는 경우 생활보상은 "현재 당해 장소에서 현실적으로 누리고 있는 생활이익의 상실로서 재산권 보상으로 메워지지 아니하는 손실에 대한 보상"만을 의미하게 된다. 따라서 이러한 입장에 따르면 간접보상과 이주대책만이 생활보상의 내용이 된다.

이에 대해 생활보상을 광의(廣義)로 이해하는 입장에 따르게 되면 협의의 생활보상 이외에도 대물적 보상과 정신적 손실에 대한 보상을 제외한 모든 보상이 생활보상에 포함되게 된다. 따라서 ① 주거의 총체가치의 보상, ② 영업상 손실의 보상, ③ 이전료보상, ④ 잔지보상(殘地補償), ⑤ 직업훈련, ⑥ 전세입자에 대한 주거대책비의 지급, ⑦ 보상금에 대한 조세감면조치 등도 생활보상의 내용에 속하게 된다.

관련판례

「공익사업을 위한 토지 등의 취득 및 보상에 관한 법률 제78조 제5항 및 같은 법 시행규칙 제54조 제2항, 제55조 제2항의 각 규정에 의하여 공익사업의 시행에 따라 이주하는 주거용 건축물의 세입자에게 지급하는 주거이전비와 이사비는, 당해 공익사업 시행지구 안에 거주하는 세입자들의 조기이주를 장려하여 사업추진을 원활하게 하려는 정책적인 목적과 주거이전으로 인하여 특별한 어려움을 겪게 될 세입자들을 대상으로 하는 사회보장적인 차원에서 지급하는 금원의 성격을 갖는다」(대판 2006. 4. 27, 2006두2435).

나. 생활보상의 특색

생활보상은 대인적 보상이나 대물적 보상과 비교해 볼 때, 다음과 같은 특색을 갖는다. 즉,

첫째, 대인적 보상은 주관적 성격이 강한 데 대하여, 생활보상의 경우는 보상의 기준이 정하여져 있기 때문에 (대인적 보상에 비하여) 객관적 성격이 강하다.

둘째, 대물적 보상은 수용의 대상과 보상의 대상이 일치하는 반면, 생활보상은 보상의 대상이 훨씬 확대된다.

다. 생활보상의 (헌법적) 근거

생활보상의 헌법적 근거에 대하여는 다음과 같은 학설의 대립이 있다.[26]

1) 「헌법」 제34조설(생존권설): 생활보상은 「헌법」 제23조 제3항이 정하고 있는 정당한 보상의 범위를 넘어서는 것으로 보아 생활보상의 헌법적 근거를 「헌법」 제34조의 인간다운 생활을 할 권리에서 찾는 견해이다. 헌법재판소 또한 이러한 입장에 따르고 있다.

관련판례

「이주대책은 헌법 제23조 제3항에 규정된 정당한 보상에 포함되는 것이라기보다는 이에 부가하여 이주자들에게 종전의 생활상태를 회복시키기 위한 생활보상의 일환으로서 국가의 정책적인 배려에 의하여 마련된 제도라고 볼 것이다. 따라서 이주대책의 실시 여부는 입법자의 입법정책적 재량의 영역에 속하므로 공익사업을위한토지등의취득및보상에관한법률 시행령 제40조 제3항 제3호(이하 '이 사건 조항'이라 한다)가 이주대책의 대상자에서 세입자를 제외하고 있는 것이 세입자의 재산권을 침해하는 것이라 볼 수 없다」(헌재결 2006. 2. 23, 2004헌마19).

---

26) 아래에 소개되는 학설 외에 과거에는 생활보상도 헌법 제23조 제3항의 '정당한 보상'에 포함되는 것으로 보는 견해(헌법 제23조설 또는 정당보상설)도 있었으나, 오늘날은 사실상 그러한 견해는 찾아보기 힘들다.

2) 「헌법」 제34조·제23조 결합설(통일설): 생활보상도 「헌법」 제23조 제3항의 정당한 보상에 포함되는 것으로 보면서도, 생활보상이 경제적 약자에 대한 생활배려의 관점에서 행해지는 것이라는 점을 고려하여 생활보상의 근거를 「헌법」 제23조 제3항과 제34조 제1항의 결합에서 찾는 견해이다.

라. 생활보상의 내용

1) 간접보상: 간접보상이란 재산권이 직접 수용 등의 대상이 되지는 않으나 대상물건이 공공사업으로 인하여 본래의 기능을 수행할 수 없게 됨으로써 소유자 등이 입은 손실에 대한 보상을 말한다. 이러한 간접보상은 댐의 건설로 인하여 수몰되는 지역의 토지소유자 등이 입는 손실에 대한 보상방법으로 채택되기 시작하였는바, 소수잔존자에 대한 보상, 농경지·택지보상 등이 그 예에 해당한다.

2) 이주대책: 이주대책이란 공공사업의 시행에 필요한 토지 등을 제공함으로 인하여 생활의 근거를 상실하게 되는 사람에 대해 이주대책을 수립·실시하는 것을 말한다(위의 헌재결 2006. 2. 23, 2004헌마19 참조).

이주대책의 시행에 있어 사업시행자는 법이 정한 이주대책 대상자를 포함하여 그 밖의 이해관계인에게까지 넓혀 이주대책 수립 등을 시행할 수 있으며, 이 경우 이주대책 대상자의 범위나 그들에 대한 이주대책 수립 등의 내용을 어떻게 정할 것인지에 관하여는 사업시행자에게 폭넓은 재량이 인정된다.

관련판례

「공익사업을 위한 토지 등의 취득 및 보상에 관한 법률(이하 '공익사업법' 이라 한다) 및 공익사업을 위한 토지 등의 취득 및 보상에 관한 법률 시행령이 공익사업의 시행으로 인하여 주거용 건축물을 제공함에 따라 생활의 근거를 상실하게 되는 자(이하 '이주대책 대상자'라 한다)의 범위를 정하고 이주대책 대상자에게 시행할 이주대책 수립·실시 또는 이주정착금의 지급(이하 '이주대책 수립 등'이라 한다)의 내용에 관하여 구체적으로 규정하고 있으므로, 사업시행자는 법이 정한 이주대책대상자를 법령이 예정하고 있는 이주대책 수립 등의 대상에서 임의로 제외해서는 아니 된다. 그렇지만 규정 취지가 사업시행자가 시행하는 이주대책 수립 등의 대상자를 법이 정한 이주대책 대상자로 한정하는 것은 아니므로, 사업시행자는 해당 공익사업의 성격, 구체적인 경위나 내용, 원만한 시행을 위한 필요 등 제반 사정을 고려하여 법이 정한 이주대책대상자를 포함하여 그 밖의 이해관계인에게까지 넓혀 이주대책 수립 등을 시행할 수 있다. 그런데 사업시행자가 이주대책 수립 등의 시행 범위를 넓힌 경우에, 그 내용은 법이 정한 이주대책 대상자에 관한 것과 그 밖의 이해관계인에 관한 것으로 구분되고, 그 밖의 이해관계인에 관한 이주대책 수립 등은 법적 의무가 없는 시혜적인 것이다. 따라서 시혜적으로 시행되는 이주대책 수립 등의 경우에 대상자(이하 '시혜적인 이주대책 대상자'라 한다)의 범위나 그들에 대한 이주대책 수립 등의 내용을 어떻게 정할 것인지에 관하여는 사업시행자에게 폭넓은 재량이 있다」(대판 2015. 7. 23, 2012두22911).

2. 손실보상의 기준

(1) 손실보상의 기준에 관한 논의

재산권에 대한 침해에 대하여 어느 정도까지 손실보상을 인정할 것인지의 문제는 입법정책 내지 (재산권에 대한) 가치관에 따라 결정할 문제이다. 다만 학설상으로는 종래 완전보상설과 상당보상설이 대립하여 왔다.

가. 완전보상설

완전보상설이란 손실보상의 원인이 되는 재산권의 침해가 기존의 법질서 안에서 개인의 재산권에 대한 개별적인 침해인 경우에는 그 손실보상은 원칙적으로 피수용재산의 객관적인 재산가치를 완전하게 보상하는 것이어야 한다는 견해이다. 이 경우 완전한 보상이 무엇을 의미하는지에 관하여는 ① 피침해재산 자체의 손실에 대한 보상만 포함되며 부대적(附帶的) 손실에 대한 보상은 포함되지 않는다는 견해와 ②

부대적 손실에 대한 보상까지 포함한다는 견해로 갈려져 있다.

이러한 완전보상설은 미국 연방헌법 수정 제5조상의 '정당한 보상 조항'의 해석을 중심으로 미국에서 발전하였다.

나. 상당보상설

상당보상설은 손실보상은 재산권의 사회적 구속성 등에 비추어 사회국가원리에 바탕을 둔 기준에 따른 적정한 보상이면 족하다는 견해이다. 상당보상설은 일반적으로 ① 사회통념에 비추어 객관적으로 타당하면 완전보상을 하회(下廻)할 수도 있다는 견해와 ② 완전보상을 원칙으로 하지만 합리적인 이유가 있을 경우에는 예외적으로 완전보상을 상회(上廻)하거나 하회할 수도 있다는 견해로 나뉘어져 있다.

이러한 상당보상설은 재산권의 사회적 구속성을 규정했던 바이마르헌법 제153조에서 그 연원을 찾아볼 수 있으며, 현재 독일의 기본법 제14조 제3항 또한 이 같은 사상을 계승하고 있다.

(2) 실정법상 보상기준에 관한 원칙

가. 정당보상의 원칙

「헌법」 제23조 제3항은 공공필요에 의한 재산권의 수용·사용 또는 제한 및 그에 대한 보상은 법률로써 하되, '정당한 보상'을 지급할 것을 규정하고 있다. 이 경우 정당한 보상의 의미를 어떻게 이해할 것인가의 문제가 있는바, 원칙적으로 완전보상을 해 주어야 하지만 상황에 따라 완전보상을 하회할 수도 있고 또한 생활보상까지 해 주어야 하는 경우도 있을 수 있다는 의미로 이해하여야 할 것이다.[27] 다만 헌법재판소는 여기서의 정당한 보상은 완전보상을 의미한다고 판시한 바 있다.

---

27) 同旨: 김남진/김연태, 행정법 I , 법문사, 2021, 676쪽.

관련판례

「헌법 제23조 제3항이 규정하는 정당한 보상이란 원칙적으로 피수용재
산의 객관적인 재산가치를 완전하게 보상하는 완전보상을 의미하며, 토
지의 경우에는 그 특성상 인근 유사토지의 거래가격을 기준으로 하여 토
지의 가격형성에 미치는 제 요소를 종합적으로 고려한 합리적 조정을 거
쳐서 객관적인 가치를 평가할 수밖에 없는데 이 때, 소유자가 갖는 주관
적인 가치, 투기적 성격을 띠고 우연히 결정된 거래가격 또는 흔히 불리
우는 호가, 객관적 가치의 증가에 기여하지 못한 투자비용이나 그 토지
등을 특별한 용도에 사용할 것을 전제로 한 가격 등에 좌우되어서는 안
되며, 개발이익은 그 성질상 완전보상의 범위에 포함되지 아니한다」(헌
재결 2001. 4. 26, 2000헌바31).[28]

나. 개발이익의 배제

공공사업으로 인하여 지가가 크게 상승함으로써 토지소유자 등이
받는 이익, 즉 개발이익은 보상액산정에서 배제되어야 한다. 「보상액
을 산정할 경우에 해당 공익사업으로 인하여 토지 등의 가격이 변동되
었을 때에는 이를 고려하지 아니한다」고 규정하고 있는 「공익사업을
위한 토지 등의 취득 및 보상에 관한 법률」 제67조 제2항도 같은 취지
의 규정이다.

관련판례

「헌법 제23조 제3항에서 규정한 "정당한 보상"이란 원칙적으로 피수용재
산의 객관적인 재산가치를 완전하게 보상하여야 한다는 완전보상을 뜻

---

28) 同旨판례: 대판 2001. 9. 25, 2000두2426. 한편 정당한 보상을 완전보상을 의미
하는 것으로 이해하는 경우에도 일정한 경우 공익과 사익을 조정하는 견지에서
완전보상을 하회할 수도 있다는 점이 강조되기도 하는바, ① 현존의 재산법질
서를 변혁하려는 목적하에 공용침해가 행해지는 경우(예: 농지개혁) 또는 ② 전
쟁 기타 국가가 위기에 처해 있는 상황에서 개인의 재산을 징발하는 경우 등이
그러한 경우에 해당한다.

하는 것이지만, 공익사업의 시행으로 인한 개발이익은 완전보상의 범위에 포함되는 피수용토지의 객관적 가치 내지 피수용자의 손실이라고는 볼 수 없다」(헌재결 1990. 6. 25, 89헌마107).[29]

다. 생활보상의 원칙(전술 참조)

(3) 구체적인 보상기준

가. 공용수용의 보상기준

「공익사업을 위한 토지 등의 취득 및 보상에 관한 법률」 제67조는 보상액의 산정은 협의성립 또는 재결 당시의 가격을 기준으로 한다고 하여 시가보상(時價補償)의 원칙을 채택하고 있다.[30]

다만 동법 제70조 제1항은 「부동산가격공시에 관한 법률」에 따라 지가가 공시된 경우에는 그 공시기준일부터 가격시점까지의 관계법령에 따른 그 토지의 이용계획, 해당 공익사업으로 인한 지가의 영향을 받지 않는 지역의 지가변동률, 생산자물가상승률 그 밖에 그 토지의 위치·형상·환경·이용상황 등을 고려하여 평가한 적정가격으로 보상하도록 규정하고 있다. 그리고 공시지가를 기준으로 보상하도록 하는 위 규정에 의하여 전술한 시가보상의 원칙은 사실상 폐기되었다는 평

---

29) 여기서의 헌법재판소의 결정은 '당해 공익사업'으로 인한 개발이익과 관련된 것이다. 한편 '당해 공익사업과 관계없는 다른 사업'의 시행으로 인한 개발이익은 배제되지 않는바, 이에 관하여는 다음의 판례 참조: 「토지수용으로 인한 손실보상액을 산정함에 있어서 당해 공공사업의 시행을 직접 목적으로 하는 계획의 승인·고시 또는 사업 시행으로 인한 가격변동은 이를 고려함이 없이 수용재결 당시의 가격을 기준으로 하여 적정가격을 정하여야 하고, 당해 공공사업과는 관계없는 다른 사업의 시행으로 인한 개발이익은 이를 배제하지 아니한 가격으로 평가하여야 한다」(대판 1999. 10. 22, 98두7770).

30) 이 조항에 의해 보상액 산정의 기준이 되는 시점을 가격시점(價格時點)이라고 한다.

가가 행해지기도 한다.

나. 공용사용의 보상기준

공용사용의 경우에는 사용재결 당시의 가격을 기준으로 하되, 그 사용할 토지와 인근 유사토지의 지료(地料)·임대료 등을 고려하여 평가한 적정가격으로 보상하여야 한다(「공익사업을 위한 토지 등의 취득 및 보상에 관한 법률」 제71조).

다. 공용제한의 보상기준

공용수용이나 공용사용과는 달리 공용제한의 경우 실정법에 보상규정이 있는 경우는 거의 없다.[31] 따라서 공용제한의 보상기준에 관하여는 특별한 이론이 전개되고 있는바, 그러한 특별한 이론으로 주목할 만한 것은 다음과 같다.

1) 적극적 실손보전설: 토지소유자가 예기하지 않았던 지출이 있게 된 경우에 한하여 적극적이고 현실적인 출연만을 보상하여야 한다는 견해이다.

2) 지가저락설(地價低落說): 토지의 이용제한에 의하여 초래된 토지이용가치의 객관적 저하가 지가의 하락으로 나타난다고 보고, 그 지가저락분을 보상하여야 한다는 입장을 말한다. 독일의 건축법전과 판례는 근본적으로 이러한 입장에 따르고 있다.

3) 상당인과관계설: 토지소유자가 받는 손실 중에서 이용제한과 상당인과관계가 있다고 인정되는 모든 손실을 보상하여야 한다는 입장을 말한다.

4) 지대설(地代說): 지대상당액이 보상의 기준이 된다는 견해이다.

5) 공용지역권설정설(公用地役權設定說): 토지의 이용제한을 공용지역권의 설정으로 보아 이에 대한 대상(代償)을 보상하여야 한다는 이론이다.

---

31) 그 이유는 공용제한을 통하여 재산권에 가해지는 제한은 대부분 사회적 제약에 해당하는 것으로 보는 것에서 찾을 수 있다.

라. 일실손실보상(逸失損失補償)의 문제

일실손실의 보상이란 토지 등의 재산권의 수용에 부수하여 사업을 폐지 또는 휴업하게 되는 경우에 입게 되는 손실을 보상하는 것을 말하는바, ① 영업의 폐지·이전에 따르는 보상, ② 농업의 폐지·이전에 따르는 보상 및 ③ 영업폐업 시의 실직근로자에 대한 보상을 그 내용으로 한다.

한편 영업의 폐지의 경우 이른바 영업권(권리금)은 보상하지 않고 전업(轉業)에 통상 소요되는 것으로 인정되는 기간 중의 일실손실만 보상하며, 무허가영업에 대하여는 보상하지 않는다. 다만 무허가 영업의 경우에도 영업시설 등의 가액이나 전업에 따른 손실은 보상한다.

IV. 손실보상의 유형과 방법

1. 손실보상의 유형

(1) 현금보상의 원칙

손실보상은 현금으로 지급함이 원칙이다(「공익사업을 위한 토지 등의 취득 및 보상에 관한 법률」 제63조 제1항). 이는 현금이 융통성이 강하고 객관적인 가치의 변동이 적어 재산권의 가치보장 수단으로 가장 안정적이기 때문이다.

한편 손실보상액의 결정방법에 관하여는 일반법이 없고, 각 개별법이 다음과 같은 여러 가지 방법을 규율하고 있다.

① 원칙적으로 당사자 간의 협의에 의하도록 하고(「공익사업을 위한 토지 등의 취득 및 보상에 관한 법률」 제26조), 협의가 성립되지 않으면 토지수용위원회와 같은 합의제기관의 재결에 의하는 경우(동법 제34조)

② 자문기관의 심의를 거쳐 행정청이 결정하는 경우(징발법 시행령 제10조)

③ (관련 법률에 손실보상액의 결정방법에 관한 행정적 절차에 관하여 아
무런 규정이 없는 경우) 법원에 직접 소송을 제기하여 손실보상액
을 결정하는 방법 등

(2) 현물보상

현물보상이란 수용 또는 사용할 물건에 갈음하여 토지 등을 제공
하는 보상방법을 말하는바, 도시개발사업의 경우에 환지계획에서 정
한 대지 등에 대하여 환지처분을 행하는 경우(도시개발법 제40조 참조)
등이 현물보상의 대표적 예이다.

한편 「공익사업을 위한 토지 등의 취득 및 보상에 관한 법률」 제63
조 제1항은 토지소유자가 원하는 경우로서 사업시행자가 해당 공익사
업의 합리적인 토지이용계획과 사업계획 등을 고려하여 토지로 보상
이 가능한 경우에는 토지소유자가 받을 보상금 중 현금 또는 채권으로
보상받는 금액을 제외한 부분에 대하여 그 공익사업의 시행으로 조성
한 토지로 보상할 수 있음을 규정하고 있는바,[32] 이 역시 현물보상에
해당하는 것으로 볼 수 있을 것이다.

(3) 매수보상

매수보상이란 물건에 대한 이용제한으로 인하여 종래의 이용목적
에 따라 물건을 사용하기가 곤란하게 된 경우에 상대방에게 그 물건의
매수청구권을 인정하고 그에 따라 그 물건을 매수함으로써 실질적으
로 보상을 행하는 방법을 말하는바, 이러한 매수보상은 현금보상의 변
형으로 볼 수 있다는 견해도 있다.

「공익사업을 위한 토지 등의 취득 및 보상에 관한 법률」 제72조는
사업인정고시가 있은 후 ① 토지를 사용하는 기간이 3년 이상인 경우,
② 토지의 사용으로 인하여 토지의 형질이 변경되는 경우 및 ③ 사용
하고자 하는 토지에 그 토지소유자의 건축물이 있는 경우에는 해당 토

---

32) 이를 토지보상(土地補償) 또는 대토보상(代土補償)이라고 한다.

지소유자는 사업시행자에게 그 토지의 매수를 청구하거나 관할 토지
수용위원회에 그 토지의 수용을 청구할 수 있음을 규정하고 있는바,[33]
이것이 대표적인 매수보상의 예이다.

(4) 채권보상

채권보상이란 일정한 경우 채권으로 보상금을 지급하는 것으로,
사회간접자본시설의 확충 필요성과 예산 부족 사이의 타협책으로 구
토지수용법에 처음으로 도입되었다. 「공익사업을 위한 토지 등의 취득
및 보상에 관한 법률」 역시 채권보상제도를 규정하고 있다.

가. 채권보상의 유형

채권보상을 하게 되는 유형은 다음과 같이 둘로 나누어 볼 수 있다.

1) 채권보상을 할 수 있는 경우: ① 사업시행자가 국가·지방자치단체
그 밖에 대통령령으로 정하는 「공공기관의 운영에 관한 법률」에 따라
지정·고시된 공공기관 및 공공단체인 경우에 ② 토지소유자나 관계인
이 원하거나 또는 부재부동산소유자(不在不動産所有者)의 토지에 대한
보상금이 대통령령이 정하는 일정금액을 초과하는 경우로서 그 초과
하는 금액에 대하여 보상하는 경우에는 사업시행자가 발행하는 채권
으로 지급할 수 있다.

2) 채권보상을 하여야 하는 경우: 토지투기가 우려되는 지역으로서 대
통령령이 정하는 지역 안에서 토지를 수용하는 경우 부재부동산소유
자의 토지에 대한 보상금 중 대통령령이 정하는 1억 원 이상의 일정금
액을 초과하는 부분에 대하여는 해당 사업시행자가 발행하는 채권으
로 지급하여야 한다.

---

33) 매수보상은 「개발제한구역의 지정 및 관리에 관한 특별조치법」(제17조) 등에서
도 인정되고 있다.

나. 상환기간 등

1) 상환기간: 채권보상을 행하는 경우 그 상환기간은 5년을 넘지 아니하는 범위 안에서 정하여야 한다.

2) 이자율: ① 부재부동산소유자에게 채권으로 지급하는 경우에는 상환기한이 3년 이하인 채권은 3년 만기 정기예금 이자율, 상환기한이 3년 초과 5년 이하인 채권은 5년 만기 국고채 금리(國庫債 金利)를 적용한다.

② 부재부동산소유자가 아닌 자가 원하여 채권으로 지급하는 경우에는 상환기한이 3년 이하인 채권은 3년 만기 국고채 금리를 적용하되, 3년 만기 정기예금 이자율이 3년 만기 국고채 금리보다 높은 경우에는 3년 만기 정기예금 이자율을 적용한다. 한편 상환기한이 3년 초과 5년 이하인 채권은 5년 만기 국고채 금리를 적용한다(「공익사업을 위한 토지 등의 취득 및 보상에 관한 법률」 제63조 제9항).

3) 채권보상제의 합헌성 여부: 채권보상제에 대하여는 부재부동산소유자의 토지와 다른 토지를 구분하는 것은 평등원칙에 반하며, 채권은 물가나 기타 사정에 의해 수익률에 영향을 받게 되므로 정당한 보상으로 보기 어렵다는 것을 논거로 위헌성을 지적하는 견해가 있다. 그러나 부재부동산소유자는 토지를 자산증식의 수단으로 소유하고 있으므로 통상적인 수익만 보장된다면 채권보상제를 위헌으로 볼 수는 없다고 생각한다.

2. 손실보상의 지급방법

(1) 손실보상의 주체－사업시행자보상의 원칙

공익사업에 필요한 토지 등의 취득 또는 사용으로 인하여 토지소유자 또는 관계인이 입은 손실은 수용 또는 사용을 통하여 직접 수익한 자, 즉 사업시행자가 이를 보상하여야 한다(「공익사업을 위한 토지 등의 취득 및 보상에 관한 법률」 제61조).

(2) 손실보상의 지급방법

손실보상의 지급방법은 ① 지급시기에 따라 선불과 후불로, ② 지급횟수에 따라 일시불과 분할불로, ③ 지급의 개별성 여부에 따라 개별불과 일괄불로 구분된다. 손실보상의 지급방법에 관한 원칙을 열거하면 다음과 같다.

가. 선불의 원칙

사업시행자는 해당 공익사업을 위한 '공사에 착수하기 이전에' 토지소유자와 관계인에게 보상액의 전액을 지급하여야 한다.[34] 다만 천재·지변 시의 토지사용과 시급한 토지사용의 경우 또는 토지소유자 및 관계인의 승낙이 있는 경우에는 후불도 가능하다(「공익사업을 위한 토지 등의 취득 및 보상에 관한 법률」 제62조 참조). 후급의 경우에 지연이자와 물가변동에 따르는 불이익은 보상책임자가 부담하여야 한다(대판 1991. 12. 24, 91누308 참조).

나. 일시불의 원칙

사업시행자는 당해 공익사업을 위한 공사에 착수하기 이전에 토지소유자와 관계인에게 '보상액의 전액'을 지급하여야 하는 것이 원칙이다(「공익사업을 위한 토지 등의 취득 및 보상에 관한 법률」 제62조).[35] 다만 부득이한 사정이 있는 경우에는 분할불로 지급할 수도 있다(징발법 제22조의2).

다. 개별불의 원칙

손실보상은 토지소유자나 관계인에게 개인별로 하여야 한다. 다만 개인별로 보상액을 산정할 수 없을 때에는 피보상자에게 일괄적으로 지급할 수도 있다(「공익사업을 위한 토지 등의 취득 및 보상에 관한 법률」

---

34) 이를 사전보상(事前補償)의 원칙이라고도 한다.
35) 이를 전액보상(全額補償)의 원칙이라고도 한다.

제(64조).[36)]

「토지수용법 제45조 제2항은 수용 또는 사용함으로 인한 보상은 피보상자의 개인별로 산정할 수 없을 때를 제외하고는 피보상자에게 개인별로 하여야 한다고 규정하고 있으므로, 보상은 수용 또는 사용의 대상이 되는 물건별로 하는 것이 아니라 피보상자 개인별로 행하여지는 것이라고 할 것이어서 피보상자는 수용 대상물건 중 전부 또는 일부에 관하여 불복이 있는 경우 그 불복의 사유를 주장하여 행정소송을 제기할 수 있다」 (대판 2000. 1. 28, 97누11720).

V. 손실보상에 대한 불복

1. 개별법에 특별한 규정이 없는 경우

손실보상에 대한 불복(不服)에 관하여는 개별법이 특별히 규정하는 경우가 많은데 「공익사업을 위한 토지 등의 취득 및 보상에 관한 법률」이 그 대표적 예이다.

한편 그러한 특별한 규정이 없는 경우에는 손실보상에 대한 불복은 손실보상청구권을 공권으로 보는 경우에는 행정소송인 당사자소송, 손실보상청구권을 사권으로 보는 경우에는 민사소송에 의하여야 할 것이다. 대법원은 종래 이를 민사소송에 의하도록 하여 왔으나, 근래 하천법상의 손실보상 등에 관하여 행정소송에 의하도록 판시한 바 있다는 것에 대하여는 「손실보상청구권의 성질」과 관련하여 전술한 바 있다.

---

36) 이를 개인별보상(個人別補償)의 원칙이라고도 한다.

2. 「공익사업을 위한 토지 등의 취득 및 보상에 관한 법률」상의 불복

(1) 이의신청

재결신청에 따른 재결, 즉 원재결(原裁決)[37]은 내용적으로 수용재결과 보상재결로 구분할 수 있는바, 이의신청의 단계에서는 양자를 분리함이 없이 어느 부분에 불복하더라도 동일한 이의신청을 제기하도록 되어 있다. 즉, 원재결에 이의가 있는 자는 재결서의 정본을 받은 날부터 30일 이내에 중앙토지수용위원회에 이의신청을 할 수 있다(동법 제83조).

이의신청이 있는 경우 중앙토지수용위원회는 원재결이 위법·부당하다고 인정하는 때에는 재결의 전부 또는 일부를 취소하거나 보상액을 변경할 수 있다(동법 제84조). 이러한 중앙토지수용위원회의 이의신청에 대한 재결에 대하여 제소기간 내에 소송이 제기되지 아니하는 경우 등에는 이의신청에 대한 재결이 확정되는바, 재결이 확정되면 확정판결이 있은 것으로 본다.

(2) 행정소송

이의신청의 경우와 달리 행정소송의 단계에서는 수용재결과 보상재결의 구분이 행해지며, 그에 따라 소송유형에도 차이가 발생하게 된다.

가. 수용재결에 대한 불복

관할 토지수용위원회의 수용재결에 대하여 불복이 있는 때에는 재결서를 받은 날부터 60일 이내에, 이의신청을 거쳤을 때에는 이의신청에 대한 재결서를 받은 날부터 30일 이내에 재결의 취소를 구하는 행정소송을 제기할 수 있다(동법 제85조 제1항). 한편 「공익사업을 위한 토

---

37) 이의신청에 따른 재결을 의미하는 이의재결(異議裁決) 또는 재재결(再裁決)과 구분하기 위하여 재결신청에 따른 재결을 특히 원재결이라고 한다.

지 등의 취득 및 보상에 관한 법률」이 취소소송의 제기기간에 관하여 일반법인 행정소송법보다 짧은 기간을 정하고 있는 것과 관련하여 위헌여부가 논란이 된 바 있으나, 헌법재판소는 이를 위헌이 아니라고 판시한 바 있다.

관련판례

「토지수용법이 행정소송의 제소기간에 관하여 일반법인 행정소송법을 배제하고 그보다 짧은 제소기간을 규정함으로써 국민이 착오를 일으켜 제소기간을 놓치는 사례가 있을 수 있으나, 이러한 사태는 특별법에서 일반법과 다른 규정을 두는 경우에 언제나 발생할 가능성이 있는 것이며, 그 이유만으로 그 규정이 헌법에 위반되는 것으로 볼 수 없다」(헌재결 1996. 8. 29, 93헌바63 등).

나. 보상재결에 대한 불복

보상재결에 불복하는 경우, 즉 수용 자체를 다투는 것이 아니라 보상금액을 다투는 경우 그 소송을 제기하는 자가 토지소유자 또는 관계인일 때에는 사업시행자를, 사업시행자일 때에는 토지소유자 또는 관계인을 각각 피고로 하여 보상금의 증액 또는 감액을 청구하는 소송을 제기할 수 있다(동법 제85조 제2항). 이 소송은 형식적 당사자소송의 성질을 갖는다.

한편 보상금증액청구소송에서의 증명책임은 원고에게 있다. 이에 관하여는 이하의 판례 참조.

관련판례

「토지수용법 제75조의2 제2항 소정의 손실보상금 증액청구의 소에 있어서 그 이의재결에서 정한 손실보상금액보다 정당한 손실보상금액이 더 많다는 점에 대한 입증책임은 원고에게 있다」(대판 1997. 11. 28, 96누2255).

VI. 특별한 유형의 손실보상

1. 개 설

지금까지 서술한 바와 같이 행정상의 손실보상은 '적법한' 공권력 행사로 인하여 개인에게 '재산상' 손실이 발생한 경우, 그리고 그에 더하여 그러한 침해가 공권력주체에 의해 의도되었거나 아니면 최소한 재산상 손실에 대한 직접적 원인이 되는 경우(침해의 의도성과 직접성)에 한하여 인정된다. 그러나 이러한 요건이 충족되는 경우에 인정되는 행정상의 손실보상만으로는 전보될 수 없는 유형의 침해가 존재하며, 그 결과 국민의 권리구제가 충분히 이루어지지 못하는 문제점이 존재하게 된다. 이에 전형적인 행정상의 손실보상만으로는 전보될 수 없는 유형의 침해를 체계화하고, 그에 대한 효과적인 권리구제 수단을 확보하기 위한 노력이 학설과 판례를 통하여 행해져 왔는바, 이하에서는 이러한 문제를 상세히 다루어 보고자 한다.

전형적인 행정상의 손실보상이란 제도를 통해서는 전보될 수 없는 침해의 유형과 그에 대한 해결방안은 일단 다음과 같이 요약해 볼 수 있다.

(1) 먼저 위법·무책(無責)의 공무원의 직무행위로 인한 손해에 대하여는 수용유사침해이론에 따른 손실보상을 생각해 볼 수 있다.

(2) 다음으로 이형적(異型的)·비의욕적(非意慾的) 공용침해에 대하여는 수용적 침해이론에 따른 손실보상을 생각해 볼 수 있다.

(3) 마지막으로 적법한 행정작용으로 인한 비재산적 법익에 대한 침해가 발생한 경우에는 희생보상청구권의 법리에 따른 손실보상을 생각해 볼 수 있다.

2. 수용유사침해

(1) 개 관

가. 수용유사침해의 의의

수용유사침해(enteignungsgleicher Eingriff)란 위법한 공용침해, 특히 보상규정을 결한 법률에 근거한 공용침해를 말한다. 이러한 수용유사 침해로 인하여 특별한 희생을 입은 자에 대한 보상은 위법한 공용침해 에 대한 보상인 점에서 적법한 공용침해에 대한 보상을 의미하는 본래 의 행정상의 손실보상과는 구별된다.

나. 수용유사침해의 구성요건

1) 위 법: 수용유사침해는 위법한 공용침해이다. 다만 여기서의 위 법은 고의 또는 과실로 법령에 위반하여 타인에게 침해를 가하는 경우 와 관련하여 국가배상에서 논해지는 위법과는 다른 의미이다. 즉, 수 용유사침해의 요건으로서의 '위법'은 공용침해의 근거법률이 헌법상의 '불가분조항 원칙'에 따라 보상규정을 두어야 함에도 불구하고 그 규정 을 두지 않은 경우 그것은 위헌인 법률이 되고, 따라서 그에 근거한 공 용침해 역시 결과적으로 위헌이 된다는 의미에서의 위법을 말한다.

2) 무책(無責): 공용침해권자는 재산권자에게 손해를 가할 의사가 없으며, 또한 공공필요가 그 동기가 되므로 과실도 문제가 되지 않는 다. 따라서 수용유사침해의 전형적인 모습은 위법·무책의 침해이다.

다. 국가배상과의 구별

수용유사침해에 따른 보상은 '위법'한 침해를 원인으로 한다는 점 에서 일견 국가배상과 유사해 보이는 면이 있다. 그러나 수용유사침해 에 대한 보상은 다음과 같은 점에서 국가배상과는 구별된다.

첫째, 수용유사침해에 대한 보상은 공공필요를 위해 발생한 희생 에 대한 보상인 반면, 국가배상은 공무원이 그 직무를 집행함에 당하여 고의·과실로 법령에 위반하여 타인에게 가한 손해에 대한 배상이라는 점에서 양자는 청구권의 성립요건을 달리한다.

둘째, 수용유사침해에 대한 보상은 완전보상을 원칙으로 하되 경우에 따라 그를 상회 또는 하회할 수도 있는 반면, 국가배상은 완전배상이 원칙이므로 양자는 보상(내지 배상)의 범위를 달리한다.

셋째, 국가배상청구권은 3년의 소멸시효에 걸리지만(민법 제766조 제1항), 수용유사침해에 대한 보상은 5년의 소멸시효에 걸리게 될 것이므로 양자는 청구권의 소멸시효기간을 달리한다.

(2) 수용유사침해이론의 전개

가. 이론의 성립

수용유사침해의 전형적인 모습은 위법·무책의 침해이다. 따라서 적법한 공용침해에 대한 손실보상과 공무원의 위법한 직무행위로 인한 손해배상만을 인정하는 경우 수용유사침해에 대해서는 구제방법이 없게 된다.[38] 수용유사침해이론은 이처럼 위법한 공용침해로 인해 특별한 희생을 입은 자에 대한 구제방법이 없는 점을 고려하여 그 같은 실정법상의 흠결을 메우기 위하여 독일에서 연방최고법원의 판례[39]를 통하여 발전된 이론이다.[40]

나. 이론적 근거

독일 연방최고법원은 수용유사침해의 이론적 근거로 당연논리를 제시하였다. 여기서 당연논리란 적법한 공용침해로 특별한 희생을 입은 자에게 보상을 한다면 위법한 공용침해로 특별한 희생을 입은 자에

---

38) 수용유사침해는 일단 위법한 행정작용이므로 행정상의 손실보상이 행해지기 곤란하며, 또한 무책을 전제로 하므로 행정상의 손해배상도 행해지기 곤란하다는 점을 생각해 보라.

39) Vgl. BGHZ 6, 270 ff.

40) 이러한 수용유사침해에 대한 보상은 전술한 경계이론과 밀접한 관련이 있다.

게 보상을 해 주는 것은 '더욱 마땅하다'(erst recht)는 것을 그 내용으로
한다. 또한 독일 연방최고법원은 수용유사침해의 법적 근거로 초기에
는 독일 기본법상의 손실보상에 관한 규정인 제14조 제3항의 유추적용
을 제시하였다.

다. 자갈채취판결에 의한 제동

1981년 독일 연방헌법재판소는 자갈채취판결(Naßauskiesungs-
beschluß)을 통하여 연방최고법원이 전통적으로 취해 오던 수용유사침
해의 법리에 따르는 보상청구를 제약하는 판결을 행하였는바, 동 판결
의 내용은 다음과 같다.

1) 사 안: 구 수자원법에 근거하여 자갈채취 사업을 하던 자가 신
수자원법의 규정에 따라 사업의 계속을 위한 허가를 신청하였는데, 이
를 행정청이 거부한 것이 문제된 사건이다.

2) 주 문: 「보상규정이 없는 법률에 근거한 행정처분에 의한 공용침
해적 조치는 위헌인 법률에 근거한 것으로 위법하다. 이 경우 상대방
은 손실보상규정이 없기 때문에 직접 손실보상청구를 할 수는 없으며,
위법한 공용침해적 처분을 취소하는 행정소송을 제기할 수 있을 뿐이
다.」.[41)]

라. 자갈채취판결 이후의 이론 전개

자갈채취판결에 의해 수용유사침해의 법리가 부정되는 것이 아닌
가 하는 논의가 있었으나, 아직도 제도 자체가 부정되는 것은 아니라
고 한다. 한편 연방최고법원은 연방헌법재판소의 판결 이후에도 수용
유사침해의 법리를 완전히 포기하지는 않고 있으며, 다만 동 법리의
법적 기초를 기본법(제14조 제3항)이 아니라 1794년 프로이센 일반국법
서장(序章) 제74조, 제75조에 근거를 둔 관습법으로서의 '희생보상청구
권'에서 찾고 있을 뿐이다.

---

41) Beschluß v.15.7.1981, BVerfGE 58, 300 ff.

(3) 우리 법제에서의 인정여부

우리나라 역시 위법한 공용침해(즉, 수용유사침해)에 대한 보상에 관하여는 입법상 흠결을 안고 있다. 따라서 수용유사침해에 대해 어떠한 방법의 손해전보가 가능한 것인가가 문제되고 있다. 이에 대하여는 위헌무효설, 직접효력설, 유추적용설 등이 거론되고 있을 뿐(이들 학설에 관해서는 제1장 제2절 I. 2. 행정상 손실보상의 근거 참조) 아직 통설이 형성되어 있지 못한 실정이다.

한편 판례상 수용유사침해의 이론이 문제가 되었던 것으로는 이른바 신군부(新軍部)에 의한 문화방송주식 강제취득사건이 있는바, 원심인 서울고등법원은 수용유사침해이론을 적극 수용하여 손실보상을 인정했었다. 이에 반하여 대법원은 이하의 판지에서 보듯이 수용유사침해이론을 우리 법제하에서 채택할 수 있는지에 대하여는 판단을 보류하면서 당해 사안이 수용유사침해에 해당하지 않는다는 취지의 판결을 행한 바 있다.

관련판례

「원심이 들고 있는 위와 같은 수용유사적 침해의 이론은 국가 기타 공권력의 주체가 위법하게 공권력을 행사하여 국민의 재산권을 침해하였고 그 효과가 실제에 있어서 수용과 다름없을 때에는 적법한 수용이 있는 것과 마찬가지로 국민이 그로 인한 손실의 보상을 청구할 수 있다는 내용으로 이해되는데, 과연 우리 법제하에서 그와 같은 이론을 채택할 수 있는 것인가는 별론으로 하더라도 위에서 본 바에 의하여 이 사건에서 피고 대한민국의 이 사건 주식취득이 그러한 공권력의 행사에 의한 수용유사적 침해에 해당한다고 볼 수는 없다」(대판 1993. 10. 26, 93다6409).[42]

---

42) 같은 취지에서 수용유사침해에 대한 보상에 관하여 부정적 입장을 나타낸 하급심 판례로는 「수용유사적 침해가 인정되기 위하여는 수용에 준하는 고권적(高權的) 조치에 의한 침해, 즉 공권력의 행사에 의한 재산권 침해가 있어야 할 것인바, 앞에서 본 사실관계에 의하면 위 서울경제신문이 폐간된 과정에서 국군보안사령부 및 그 소속 군인들의 위 장강재에 대한 강박이 있었고, 이에 위 장

생각건대 이 문제는 입법을 통해 해결함이 최선이다. 그러나 입법에 의한 해결에도 한계가 있는 점을 감안할 때 우리 역시 입법의 흠결을 메울 법리가 필요하다고 할 것이다. 그런데 우리에게는 독일처럼 판례법도, 관습법으로서의 희생보상청구권의 법리도 없으므로[43] 결국 헌법 제23조 및 제11조에 근거하고 헌법 제23조 제3항의 유추적용을 통하여 해결할 수밖에 없을 것이라고 생각한다.

3. 수용적 침해

(1) 의 의

수용적 침해(enteignender Eingriff)란 적법한 행정작용의 이형적(異型的)·비의욕적(非意慾的)인 부수적 결과로서 타인의 재산권에 가해진 침해를 말한다. 이러한 수용적 침해의 전형적 예로는 종래 지하철공사의 장기화로 인하여 인근상점이 입는 손해, 도로예정구역으로 고시되었으나 공사를 함이 없이 장기간 방치됨으로 인하여 고시지역 내의 가옥주가 입는 손해 등이 들어져 왔다.

(2) 이론의 성립

수용적 침해는 적법한 행정작용을 전제로 하므로 행정상의 손해배

강재는 원고 회사 명의로 1980. 11. 24. 문화공보부장관에게 위 서울경제신문을 1980. 11. 25.자로 종간한다는 내용의 정기간행물폐간신고서를 제출하고, 위 서울경제신문을 폐간하였던 것인데, 위 인정 사실에 의하면 위 서울경제신문 폐간의 수단은 원고 회사 및 위 장강재에 의한 자진폐간이었던 것이고, 그 과정에서 위와 같은 강박이 있었다고 하여 위 서울경제신문의 폐간이 공권력의 행사에 의한 것이었다고 할 수는 없을 것이므로, 위 서울경제신문의 폐간이 공권력의 행사에 의한 것이었음을 전제로 하는 원고의 위 주장은 이유 없다」고 판시한 서울지법 1996. 6. 26, 91가합63533이 있다.

43) 수용유사침해의 이론을 받아들이는 것에 대해 부정적 입장은 우리나라에 수용유사침해의 이론을 뒷받침할 이 같은 관습법이 존재하지 않음을 그 이유로 들고 있는데, 바로 그러한 관습법이 없기 때문에 더욱 현행법의 해석 내지 유추적용을 통해 보상가능성을 탐구할 필요성이 있다고 할 것이다.

상이 행해질 수 없다. 또한 수용적 침해는 적법한 행정작용의 이형적·
비의욕적인 침해로서 침해의 의도성·직접성이 결여되어 있으므로 행
정상의 손실보상도 받기 곤란하다. 수용적 침해이론은 이처럼 적법한
행정작용의 이형적·비의욕적인 침해로 인해 특별한 희생을 입은 자에
대한 구제방법이 없는 점을 고려하여 그 같은 실정법상의 흠결을 메우
기 위하여 독일의 연방최고법원의 판례를 통하여 발전된 이론이다.

(3) 우리 법제에서의 인정여부

우리나라에서 수용적 침해의 이론이 긍정될 수 있는가에 관하여는
부정적 시각도 있으나, 이 경우에도 수용유사침해의 경우와 마찬가지
로 헌법 제23조, 제11조에 근거하고 헌법 제23조 제3항의 유추적용을
통하여 보상을 청구할 수 있도록 하는 것이 좋다고 생각한다.

한편 우리나라의 경우 판례에 의해 수용적 침해의 이론이 직접적
으로 받아들여진 예는 아직 없다. 다만 도시계획시설결정으로 인한 토
지소유권 제한과 관련된 헌법소원에 관한 이하의 결정요지를 고려할
때 헌법재판소가 (수용적 침해라는 용어는 사용하지 않고 있으나) 수용적
침해의 이론을 받아들였다고 볼 수도 있다는 견해가 유력하다.

관련판례

「토지의 사적 이용권이 배제된 상태에서 토지소유자로 하여금 10년 이
상을 아무런 보상없이 수인하도록 하는 것은 공익실현의 관점에서도 정
당화될 수 없는 과도한 제한으로서 헌법상의 재산권보장에 위배된다고
보아야 할 것이다」(헌재결 1999. 10. 21, 97헌바26).

4. 희생보상청구권

(1) 문제의 제기

적법한 행정작용으로 인하여 비재산적 법익에 대한 침해가 발생하
는 경우가 있다. 예컨대 국가기관의 검정을 받아 판매되고 있는 약을

사 먹었는데 병에 걸린 경우, 또는 경찰관이 저항하는 범인을 향해 총을 쏘았는데 총탄이 범인을 관통하여 옆의 사람에게 상해를 입힌 경우 등이 그러한 예에 해당하는 것으로 생각해 볼 수 있다.

그런데 이러한 경우는 재산권에 대한 침해가 아닌 점에서 행정상의 손실보상의 대상이 되지 않으며, 또한 적법한 행위라는 점에서 공무원의 위법한 직무행위로 인한 행정상의 손해배상의 요건도 충족되기 어렵다. 따라서 적법한 공용침해에 대한 손실보상과 공무원의 위법한 직무행위로 인한 손해배상만을 인정하는 경우 이러한 유형의 침해에 대해서는 구제방법이 없게 되는바, 이와 같은 구제수단의 흠결을 메우기 위하여 등장한 이론이 바로 희생보상청구권의 법리이다.

(2) 문제의 해결 - 희생보상청구권의 문제

비재산적 법익에 대한 적법한 침해에 대하여는 개별 법률에서 보상규정을 마련하는 것이 가장 바람직한 해결방법이 될 것이다. 국립병원에서 예방주사를 맞은 사람이 그의 특이체질로 인해 질병을 얻게 된 경우 등에 대하여 국가보상을 인정하고 있는 「감염병의 예방 및 관리에 관한 법률」 제71조, 경찰관의 적법한 직무집행으로 인한 생명·신체에 대한 침해에 대하여 손실보상을 인정하고 있는 「경찰관 직무집행법」 제11조의2는 그 대표적 입법례라고 할 수 있다.[44]

문제는 개별 법률이 「감염병의 예방 및 관리에 관한 법률」이나 「경찰관 직무집행법」과 같은 보상규정을 갖고 있지 않은 경우인데, 독일의 경우 이 같은 문제를 1794년의 프로이센 일반국법(一般國法) 서장(序章) 제74조, 제75조에 근거한 관습법으로서의 희생보상청구권(Aufopferungsanspruch)의 인정을 통해 해결하고 있다.

---

44) 같은 취지에서 비재산적 법익에 대한 손실보상을 규정하고 있는 것으로는 ① 소방활동 종사명령을 받고 종사하였다가 사망하거나 부상당한 경우의 보상을 규정하고 있는 소방기본법 제24조 및 ② 산불방지 및 인명구조 작업으로 인해 사망하거나 부상당한 경우의 보상을 규정하고 있는 산림보호법 제44조 등이 있다.

가. 희생보상청구권

1) 의 의: 희생보상청구권은 공동체의 복리를 위하여 개인의 권리 또는 이익이 희생되어야 하는 경우에 국가는 개인의 희생을 보상해야 한다는 사고에 기초하여 발달한 법제도이다. 다만 희생보상청구권은 재산적 가치 있는 법익에 대한 행정상의 손실보상제도가 형성된 이후로는, 공권력 작용으로 인하여 발생한 비재산적 법익의 손실에 대하여 보상을 청구할 수 있는 권리를 의미하는 것으로 한정되었다.[45]

2) 요 건: 전술한 희생보상청구권의 의의를 고려할 때 희생보상청구권이 성립되기 위하여는 ① 적법한 공권력 행사로 인한, ② 비재산적 가치있는 권리에 대한 침해가, ③ 특별한 희생에 해당하여야 한다.

3) 희생보상청구권의 내용: 희생보상청구권은 비재산적 법익의 침해로 발생한 재산적 손실에 대한 보상, 즉 치료비용이나 요양비용 등을 그 내용으로 한다. 정신적 피해를 이유로 하는 위자료청구는 인정되지 않는다.

(3) 우리나라에서의 인정여부

우리나라에서도 희생보상청구권이 인정될 수 있는지 여부에 관하여는 희생보상청구권은 독일에서 관습법적 근거를 갖는 제도로 인정되는 것이므로 우리나라에서는 인정될 수 없다고 보는 부정설과 우리나라에서도 희생보상청구권이 인정될 수 있다는 긍정설이 대립하고 있다.

생각건대 「헌법」 제10조, 제12조에 의해 보장되는 생명·신체에 대한 권리는 재산권보다 우월하므로 이들 비재산적 가치를 재산적인 것보다 덜 보호한다면 기본권의 본질적 내용의 보장, 법치국가원리 및 사회국가원리 등과 부합하지 않는 면이 있다. 따라서 우리나라에서도 희생보상청구권이 긍정될 수 있다고 할 것이다.

---

45) 근래에 위법한 행정작용으로 인한 비재산적 법익에 대한 침해를 희생유사침해 (犧牲類似侵害)라고 하여 그에 대한 보상 여부가 논해지기도 하는바, 희생유사침해로 인한 보상청구권은 그에 대한 명문의 규정이 있는 경우에만 인정된다.

제 **2** 장

경찰손실보상제도

||||||||||

본 장은 경찰손실보상제도에 관한 총합적 이해를 위해 경찰손실보상제도에 관한 이론과 실정법의 내용을 망라하여 다음과 같이 4개 절로 구성되어 있다.

먼저 제1절 「경찰손실보상제도의 기초이론」에서는 경찰손실보상제도의 개념과 법적 근거, 그리고 「경찰관 직무집행법」의 개정을 통한 경찰손실보상제도의 도입 과정 등을 살펴본다. 아울러 유사기관의 손실보상제도에 관한 실정법상 규율·운영에 대해서도 비교법적으로 검토함으로써, 경찰손실보상제도의 이해를 높이고 있다.

다음으로 제2절 「경찰손실보상제도 이해를 위한 경찰법 체계」에서는 경찰손실보상 여부 및 범위를 결정하는 과정에 경찰법 이론이 어떻게 기능하고 있는지를 고찰한다. 특히 경찰손실보상을 논함에 있어서 가장 중요한 경찰권 발동의 적법성 여부를 경찰의 개념과 직무를 바탕으로 하여 경찰법 이론의 핵심적 분석틀인 ① 경찰권 발동의 근거, ② 경찰권 발동의 요건, ③ 경찰권 발동의 대상, ④ 경찰권 발동의 정도라는 4가지 관점에서 서술하고 있다. 이는 경찰손실보상제도에 대한 올바른 이해, 그리고 그에 따른 실무에 있어서의 올바른 적용을 위해서는 유기적인 경찰법 이론 체계에 따른 평가를 거쳐야 하기 때문이다. 즉, 이러한 경찰법 이론에 대한 이해가 선행되지 않는다면, 경찰손실보상의 요건을 분석하고 정립하는 것은 사실상 불가능하기 때문이다. 한편 경찰법 이론의 유기적 체계는 ① 경찰권 발동상황으로서 위험의 평가 → ② 경찰권 발동의 대상으로서 위험방지의 효율성을 고려한 경찰책임자 선정 → ③ 경찰책임자에 대한 경찰권 발동의 정도로서 경찰편의의 원칙과 비례의 원칙 → 그리고 마지막으로 ④ 「경찰관 직

무집행법」상 손실발생원인에 대한 책임 여부에 따른 손실보상의 결정
이라는 순서로 나타나게 된다.

　이어서 제3절 「경찰손실보상의 요건」에서는 「경찰관 직무집행법」
상 손실보상의 기본체계의 원칙과 손실보상의 기준 정립 시 고려하
여야 할 요소를 먼저 검토한 다음, 구체적 사례를 통하여 경찰손실보
상 요건이 어떻게 구체적으로 적용되는지를 고찰한다. 아울러 논의의
관점을 분명하게 하기 위하여 쟁점을 ① 경찰관 직무집행의 적법성,
② 손실발생원인에 대한 책임, ③ 경찰관의 적법한 직무집행과 손실
의 발생 사이의 인과관계의 존재, ④ 청구인적격, ⑤ 경찰비례의 원칙,
⑥ 손실보상청구권의 소멸시효로 세분하여 제시하고 있다.

　마지막으로 제4절 「경찰손실보상의 절차」에서는 손실보상심의위
원회, 손실보상의 기준 및 보상금액, 손실보상의 지급절차 및 방법에
대하여 서술하고 있는바, 여기에서는 경찰작용으로 인하여 생명·신체
또는 재산상 손실을 입은 국민에게 최대한 신속하고 손쉽게 피해구제
를 받을 수 있는 방법을 안내하는 것에 중점을 두고 있다. 특히 2023년
3월 24일부터 「행정기본법」 제36조(처분에 대한 이의신청)가 시행됨에
따라 동 제도의 입법취지를 적극적으로 고려하여 경찰손실보상제도에
도 이의신청절차를 신설하였는바, 이러한 내용 또한 반영하였음을 알
려 둔다.

제1절

경찰손실보상제도의
기초이론

I. 개 관

경찰구제란 경찰작용으로 인하여 자신의 권리를 침해당할 우려가 있거나 침해당한 국민이 경찰행정청이나 법원에게 해당 경찰작용의 시정이나 손해의 전보를 구하는 절차를 총칭하는 개념이다.

경찰구제는 사전적 권리구제와 사후적 권리구제로 나누어지며, 이 중 사후적 권리구제는 다시 실체적 권리구제인 경찰상 손해전보와 절차적 권리구제인 행정쟁송으로 나누어진다. 한편 경찰손실보상제도는 경찰구제 중 적법한 경찰작용으로 인하여 국민에게 발생한 생명·신체 또는 재산상의 손실을 전보하는 제도[46]로서 사후적 구제, 실체적 구제, 금전적 구제 수단으로서의 성격을 가진다.

---

46) 행정상 손실보상제도는 「헌법」 제23조에 따라 재산권만을 대상으로 하지만, 경찰손실보상제도는 「경찰관 직무집행법」이라는 개별적인 입법에 따라 재산뿐만 아니라 생명·신체 등 비재산권에 대한 손실에 대해서도 보상이 가능하다는 점에서 양자는 차이가 있다.

[그림 1] 경찰구제

II. 경찰손실보상제도의 의의

경찰은 위험방지·범죄예방 등의 직무를 수행함으로써 궁극적으로는 국민의 생명·신체·재산의 보호를 목적으로 한다. 한편 경찰이 행하는 경찰작용은 그 직접적 목적을 기준으로 행정경찰작용과 사법경찰작용으로 구분할 수 있는바,[47] 이들 작용은 「경찰관 직무집행법」, 「형사소송법」 등 다양한 법률에 근거하여 이루어지는데, 그 과정에서 의도적이든 비의도적이든 국민에게 생명·신체·재산상의 피해를 발생시키기도 한다. 특히 경찰관의 범죄예방·자살방지 등 위험방지를 위한 행정경찰작용이나 범죄진압·범인체포 등과 같은 사법경찰작용이 적법한 경우라 하더라도 그 과정에서 국민의 생명·신체 또는 재산상 손실을 야기할 수 있다. 그리고 이처럼 적법한 경찰작용으로 인한 피해에 대해서도 권리구제가 이루어져야 하는바, 이를 위한 제도가 바로

---

47) 경찰은 그 직접적 목적을 기준으로 행정경찰과 사법경찰로 구분되는바, 행정경찰과 사법경찰의 구분에 관한 자세한 것은 서정범, 경찰행정법, 전정제2판, 2022, 23쪽 아래 참조.

경찰손실보상제도이다.[48) 이러한 경찰손실보상제도는 경찰관의 적법한 직무집행 과정에서 국민에게 생명·신체·재산상 손실이 발생한 경우 그 손실을 받은 국민이 「경찰관 직무집행법」에 근거하여 간소한 절차에 따라 손실을 보상받을 수 있는 제도로서, 「경찰관 직무집행법」에 손실보상규정이 도입되면서 2014년 4월 6일부터 시행되고 있다.[49)

한편 경찰손실보상제도는 「경찰관 직무집행법」 제11조의2에 명문으로 규정되어 있으며, 손실보상의 기준 및 보상금액 등 세부적인 사항은 동법 시행령 제9조부터 제17조의3에서 상세하게 규정하고 있다.

[표 1] 법령 규정

「경찰관 직무집행법」	「경찰관 직무집행법 시행령」
제11조의2(손실보상)	제9조(손실보상의 기준 및 보상금액 등) 제10조(손실보상의 지급절차 및 방법) 제11조(손실보상심의위원회의 설치 및 구성) 제12조(위원장) 제13조(손실보상심의위원회의 운영) 제14조(위원의 제척·기피·회피) 제15조(위원의 해촉) 제16조(비밀 누설의 금지) 제17조(위원회의 운영 등에 필요한 사항) 제17조의2(보상금의 환수절차) 제17조의3(국가경찰위원회 보고 등)

---

48) 이에 반해 위법한 경찰작용으로 국민에게 피해가 발생한 경우, 이에 대하여는 손해배상을 통한 구제가 이루어져야 한다.

49) 경찰손실보상제도가 최초 도입된 2013년 「경찰관 직무집행법」의 개정(2013. 4. 5. 개정, 2014. 4. 6. 시행) 시에는 보상의 대상이 재산에 한정되었으나, 2018년 개정(2018. 12. 24. 개정, 2019. 6. 25. 시행)으로 재산뿐만 아니라 생명·신체도 보상범위에 포함되었다. 세부 개정과정에 대해서는 후술 참조.

III. 경찰손실보상제도의 법적 근거

1. 헌법적 근거

행정상 손실보상은 「헌법」 제23조 제3항에 근거하는 것으로서, 적법한 공권력의 행사로 인하여 사유재산에 가하여진 특별한 희생에 대하여 사유재산권의 보장과 공평부담의 관점에서 행정주체가 행하는 조절적인 재산적 전보를 말한다. 동 조항은 재산권의 공용침해[50]를 규정하는 법률은 그에 대한 보상조항 또한 반드시 규정하라는 의미를 갖는 것으로 이해하는 견해가 유력하며, 이처럼 "동일 법률에 의한 침해+보상"을 요하는 것을 수용과 보상의 부대조항 또는 연결조항이라고 한다.

경찰손실보상은 행정상 손실보상의 한 유형이다. 따라서 경찰손실보상의 헌법적 근거 또한 「헌법」 제23조 제3항이 되며, 이를 근거로 하여 「경찰관 직무집행법」에 손실보상규정을 도입하여 제도화하고 있다. 한편 「헌법」이 경찰의 적법한 직무집행으로 인한 손실에 대해 '법률의 형식'으로 '정당한 보상'을 지급할 것을 규정하고 있었음에도 불구하고 경찰손실보상은 오랫동안 입법의 사각지대에 있었다. 그러나 2013년에 「경찰관 직무집행법」 개정을 통해 적법한 경찰작용에 대한 손실보상이 「경찰관 직무집행법」 제11조의2에 규정되기에 이르렀다. 한편 동조는 경찰의 적법한 직무집행을 뒷받침하는 기능을 가지며, 동시에 국민의 권리구제의 확대를 가져오는 기능을 갖는다.

2. 법률적 근거

(1) 경찰손실보상규정의 도입 배경

경찰은 직무집행의 특성상 적법한 권한을 행사하는 과정에서도 국

---

50) 여기서 공용침해는 재산권에 대한 일체의 보상부 침해를 의미하는 것으로, 우리 헌법상의 재산권의 수용·사용 또는 제한을 모두 포괄한다. 이러한 용어례에 관하여는 김남진/김연태, 행정법 I, 법문사, 2021, 709쪽 참조.

민에게 생명·신체·금전적 피해를 발생시키는 경우가 많은데, 이처럼 적법한 경찰작용으로 인한 피해에 대한 가장 적절한 구제 수단으로 고려되는 경찰손실보상은 오랫동안 제대로 이루어지지 못하였다. 왜냐하면 경찰손실보상에 대한 구체적 근거 조항이 존재하지 않았기 때문이다. 그리고 경찰의 적법한 직무집행으로 인한 피해에 대한 보상제도의 부재는 국민의 경찰직무에 대한 수용성을 저하시키는 것은 물론이고, 현장의 집행경찰관 스스로도 사후 자신의 직무집행에 대한 소송이 제기될 것을 우려하여 직무수행에 있어 소극적인 태도를 가지게 하는 결과를 초래하였다.[51]

　이에 따라 적법한 경찰작용을 법적으로 뒷받침하고 국민의 재산상 손실을 국가가 보상할 수 있도록 하기 위해서 2013년 4월 5일 「경찰관 직무집행법」 제11조의2에 경찰손실보상의 근거규정이 신설되어 2014년 4월 6일부터 시행되기에 이르렀다. 동 법률의 개정이유에 따르면 '경찰관의 적법한 직무집행으로 인하여 재산상 손실이 발생한 경우 국가가 그 손실을 보상하도록 손실보상 규정을 신설함으로써, 국민의 권익을 보호하고 경찰관의 안정적인 직무집행을 도모하려는 것'이라고 하여 손실보상제도의 도입 목적을 명확히 하고 있다.

(2) 입법 연혁

가. 경찰손실보상규정(제11조의2)의 신설

　2012년 7월 16일 김한표 의원 등 10인은 경찰손실보상규정을 신설하기 위한 「경찰관 직무집행법 개정안」을 발의하였는바,[52] 그 내용은 다음과 같다.

---

51) 김민정, "경찰작용에서의 손실보상의 법적 문제에 관한 연구", 한국외국어대학교 법학박사 학위논문, 2021, 2-3쪽.

52) 본 법안의 제정 과정에 대해서는 인터넷 국회의안정보시스템(http://likms. assembly.go.kr/bill/billDetail.do?billId=PRC_M1H2H0L7B1B6P1A0V0P7F5 K2F4A0E3) 참조.

최초 발의(안)(2012. 7. 6.)

제11조의2(손실보상) ① 국가는 경찰관의 적법한 직무집행으로 인하여 다음 각 호의 어느 하나에 해당하는 손실을 입은 자에 대하여 정당한 보상을 하여야 한다.
1. 경찰상 책임이 없는 자가 생명·신체 또는 재산상의 특별한 손실을 입은 경우
2. 경찰상 책임이 없는 자가 경찰관의 직무집행에 자발적으로 협조하거나 물건을 제공하여 생명·신체 또는 재산상 손실을 입은 경우
3. 경찰상 책임이 있는 자가 자신의 책임한도를 초과하는 생명·신체 또는 재산에 대한 특별한 손실을 입은 경우
② 제1항 각 호에 해당하는 손실의 보상은 손실이 있음을 안 날부터 1년이 지났거나 손실이 발생한 날부터 3년이 지난 후에는 청구할 수 없다.
③ 제1항에 따른 손실보상의 기준, 보상금액, 지급절차 및 방법, 그밖에 필요한 사항은 대통령령으로 정한다.

즉, 동 개정안은 경찰의 적법한 직무집행으로 인해, ① 경찰상 책임이 없는 자가 생명·신체·재산상의 특별한 손실을 입은 경우, ② 경찰상 책임이 없는 자가 경찰관의 직무수행에 자발적으로 협조하거나 물건을 제공하여 생명·신체 또는 재산상 손실을 입은 경우, ③ 경찰상 책임이 있는 자가 자신의 책임한도를 초과하는 생명·신체·재산상 특별한 손실을 입은 경우에 손실보상을 할 수 있도록 하고 있다.

뿐만 아니라 동 개정안은 경찰손실보상에 관한 입법이 필요한 사례를 다음과 같이 구체적으로 제시하고 있다. 즉, ① 경찰상 책임이 없는 자가 특별한 손실을 입은 사례로서 특공대가 인질범을 검거하기 위해 출입문을 부수고 진입한 경우[53] 또는 경찰관이 적법하게 발사한 총알의 유탄을 맞고 지나가는 사람이 부상을 당한 경우, ② 경찰의 직무

---

53) 피인질범 또는 인질범과 관계없는 건물의 거주자 및 소유주 등이 손실을 입는 경우가 이에 해당될 수 있다.

수행에 협조한 자가 특별한 손실을 입은 사례로서 강도범을 검거하는 과정에서 시민이 경찰을 도와주다가 부상을 당한 경우 또는 경찰의 범인 추격 시 차량을 빌려주었으나 추격과정에서 손상을 입은 경우를 들고 있다. 또한 ③ 경찰상 책임이 있는 자가 자신의 책임한도를 초과하는 특별한 손실을 입은 사례로서 유조차 사고로 기름이 유출되어 인근 토지를 오염시켜 지하수가 오염될 우려가 있는 경우 토지소유자(상태 책임자)는 자신의 토지에서의 오염제거 작업을 수인할 의무만 있는바, 과도하게 흙을 파내어 땅을 못쓰게 된 경우54) 등을 제시하고 있다.

하지만 2012년 9월 20일의 행정안전위원회 소위원회 심사보고 과정에서, ① 경찰관의 적법한 직무집행으로 손실을 입은 자에 대하여 정당한 보상을 하려는 개정안의 취지는 타당하다고 보았으나, 소요 예산 등을 고려하여 재산권 침해에 대해서만 보상하고 생명·신체상의 보상은 추후 추진하기로 하여 이를 삭제하였으며, ② 타 법과의 형평을 고려하여 손실보상 청구기간과 관련하여서는 "손실이 있음을 안 날부터 1년을 3년으로, 손실이 발생한 날부터 3년을 5년으로" 각각 수정하였다. 또한 ③ 손실보상심의위원회 설치·운영의 근거규정을 추가하도록 수정하였다.

이후 2013년 3월 4일 법제사법위원회 전체회의 체계자구 검토보고 과정에서는, ① 강학상 용어인 '경찰상 책임'이라는 용어는 그 뜻이 불분명하고 유사 입법례도 없어 해석상 논란이 많을 것으로 보이며, ② 제1항 제2호는 제1항 제1호의 범위에 포함되므로 삭제하는 것이 타당하며, ③ 개정안은 재산상 피해만 보상할 뿐, 더 중요한 법익인 생명·신체상 피해에 대하여는 보상하지 않고 있는데, 시급성이나 필요성의 측면에서 타당한지, 그리고 헌법상 평등의 원칙에 반하는 것은 아닌지

---

54)최근까지도 상태책임의 범위를 어느 정도로 인정할 것인지에 대해서는 다양한 견해가 제시되고 있는바, 재산에 대한 경찰손실보상의 여부 및 구체적 기준과 관련해서도 동일한 문제점이 발생한다.

에 대한 논의가 필요하다는 의견이 제시되었다. 그러나 법제사법위원회 전체회의 체계자구 검토보고 과정에서 제시된 이러한 의견은 입법에 반영되지는 못하였다.

법제사법위원회 체계자구 검토보고서(안)(2012. 7. 6.)[55]

제11조의2(손실보상) ① 국가는 경찰관의 적법한 직무집행으로 인하여 다음 각 호의 어느 하나에 해당하는 손실을 입은 자에 대하여 정당한 보상을 하여야 한다.
1. 손실발생의 원인에 대하여 책임이 없는 자가 재산상의 특별한 손실을 입은 경우(손실발생의 원인에 대하여 책임이 없는 자가 경찰관의 직무집행에 자발적으로 협조하거나 물건을 제공하여 재산상의 특별한 손실을 입은 경우를 포함한다)
2. 손실발생의 원인에 대하여 책임이 있는 자가 자신의 책임에 상응하는 정도를 초과하는 재산상의 특별한 손실을 입은 경우
② 제1항의 보상을 청구할 수 있는 권리는 손실이 있음을 안 날부터 3년, 손실이 발생한 날부터 5년간 행사하지 아니하면 시효로 소멸한다.
③ 제1항에 따른 손실보상신청 사건을 심의하기 위하여 손실보상심의위원회를 둔다.
④ 제1항에 따른 손실보상의 기준, 보상금액, 지급절차 및 방법, 손실보상심의위원회의 구성 및 운영, 그 밖에 필요한 사항은 대통령령으로 정한다.

나. 생명·신체에 대한 손실보상조항 반영을 위한 개정[56]

전술한 바와 같이 2013년 4월의 법개정을 통해 「경찰관 직무집행법」에 처음 신설된 경찰손실보상의 규정은 생명·신체에 대한 손실보상을 규정하고 있지 않았다. 이에 2018년 1월 12일에 진선미 의원 등

---

55) 이 (안)은 '시효로'가 '시효의 완성으로'만 변경된 채 본회의를 통과하여 입법되었다.

56) 2018. 12. 24. 개정, 2019. 6. 25. 시행.

16인이 생명·신체에 대한 피해에 대해서도 손실보상을 가능하도록 하기 위해 「경찰관 직무집행법」 개정안을 발의하였던바, 제안이유 및 주요내용은 다음과 같다. 즉, ① 경찰관의 적법한 직무수행 중 발생한 국민의 손실을 국가가 보상해 주기 위해 「경찰관 직무집행법」을 개정하여 2014년부터 손실보상제도를 도입·시행하고 있으나, 현행 규정은 재산상 손실만 보상하도록 규정하고 있어, 국민의 생명·신체에 대한 손실에 대해서는 보상이 이루어지지 않고 있다. … 이에 개정안은 손실보상금 지급대상을 생명·신체에 대한 손실까지 확대하려는 것으로서, 국민의 권리를 보다 두텁게 보호하고, 현장경찰관의 적극적인 법집행을 지원하기 위해서는 개정안과 같이 손실보상범위를 확대할 필요가 있으며, ② 보상금 지급 후 심사자료 및 결과를 경찰위원회에 보고하도록 하고, 경찰위원회는 필요한 자료 등의 제출을 요구할 수 있도록 함으로써, 필요 최소한의 견제장치를 마련하려는 것이며, ③ 보상금환수 의무규정을 두어 부정한 방법으로 손실보상금을 수령한 사람에 대해 보상금을 환수할 수 있도록 하고 있다는 점이다.

　이 법안은 2018년 11월 28일 국회 전체회의 의결을 거쳐 2018년 12월 24일 개정되었으며, 2019년 6월 25일부터 시행되어 오늘에 이르고 있다.

2차 최종 개정(안) 추가 내용(2019. 6. 25.)

제11조의2(손실보상) ① 국가는 경찰관의 적법한 직무집행으로 인하여 다음 각 호의 어느 하나에 해당하는 손실을 입은 자에 대하여 정당한 보상을 하여야 한다.

1. ────── 생명·신체 또는 재산상의 ──────(────── 생명·신체 또는 재산상의 ──────)

2. ────── 생명·신체 또는 재산상의 ──────

④ 경찰청장 또는 지방경찰청장은 제3항의 손실보상심의위원회의 심의·의결에 따라 보상금을 지급하고, 거짓 또는 부정한 방법으로 보상금을 받은 사람에 대하여는 해당 보상금을 환수하여야 한다.

⑤ 보상금이 지급된 경우 손실보상심의위원회는 대통령령으로 정하는 바에 따라 경찰위원회에 심사자료와 결과를 보고하여야 한다. 이 경우 경찰위원회는 손실보상의 적법성 및 적정성 확인을 위하여 필요한 자료의 제출을 요구할 수 있다.

⑥ 경찰청장 또는 지방경찰청장은 제4항에 따라 보상금을 반환하여야 할 사람이 대통령령으로 정한 기한까지 그 금액을 납부하지 아니한 때에는 국세 체납처분의 예에 따라 징수할 수 있다.

⑦ 제1항에 따른 손실보상의 기준, 보상금액, 지급 절차 및 방법, 제3항에 따른 손실보상심의위원회의 구성 및 운영, 제4항 및 제6항에 따른 환수절차, 그 밖에 손실보상에 관하여 필요한 사항은 대통령령으로 정한다.

IV. 유사법률상의 손실보상제도

제1장에서 이미 서술한 바와 같이 행정상 손해배상(국가배상)의 경우와 달리 행정상 손실보상이 인정되기 위해서는 법률에 손실보상을 인정하는 근거규정을 필요로 하는바, 2014년에 「경찰관 직무집행법」 개정을 통하여 경찰손실보상규정이 신설되면서 우리나라에서도 적법한 경찰작용으로 인한 피해에 대한 손실보상이 인정되게 되었다. 한편 「경찰관 직무집행법」상의 경찰손실보상과 유사한 방식으로 행정상 손실보상을 규정하고 있는 개별 법률로는 「소방기본법」, 「수상에서의 수색·구조 등에 관한 법률」 및 「감염병의 예방 및 관리에 관한 법률」 등이 있는바, 이하에서 이들 개별 법률이 규정하고 있는 손실보상에 대하여 간단히 알아보도록 하겠다.

1. 「소방기본법」상 손실보상제도

(1) 손실보상의 대상

「소방기본법」에 따르면 「소방기본법」상 손실보상의 대상이 되는 사람은 ① 동법 제16조의3 제1항에 따른 생활안전조치로 인하여 손실을 입은 자, ② 동법 제24조 제1항 전단에 따른 소방활동 종사로 인하여 사망하거나 부상을 입은 자, ③ 동법 제25조 제2항 또는 제3항에 따른 강제처분 등으로 인하여 손실을 입은 자(다만, 같은 조 제3항에 해당하는 경우로서 법령을 위반하여 소방자동차의 통행과 소방활동에 방해가 된 경우는 제외한다), ④ 동법 제27조 제1항 또는 제2항에 따른 위험시설에 대한 긴급조치로 인하여 손실을 입은 자, ⑤ 그 밖에 소방기관 또는 소방대의 적법한 소방업무 또는 소방활동으로 인하여 손실을 입은 자이다. 그리고 소방청장 또는 시·도지사는 이들 손실보상의 대상이 되는 사람에게 손실보상심의위원회의 심사·의결에 따라 정당한 보상을 하여야 한다(동법 제49조의2 제1항).

(2) 손실보상의 절차 등

「소방기본법」 제49조의2 제1항에 따른 손실보상청구 사건을 심사·의결하기 위하여 손실보상심의위원회를 구성·운영할 수 있다(동법 제49조의2 제3항). 한편 손실보상의 기준, 보상금액, 지급절차 및 방법, 제3항에 따른 손실보상심의위원회의 구성 및 운영, 그 밖에 필요한 사항은 대통령령으로 정한다(동법 제49조의2 제5항).

이에 따라 대통령령인 동법 시행령은 제11조(손실보상의 기준 및 보상금액), 제12조(손실보상의 지급절차 및 방법), 제13조(손실보상심의위원회의 설치 및 구성), 제14조(보상위원회의 위원장), 제15조(보상위원회의 운영), 제16조(보상위원회 위원의 제척·기피·회피), 제17조(보상위원회 위원의 해촉 및 해임), 제17조의2(보상위원회의 비밀 누설 금지), 제18조(보상위원회의 운영 등에 필요한 사항)에서 이에 대하여 세부적으로 규정하고 있다. 그리고 동법 시행령 제18조에 따라 소방청훈령인 「소방 손실보상 절차에 관한 규정」이 제정되어 있다. 동 규정은 제1장(총칙), 제2장(손실보상심의위원회 등), 제3장(손실보상 절차), 제4장(보칙) 등 4개의 장, 15개조, 부칙으로 구성되어 있다.

한편, 동법상의 손실보상을 청구할 수 있는 권리는 손실이 있음을 안 날부터 3년, 손실이 발생한 날부터 5년간 행사하지 아니하면 시효의 완성으로 소멸한다(동법 제49조의2 제2항).

(3) 소방비용

가. 소방비용의 지급

「소방기본법」은 손실보상과는 별도로 소방활동의 비용 지급에 관하여 규율하고 있다. 그에 따르면 소방활동 종사 명령에 따라 소방활동에 종사한 사람은 ① 소방대상물에 화재, 재난·재해, 그 밖의 위급한 상황이 발생한 경우 그 관계인, ② 고의 또는 과실로 화재 또는 구조·구급 활동이 필요한 상황을 발생시킨 사람, ③ 화재 또는 구조·구급 현장에서 물건을 가져간 사람의 경우를 제외하고는 시·도지사로부터 소방활동의 비용을 지급받을 수 있다(동법 제24조 제1항·제3항). 또한 소방본부장, 소방서장 또는 소방대장은 소방활동에 방해가 되는 주차 또는 정차된 차량의 제거나 이동을 위하여 관할 지방자치단체 등 관련 기관에 견인차량과 인력 등에 대한 지원을 요청할 수 있고, 요청을 받은 관련 기관의 장은 정당한 사유가 없으면 이에 협조하도록 규정하고 있는바(동법 제25조 제4항), 이 경우 시·도지사는 견인차량과 인력 등을 지원한 자에게 시·도의 조례로 정하는 바에 따라 비용을 지급할 수 있다(동법 제25조 제5항).

나. 소방비용의 법적 성격

「소방기본법」에 따른 소방비용은 경찰법 이론상의 경찰비용과는 그 개념을 달리한다. 즉, 경찰비용은 경찰상 위험이나 장해를 발생시킨 경찰책임자가 위험이나 장해를 방지 또는 제거하는 데 소요되는 비용을 의미하는 것에 반해, 「소방기본법」상의 소방비용은 소방본부장, 소방서장 또는 소방대장이 화재, 재난·재해, 그 밖의 위급한 상황이 발생한 현장에서 소방활동을 위하여 필요할 때에는 그 관할구역에 사는 사람 또는 그 현장에 있는 사람으로 하여금 사람을 구출하는 일 또

는 불을 끄거나 불이 번지지 아니하도록 하는 일을 하게 할 수 있도록
한 조치명령이나 소방활동에 방해가 되는 주차 또는 정차된 차량의 제
거나 이동을 위하여 견인차량과 인력 등에 대해 지원한 자에 대한 보
상을 의미한다. 따라서 소방비용은 경찰비책임자에 대한 경찰권 발동
으로 인한 손실보상의 한 유형으로 볼 수 있으며, 이 점에서 경찰비용
과는 차이가 있다.

「소방기본법」상의 손실보상에 관한 지금까지의 설명을 이해함에
필요한 동법의 관련규정은 다음과 같다.

[「소방기본법」]

제16조의3(생활안전활동) ① 소방청장·소방본부장 또는 소방서장은 신
고가 접수된 생활안전 및 위험제거 활동(화재, 재난·재해, 그 밖의 위급한
상황에 해당하는 것은 제외한다)에 대응하기 위하여 소방대를 출동시켜 다
음 각 호의 활동(이하 "생활안전활동"이라 한다)을 하게 하여야 한다.
1. 붕괴, 낙하 등이 우려되는 고드름, 나무, 위험 구조물 등의 제거활동
2. 위해동물, 벌 등의 포획 및 퇴치 활동
3. 끼임, 고립 등에 따른 위험제거 및 구출 활동
4. 단전사고 시 비상전원 또는 조명의 공급
5. 그 밖에 방치하면 급박해질 우려가 있는 위험을 예방하기 위한 활동

제24조(소방활동 종사 명령) ① 소방본부장, 소방서장 또는 소방대장은 화
재, 재난·재해, 그 밖의 위급한 상황이 발생한 현장에서 소방활동을 위
하여 필요할 때에는 그 관할구역에 사는 사람 또는 그 현장에 있는 사람
으로 하여금 사람을 구출하는 일 또는 불을 끄거나 불이 번지지 아니하
도록 하는 일을 하게 할 수 있다. 이 경우 소방본부장, 소방서장 또는 소
방대장은 소방활동에 필요한 보호장구를 지급하는 등 안전을 위한 조치
를 하여야 한다.

제25조(강제처분 등) ② 소방본부장, 소방서장 또는 소방대장은 사람을
구출하거나 불이 번지는 것을 막기 위하여 긴급하다고 인정할 때에는

제1항에 따른 소방대상물 또는 토지 외의 소방대상물과 토지에 대하여 제1항에 따른 처분을 할 수 있다.
③ 소방본부장, 소방서장 또는 소방대장은 소방활동을 위하여 긴급하게 출동할 때에는 소방자동차의 통행과 소방활동에 방해가 되는 주차 또는 정차된 차량 및 물건 등을 제거하거나 이동시킬 수 있다.

제27조(위험시설 등에 대한 긴급조치) ① 소방본부장, 소방서장 또는 소방대장은 화재 진압 등 소방활동을 위하여 필요할 때에는 소방용수 외에 댐·저수지 또는 수영장 등의 물을 사용하거나 수도(水道)의 개폐장치 등을 조작할 수 있다.
② 소방본부장, 소방서장 또는 소방대장은 화재 발생을 막거나 폭발 등으로 화재가 확대되는 것을 막기 위하여 가스·전기 또는 유류 등의 시설에 대하여 위험물질의 공급을 차단하는 등 필요한 조치를 할 수 있다.

제49조의2(손실보상) ① 소방청장 또는 시·도지사는 다음 각 호의 어느 하나에 해당하는 자에게 제3항의 손실보상심의위원회의 심사·의결에 따라 정당한 보상을 하여야 한다.
1. 제16조의3 제1항에 따른 조치로 인하여 손실을 입은 자
2. 제24조 제1항 전단에 따른 소방활동 종사로 인하여 사망하거나 부상을 입은 자
3. 제25조 제2항 또는 제3항에 따른 처분으로 인하여 손실을 입은 자. 다만, 같은 조 제3항에 해당하는 경우로서 법령을 위반하여 소방자동차의 통행과 소방활동에 방해가 된 경우는 제외한다.
4. 제27조 제1항 또는 제2항에 따른 조치로 인하여 손실을 입은 자
5. 그 밖에 소방기관 또는 소방대의 적법한 소방업무 또는 소방활동으로 인하여 손실을 입은 자
② 제1항에 따라 손실보상을 청구할 수 있는 권리는 손실이 있음을 안 날부터 3년, 손실이 발생한 날부터 5년간 행사하지 아니하면 시효의 완성으로 소멸한다.
③ 소방청장 또는 시·도지사는 제1항에 따른 손실보상청구사건을 심사·의결하기 위하여 필요한 경우 손실보상심의위원회를 구성·운영할 수 있다.

④ 소방청장 또는 시·도지사는 손실보상심의위원회의 구성 목적을 달성하였다고 인정하는 경우에는 손실보상심의위원회를 해산할 수 있다.
⑤ 제1항에 따른 손실보상의 기준, 보상금액, 지급절차 및 방법, 제3항에 따른 손실보상심의위원회의 구성 및 운영, 그 밖에 필요한 사항은 대통령령으로 정한다.

2. 「수상에서의 수색·구조 등에 관한 법률」상 손실보상제도

(1) 손실보상의 대상

「수상에서의 수색·구조 등에 관한 법률」에 의하면, 구조본부의 장 및 소방관서의 장은 수난구호를 위하여 부득이하다고 인정할 때에는 필요한 범위에서 사람 또는 단체를 수난구호업무에 종사하게 할 수 있는바(동법 제29조 제1항), 이 경우 국가 또는 지방자치단체는 수난구호업무에 종사한 사람이 부상(신체에 장애를 입은 경우를 포함한다)을 입거나 사망(부상으로 인하여 사망한 경우를 포함한다)한 경우에는 그 부상자 또는 유족에게 보상금을 지급하여야 한다. 다만, 다른 법령에 따라 국가 또는 지방자치단체의 부담에 의한 같은 종류의 보상금을 지급받은 사람에 대하여는 그 보상금에 상당하는 금액은 지급하지 아니한다(동조 제3항).

동법에 따른 세부적인 보상기준은 대통령령으로 정하도록 되어 있으며(동조 제5항), 이에 따라 동법 시행령 제30조(치료 및 보상금 지급의 기준과 절차 등)가 이에 대하여 세부적으로 규정하고 있다.

(2) 손실보상의 절차 등

수난구호 업무에 종사한 사람에 대한 보상금은 국가 또는 지방자치단체의 부담으로 하며, 그 기준 및 절차 등에 필요한 사항은 대통령령으로 정하며, 특별한 사정이 없는 한 「의사상자 등 예우 및 지원에 관한 법률」의 보상기준을 준수하여야 한다(동법 제29조 제5항). 이 경우

보상금을 지급받고자 하는 자는 해양수산부령으로 정하는 바에 따라 관할 지방자치단체의 장에게 신청하여야 한다(동조 제6항).

국가 또는 지방자치단체는 수난구호업무에 종사한 사람이 신체상의 부상을 입은 때에는 대통령령으로 정하는 바에 따라 치료를 실시하여야 한다(동조 제7항). 이에 따라 동법 제29조 제3항(동법 제30조 제7항에서 준용하는 경우를 포함한다)에 따라 보상금을 지급받으려는 사람이나 법 시행령 제30조의2 제1항에 따라 치료를 받으려는 사람은 보상금(치료) 신청서에 ① 사망의 경우에는 사망진단서 및 유족(사실상의 혼인관계에 있는 사람을 포함한다)임을 증명하는 서류, ② 부상(질병)의 경우에는 병원진료확인서, ③ 장애의 경우에는 장애판정서의 구분에 따른 서류를 첨부하여 조난지역 또는 해당 수난구호업무(민간해양구조대원의 경우에는 구조업무 또는 구조 관련 교육·훈련을 말한다)를 관할하는 해양경찰서장 또는 소방서장의 확인을 거쳐 관할 특별시장·광역시장·도지사 또는 특별자치도지사에게 제출하여야 한다(「수상에서의 수색·구조 등에 관한 법률 시행규칙」 제11조).

(3) 수난구호비용

가. 수난구호비용의 지급

「수상에서의 수색·구조 등에 관한 법률」은 손실보상과는 별도로 수난구호비용의 지급에 관하여 규정하고 있다. 즉, 동법 제39조 제1항에 따르면 수난구호를 위한 종사명령에 따라 수난구호에 종사한 자와 일시적으로 사용된 토지·건물 등의 소유자·임차인 또는 사용인은 ① 구조된 선박 등의 선장 등 및 선원 등, ② 고의 또는 과실로 인하여 조난을 야기한 자, ③ 정당한 거부에도 불구하고 구조를 강행한 자, ④ 조난된 물건을 가져간 자의 경우를 제외하고는 특별자치도지사 또는 시장·군수·구청장으로부터 수난구호비용을 지급받을 수 있다(동법 제39조 제1항). 여기서 '수난구호비용'이란 ① 동법 제16조 제3항에 따른 조난된 선박 등의 예인에 소요된 비용, ② 동법 제29조 제1항의 명령에 따라 조난된 선박 등과 그 여객·승무원의 수난구호에 종사한 자의 노무에 대한 보수와 그 밖의 구조비용, ③ 동법 제29조 제1항에 따른 선박·자동차·항공기·토지·건물, 그 밖의 물건 등의 사용에 대한 손실보상비용, ④ 구조된 물건의 운반·보관 또는 공매에 소요된 비용 중 어느 하나에 해당하는 비용을 말한다(동조 제2항). 동법 제39조의 수난구호비용의 금액은 대통령령으로 정하는 바에 의하여 특별자치도지사 또는 시장·군수·구청장이 해양경찰서장 또는 소방서장과 협의하여 정한다(동법 제40조 제1항). 또한 조난된 선박 등을 예인하는 자가 민간에 소속된 선박으로서 보수(실비의 지급은 보수로 보지 아니한다)를 받지 아니하고 예인하는 경우에는 실비를 지급받을 수 있다(동법 제21조 제2호·동법 시행령 제21조).

나. 수난구호비용의 법적 성격

「수상에서의 수색·구조 등에 관한 법률」에 따른 수난구호비용은 경찰법 이론상 경찰비용과는 달리 손실보상의 한 유형으로 볼 수 있는 바, 수난구호비용의 지급 제외사유에 해당하는 경우에는 경찰책임으로 인한 무보상(無報償)을 규정한 것으로 볼 수 있다.

다. 보호조치비용의 부담

구조된 사람(신원이 확인되지 아니하거나 인계받을 보호자가 없는 경우를 말한다)에 대하여 숙소·급식·의류의 제공과 치료 등 필요한 보호조치에 소요된 비용은 구조된 사람의 부담으로 하되(동법 제36조·제38조 제1항), 구조된 사람이 비용을 납부할 수 없는 때에는 국고의 부담으로 한다(동법 제38조 제3항). 동 규정은 예를 들어 자살기도자의 경우처럼 「경찰관 직무집행법」에 의하면 손실발생의 원인책임에 대한 명확한 규정이 없어 손실보상 여부 및 경찰비용 부담 여부가 실무상 다르게 결정될 수 있는 것과는 달리, 「수상에서의 수색·구조 등에 관한 법률」은 신원이 확인되지 아니하거나 인계받을 보호자가 없는 경우 원칙적으로 구조사유에 관계없이 비용을 부담하게 한 점에서 차이가 있음을 유의할 필요가 있다.

　「수상에서의 수색·구조 등에 관한 법률」상의 손실보상에 관한 지금까지의 설명을 이해함에 필요한 동법의 관련규정은 다음과 같다.

[「수상에서의 수색·구조 등에 관한 법률」]

제29조(수난구호를 위한 종사명령 등) ① 구조본부의 장 및 소방관서의 장은 수난구호를 위하여 부득이하다고 인정할 때에는 필요한 범위에서 사람 또는 단체를 수난구호업무에 종사하게 하거나 선박, 자동차, 항공기, 다른 사람의 토지·건물 또는 그 밖의 물건 등을 일시적으로 사용할 수 있다. 다만, 노약자, 정신적 장애인, 신체장애인, 그 밖에 대통령령으로 정하는 사람에 대하여는 제외한다.

② 제1항에 따라 수난구호업무에의 종사명령을 받은 자는 구조본부의 장 및 소방관서의 장의 지휘를 받아 수난구호업무에 종사하여야 한다.

③ 국가 또는 지방자치단체는 제1항에 따라 수난구호 업무에 종사한 사람이 부상(신체에 장애를 입은 경우를 포함한다)을 입거나 사망(부상으로 인하여 사망한 경우를 포함한다)한 경우에는 그 부상자 또는 유족에게 보상금을 지급하여야 한다. 다만, 다른 법령에 따라 국가 또는 지방자치단체의 부담에 의한 같은 종류의 보상금을 지급받은 사람에 대하여는 그 보상금에 상당하는 금액은 지급하지 아니한다.

④ 구조본부의 장 또는 소방관서의 장은 제1항에 따라 수난구호 업무에 종사한 사람이 「의사상자 등 예우 및 지원에 관한 법률」의 적용대상자인 경우에는 같은 법에 따른 보상을 받을 수 있도록 적극 지원하여야 한다.

⑤ 제3항 본문에 따른 보상금은 국가 또는 지방자치단체의 부담으로 하며, 그 기준 및 절차 등에 필요한 사항은 대통령령으로 정한다. 이 경우 특별한 사정이 없는 한 「의사상자 등 예우 및 지원에 관한 법률」의 보상기준을 준수하여야 한다.

⑥ 제3항에 따라 보상금을 지급받고자 하는 자는 해양수산부령으로 정하는 바에 따라 관할 지방자치단체의 장에게 신청하여야 한다.

⑦ 국가 또는 지방자치단체는 제1항에 따라 수난구호업무에 종사한 사람이 신체상의 부상을 입은 때에는 대통령령으로 정하는 바에 따라 치료를 실시하여야 한다.

3. 「감염병의 예방 및 관리에 관한 법률」상 손실보상제도

(1) 손실보상의 대상

　　보건복지부장관, 시·도지사 및 시장·군수·구청장은 ① 동법 제36조 및 제37조에 따른 감염병관리기관의 지정 또는 격리소 등의 설치·운영으로 발생한 손실, ② 동법 제39조의3에 따른 감염병의심자 격리시설의 설치·운영으로 발생한 손실, ③ 이 법에 따른 조치에 따라 감염병환자, 감염병의사환자 등을 진료한 의료기관의 손실, ④ 이 법에 따른 의료기관의 폐쇄 또는 업무 정지 등으로 의료기관에 발생한 손실, ⑤ 동법 제47조 제1호, 제4호 및 제5호, 법 제48조 제1항, 법 제49조 제1항 제4호, 제6호부터 제10호까지, 제12호, 제12호의2 및 제13호에 따른 조치로 인하여 발생한 손실, ⑥ 감염병환자 등이 발생·경유하거나 질병관리청장, 시·도지사 또는 시장·군수·구청장이 그 사실을 공개하여 발생한 「국민건강보험법」 제42조에 따른 요양기관의 손실로서 제1호부터 제4호까지의 손실에 준하고, 동법 제70조의2에 따른 손실보상심의위원회가 심의·의결하는 손실 중 어느 하나에 해당하는 손실을 입은 자에게 동법 제70조의2의 손실보상심의위원회의 심의·의결에 따라 그 손실을 보상하여야 한다(동법 제70조 제1항).

　　다만 동법 제70조 제1항에 따른 보상액을 산정함에 있어 손실을 입은 자가 이 법 또는 관련 법령에 따른 조치의무를 위반하여 그 손실을 발생시켰거나 확대시킨 경우에는 보상금을 지급하지 아니하거나 보상금을 감액하여 지급할 수 있다(동조 제3항). 동법 제70조 제1항에 따른 보상의 대상·범위와 보상액의 산정, 제3항에 따른 지급 제외 및 감액의 기준 등에 관하여 필요한 사항은 대통령령으로 정한다(동조 제4항). 이에 따라 동법 시행령 제28조(손실보상의 대상 및 범위 등), 제28조의2(손실보상금의 지급제외 및 감액기준)가 이에 대하여 세부적으로 규정하고 있다.

(2) 감염병의심자에 대한 손실보상의 문제

감염병의심자는 국민의 생명 건강에 손해를 발생시킬 충분한 개연성이 존재하지 않음에도 불구하고, 「감염병의 예방 및 관리에 관한 법률」은 감염병 유행에 대한 방역 조치 및 감염병의 예방 조치로서 감염병의심자에 대하여 입원 또는 격리 등의 조치를 할 수 있도록 규정하여 감염병의심자를 경찰책임자의 범위에 포섭하고 있다(동법 제47조 제3호·제49조 제14호). 또한 동법 제70조 제1항은 동법 제47조 제3호(감염병의심자를 적당한 장소에 일정한 기간 입원 또는 격리시키는 것) 및 동법 49조 제1항 제14호(감염병의심자를 적당한 장소에 일정한 기간 입원 또는 격리시키는 것) 등과 같은 감염병 예방 조치로 인한 손실은 보상의 대상에서 제외시키고 있다.

즉, 「감염병의 예방 및 관리에 관한 법률」은 구체적 위험이 존재하지 않음에도 불구하고 감염에 대한 의심만으로도 감염병의심자에게 위험방지조치를 할 수 있도록 하고 있고, 손실보상의 단계에서도 손실보상의 대상으로부터 제외시키고 있는 것이다.

(3) 보상절차 등

가. 보상절차

「감염병의 예방 및 관리에 관한 법률」 제70조 제1항에 따른 손실보상금을 받으려는 자는 보건복지부령으로 정하는 바에 따라 손실보상청구서에 관련 서류를 첨부하여 보건복지부장관, 시·도지사 또는 시장·군수·구청장에게 청구하여야 한다(동조 제2항).

나. 손실보상심의위원회

「감염병의 예방 및 관리에 관한 법률」 제70조에 따른 손실보상에 관한 사항을 심의·의결하기 위하여 보건복지부 및 시·도에 손실보상심의위원회(이하 "심의위원회"라 한다)를 둔다(동법 제70조의2 제1항). 심의위원회는 위원장 2인을 포함한 20인 이내의 위원으로 구성하되, 보건복지부에 설치된 심의위원회의 위원장은 보건복지부차관과 민간위원이 공동으로 되며, 시·도에 설치된 심의위원회의 위원장은 부시장 또는 부지사와 민간위원이 공동으로 된다(동조 제2항). 심의위원회 위원은 관련 분야에 대한 학식과 경험이 풍부한 사람과 관계 공무원 중에서 대통령령으로 정하는 바에 따라 보건복지부장관 또는 시·도지사가 임명하거나 위촉한다(동조 제3항). 심의위원회는 제1항에 따른 심의·의결을 위하여 필요한 경우 관계자에게 출석 또는 자료의 제출 등을 요구할 수 있다(동조 제4항). 그 밖의 심의위원회의 구성과 운영 등에 관하여 필요한 사항은 대통령령으로 정한다(동조 제5항).

(4) 기타 지원

「감염병의 예방 및 관리에 관한 법률」은 손실보상 이외에 보건의료인력 등에 대한 재정적 지원(동법 제70조의3), 감염병환자 등에 대한 생활지원(동법 제70조의4), 손실보상금의 긴급지원(동법 제70조의5), 심리지원(동법 제70조의6), 예방접종 등에 따른 피해의 국가보상(동법 제71조) 등의 지원을 할 수 있도록 규정하고 있다.

한편 국가는 예방접종약품의 이상이나 예방접종 행위자, 예방·치료 의약품의 투여자 등 제3자의 고의 또는 과실로 인하여 동법 제71조에 따른 피해보상을 하였을 때에는 보상액의 범위에서 보상을 받은 사람이 제3자에 대하여 가지는 손해배상청구권을 대위하며(동법 제72조제1항), 보건복지부장관, 질병관리청장, 시·도지사 및 시장·군수·구청장은 이 법을 위반하여 감염병을 확산시키거나 확산 위험성을 증대시킨 자에 대하여 입원치료비, 격리비, 진단검사비, 손실보상금 등 이 법에 따른 예방 및 관리 등을 위하여 지출된 비용에 대해 손해배상을 청구할 권리를 갖는다(동법 제72조의2).

「감염병의 예방 및 관리에 관한 법률」상의 손실보상에 관한 지금까지의 설명을 이해함에 필요한 동법의 관련규정은 다음과 같다.

[「감염병의 예방 및 관리에 관한 법률」]

제2조(정의) 이 법에서 사용하는 용어의 뜻은 다음과 같다.

14. "감염병의사환자"란 감염병병원체가 인체에 침입한 것으로 의심이 되나 감염병환자로 확인되기 전 단계에 있는 사람을 말한다.

15의2. "감염병의심자"란 다음 각 목의 어느 하나에 해당하는 사람을 말한다.

가. 감염병환자, 감염병의사환자 및 병원체보유자(이하 "감염병환자 등"이라 한다)와 접촉하거나 접촉이 의심되는 사람(이하 "접촉자"라 한다)

나. 「검역법」 제2조 제7호 및 제8호에 따른 검역관리지역 또는 중점검역관리지역에 체류하거나 그 지역을 경유한 사람으로서 감염이 우려되는 사람

다. 감염병병원체 등 위험요인에 노출되어 감염이 우려되는 사람

제47조(감염병 유행에 대한 방역 조치) 질병관리청장, 시·도지사 또는 시장·군수·구청장은 감염병이 유행하면 감염병 전파를 막기 위하여 다음 각 호에 해당하는 모든 조치를 하거나 그에 필요한 일부 조치를 하여야 한다.

3. 감염병의심자를 적당한 장소에 일정한 기간 입원 또는 격리시키는 것

제49조(감염병의 예방 조치) ① 질병관리청장, 시·도지사 또는 시장·군수·구청장은 감염병을 예방하기 위하여 다음 각 호에 해당하는 모든 조치를 하거나 그에 필요한 일부 조치를 하여야 하며, 보건복지부장관은 감염병을 예방하기 위하여 제2호, 제2호의2부터 제2호의4까지, 제12호 및 제12호의2에 해당하는 조치를 할 수 있다.

14. 감염병의심자를 적당한 장소에 일정한 기간 입원 또는 격리시키는 것

제70조(손실보상) ① 보건복지부장관, 시·도지사 및 시장·군수·구청장은 다음 각 호의 어느 하나에 해당하는 손실을 입은 자에게 제70조의2의 손실보상심의위원회의 심의·의결에 따라 그 손실을 보상하여야 한다.

1. 제36조 및 제37조에 따른 감염병관리기관의 지정 또는 격리소 등의 설치·운영으로 발생한 손실

1의2. 제39조의3에 따른 감염병의심자 격리시설의 설치·운영으로 발생한 손실

2. 이 법에 따른 조치에 따라 감염병환자, 감염병의사환자 등을 진료한 의료기관의 손실

3. 이 법에 따른 의료기관의 폐쇄 또는 업무 정지 등으로 의료기관에 발생한 손실

4. 제47조 제1호, 제4호 및 제5호, 제48조 제1항, 제49조 제1항 제4호, 제6호부터 제10호까지, 제12호, 제12호의2 및 제13호에 따른 조치로 인하여 발생한 손실

5. 감염병환자 등이 발생·경유하거나 질병관리청장, 시·도지사 또는 시장·군수·구청장이 그 사실을 공개하여 발생한 「국민건강보험법」 제42조에 따른 요양기관의 손실로서 제1호부터 제4호까지의 손실에 준하고, 제70조의2에 따른 손실보상심의위원회가 심의·의결하는 손실

② 제1항에 따른 손실보상금을 받으려는 자는 보건복지부령으로 정하는 바에 따라 손실보상 청구서에 관련 서류를 첨부하여 보건복지부장관, 시·도지사 또는 시장·군수·구청장에게 청구하여야 한다.

③ 제1항에 따른 보상액을 산정함에 있어 손실을 입은 자가 이 법 또는 관련 법령에 따른 조치의무를 위반하여 그 손실을 발생시켰거나 확대시킨 경우에는 보상금을 지급하지 아니하거나 보상금을 감액하여 지급할 수 있다.

④ 제1항에 따른 보상의 대상·범위와 보상액의 산정, 제3항에 따른 지급 제외 및 감액의 기준 등에 관하여 필요한 사항은 대통령령으로 정한다.

제2절

경찰손실보상제도
이해를 위한 경찰법 체계

I. 개 관

경찰작용으로 인하여 손실을 입은 자가 그에 상응하는 보상을 받기 위해서는 경찰작용이 적법하고, 상대방인 국민은 손실발생의 원인에 대하여 책임이 없어야 하며, 경찰작용과 손실발생 사이에는 인과관계가 있어야 하는 등 엄격한 요건이 필요하다. 다시 말해 ① 경찰권 발동상황으로서 구체적 위험이 발생할 충분한 개연성과 명확한 법적 근거의 존재 → ② 경찰책임의 원칙으로서 경찰권 발동의 인적 대상 결정[57] → ③ 경찰조치에 있어서 비례성의 원칙 충족 → ④ 사후 조정단계에서 경찰조치 대상자에 대한 손실보상 여부 결정이라는 과정을 거쳐야 한다. 그렇지 않으면 경찰작용으로 인한 국민의 피해전보에 있어 전혀 다른 결과가 도출될 수 있다.

---

57) 경찰권 발동의 인적 대상을 결정하는 데 있어서 경찰조치 대상자의 위험방지능력이 있어야 함은 물론이다.

II. 경찰의 개념과 직무

경찰작용으로 인하여 손실을 입은 자에 대한 보상(경찰손실보상)이 행해지기 위해서는 무엇보다도 경찰작용이 적법할 것이 요구된다. 한편 경찰작용이 적법하다는 평가를 받기 위해서는 먼저 그 작용이 경찰의 직무범위 내에 속하여야 한다. 즉 경찰의 개념과 경찰의 직무에 대한 이해는 경찰손실보상을 이해하기 위한 전제조건이 된다.

1. 경찰의 개념

(1) 경찰개념의 역사성

경찰개념은 절대적이거나 불변적인 개념이 아니며, 시대가 발전함에 따라 다양한 의미로 변화되어 왔다.[58] 오늘날의 경찰개념은 자유주의 국가관의 영향을 받아 제정된 1794년의 프로이센 일반국법(ALR) 제2장 제17절 제10조에 "공공의 평온, 안녕과 질서를 유지하고 공중 혹은 개개 구성원에 대한 위험을 방지하기에 적합한 조직이 경찰이다."는 규정을 통해 입법적으로 처음 정착되었다. 그 후 독일의 경우에는 1882. 6. 14. 프로이센 상급행정법원의 크로이쯔베르크 판결(Kreuzberg–Urteil)을 통해 경찰의 개념은 확고하게 공공의 안녕 또는 질서에 대한 위험방지에 국한되게 되었는바, 그러한 경찰개념이 일본을 거쳐 우리나라에 계수되어 오늘에 이르고 있다.

(2) 경찰의 개념

경찰의 개념은 형식적 의미·실질적 의미·제도적 의미로 구분하여 살펴볼 수 있다.

---

58) 경찰개념의 발전사에 관하여 자세한 것은 서정범/김연태/이기춘, 경찰법연구, 제3판, 2019, 41쪽 아래 참조.

가. 형식적 의미의 경찰

먼저 형식적 의미의 경찰개념이란 조직적·제도적 의미의 경찰이 행하는 모든 행정작용으로서 그때그때의 실정법상 명시적으로 경찰이라고 표현되어 있는 행정기관(즉, 보통경찰기관)이 관장하는 모든 행정작용을 의미하며, 그 작용의 성질 여하를 불문한다. 「국가경찰과 자치경찰의 조직 및 운영에 관한 법률」 제3조 및 「경찰관 직무집행법」 제2조는 경찰관의 임무(직무)로 ① 국민의 생명·신체 및 재산의 보호, ② 범죄의 예방·진압 및 수사, ③ 범죄피해자 보호, ④ 경비, 주요 인사(人士) 경호 및 대간첩·대테러 작전 수행, ⑤ 공공안녕에 대한 위험의 예방과 대응을 위한 정보의 수집·작성 및 배포, ⑥ 교통 단속과 교통 위해(危害)의 방지, ⑦ 외국 정부기관 및 국제기구와의 국제협력, ⑧ 그 밖에 공공의 안녕과 질서 유지를 규정하고 있는바, 동 규정상 경찰의 직무를 형식적 의미의 경찰개념으로 이해할 수 있다.

나. 실질적 의미의 경찰

다음으로 실질적 의미의 경찰개념은 누가 위험방지작용을 행하는가와는 무관하며 순수하게 위험을 방지하는 작용 그 자체를 의미한다. 이러한 실질적 의미의 경찰개념은 전술한 형식적 의미의 경찰개념과 일치하지는 않는다. 즉, 실질적 의미의 경찰개념에는 경찰에 의한 공공의 안녕 또는 질서유지작용(보안경찰) 이외에 경찰기관 이외의 다른 기관이 행하는 위생·산업 등 분야에 있어서의 질서유지작용까지 포함된다.

다. 제도적 의미의 경찰

마지막으로 제도적 의미의 경찰개념은 조직적·제도적으로 경찰이라고 호칭되는 조직에 속하는 모든 행정기관을 의미하는 것으로서, 「경찰관 직무집행법」 제2조에 규정된 형식적 의미의 경찰작용을 수행하는 조직 및 제도를 일컫는다. 조직적·제도적 의미의 경찰의 범위는 「국가경찰과 자치경찰의 조직 및 운영에 관한 법률」에 의해 정해진다. 따라서 동법상의 국가경찰위원회, 경찰청, 시·도자치경찰위원회, 시·

도경찰청 및 경찰서 등은 제도적 의미의 경찰에 해당하지만, 「경비업법」 규정에 의해 시·도경찰청장의 허가를 받아 경비업을 영위하는 민간경비업체는 제도적 의미의 경찰에 해당하지 않는다.

2. 경찰의 직무

경찰의 직무는 경찰의 개념을 어떻게 정의하는가에 따라 달라진다. 한편, 경찰의 개념을 형식적·실질적·제도적 의미로 구분할 때, 경찰손실보상에 있어 경찰의 직무의 범위는 우리나라에서의 형식적 의미의 경찰개념을 규정하고 있는 「국가경찰과 자치경찰의 조직 및 운영에 관한 법률」 제3조 및 「경찰관 직무집행법」 제2조가 그 기준이 된다. 따라서 경찰직무의 적법성 판단의 최우선 요소로서 직무 관할이 문제가 되는 경우 경찰의 직무집행이 동 규정에 포섭되는지 여부를 먼저 검토하여야 한다. 만약 경찰작용이 동 규정에 포섭되지 않을 경우 위법의 문제가 발생할 수 있다.

III. 경찰권 발동의 근거

경찰손실보상은 '적법'한 경찰작용의 존재를 전제로 하는바, (침익적) 경찰작용이 적법한 것이 되기 위해서는 무엇보다도 경찰작용이 법률에 근거할 것이 요구된다(경찰법률유보의 원칙). 경찰법률유보의 원칙은 자유와 권리에 대한 제한은 반드시 법률로 정하도록 규정하고 있는 「헌법」 제37조 제2항으로부터 도출되는 법원칙이라고 할 수 있다.

1. 직무규범과 권한규범

경찰법률유보의 원칙에 따라 경찰권을 발동하기 위하여 법적 근거가 필요하다는 것을 인정하는 경우에도, 그 법적 근거는 직무규범의 존재로 충분한 것인지 아니면 이와는 별도로 권한규범이 필요한 것인지가 문제된다.

이 문제에 대해서는 ① 직무규범은 당해 행정청 내지 그 구성원인 공무원의 권한을 일반적·포괄적으로 규정하는 것이며, 경찰행정청의 활동에는 직무규범 외에 구체적인 작용을 위한 수권이 필요하다는 것에 법률유보원칙의 의의가 있으므로 경찰권을 발동하기 위해서는 특별한 권한규범이 필요하다는 견해와 ② 경찰이 대외적 활동을 하기 위해서는 원칙적으로 직무규범 외에 별도의 권한규범을 필요로 하지만, 직무규범에만 근거한 경찰작용을 완전히 배제할 수는 없다는 견해의 대립이 있다. 생각건대, 경찰작용이 침익적 성격을 갖는 경우에는 법률유보의 원칙상 권한규범이 필요하지만, 그와 같은 상황이 아니라면 직무규범만으로도 경찰작용이 이루어질 수 있다고 보는 것이 타당하다.

2. 권한규범의 방식

경찰작용의 법적 근거를 규정하는 권한규범의 방식에는 ① 특별경찰법상 개별적 수권조항, ② 일반경찰법(「경찰관 직무집행법」)상 개별적 수권조항, ③ 일반경찰법(「경찰관 직무집행법」)상 개괄적 수권조항이 있다. 여기서 「경찰관 직무집행법」은 경찰관의 직무수행에 필요한 사항을 규정함을 목적으로 경찰의 직무와 권한에 관한 일반규정과 일반원칙을 담고 있으므로 일반경찰법에 해당한다.

(1) 개별적 수권조항

경찰권발동의 근거로서 개별적 수권조항(특별조항, Spezialermächti-gung)이란, 입법자가 경찰권이 발동되어야 할 경우를 예상하여 미리 경찰권 발동의 요건·대상·정도에 대하여 개별적으로 규정하고 있는 권한규범을 말한다. 한편 개별적 수권조항은 다시 특별경찰법상 개별적 수권조항과 일반경찰법(「경찰관 직무집행법」)상 개별적 수권조항으로 구분된다.

가. 특별경찰법상 개별적 수권조항

특별법은 일반법에 우선하여 적용되므로 특별경찰법상 개별적 수권조항은 「경찰관 직무집행법」상 개별적 수권조항보다 먼저 적용된다. 예컨대, 「도로교통법」, 「집회 및 시위에 관한 법률」, 「가정폭력방지 및 피해자보호 등에 관한 법률」, 「감염병의 예방 및 관리에 관한 법률」, 「재난 및 안전관리 기본법」, 「총포·도검·화약류 등의 안전관리에 관한 법률」, 「풍속영업의 규제에 관한 법률」 등이 특별경찰법에 해당된다. 따라서 경찰손실보상 여부를 판단하기 위해서는 경찰작용이 경찰의 직무관할에 포함된다고 하더라도 그것으로 끝나서는 안 되며, 경찰의 직무집행의 근거가 특별경찰법에 수권되어 있는지에 대해서도 검토할 것이 요구된다.

나. 일반경찰법상 개별적 수권조항

일반경찰법상 개별적 수권조항이란 위험방지 자체를 목적으로 하는 법률인 「경찰관 직무집행법」에서 사항별로 한정하여 경찰기관이나 집행경찰에게 위험방지를 위한 수권을 부여하는 권한규범이다. 동법 제3조(불심검문) 이하부터 제10조의4(무기의 사용)까지의 규정이 이에 해당한다. 이들 규정이 정하고 있는 불심검문 이하의 조치들을 '표준적 직무조치'(Standardmaßnahme)라고 하는데, 표준적 직무조치는 경찰이 위험방지 직무를 집행함에 있어 요구되는 전형적 경찰작용을 유형화한 것을 말한다. 경찰손실보상 여부를 판단하기 위한 경찰작용의 근거로서 특별경찰법상 수권조항이 존재하지 않는다면, 「경찰관 직무집행법」상 근거에 의해 직무를 집행하여야 한다.

(2) 개괄적 수권조항

개괄적 수권조항(일반조항 또는 일반적 수권조항, Generalklausel)이란, 경찰권 발동의 근거를 일반적·포괄적으로 규정하는 방식으로서 개별적 수권조항이 존재하지 않는 경우 경찰에게 위험방지조치의 수권을 부여하는 권한규범이다.

✎ 참고

《개괄적 수권조항의 연혁》

경찰권 발동에 관한 개괄적 수권조항의 가장 전형적인 모습은 1931년의 「프로이센경찰행정법」 제14조에서 찾아볼 수 있다. 한편 실정법은 아니지만 1977년에 제정된 독일 「통일경찰법 모범초안」 제8조 제1항 또한 개괄적 수권조항의 예에 해당한다.

1. 1931년 「프로이센 경찰행정법」(Pr.PVC) 제14조 제1항
경찰행정청은 현행법의 범위 안에서 공공의 안녕 또는 질서를 위협하는 위험으로부터 공중 또는 개인을 보호하기 위하여 의무적합적 재량에 따라 필요한 조치를 취하여야만 한다.

2. 1977년 독일 「통일경찰법 모범초안」(MEPolG) 제8조 제1항
경찰은 제9조부터 제24조까지가 경찰의 권한을 특별히 규율하지 않는 한, 구체적인 경우에 존재하는 공공의 안녕 또는 질서에 대한 위험을 방지하기 위하여 필요한 조치를 취할 수 있다.

　　개괄적 수권조항은 대체로 "경찰은 공공의 안녕 또는 공공의 질서에 대한 위험 또는 장해를 방지하기 위하여 필요한 조치를 할 수 있다."라는 형태의 규율방식을 취하고 있다. 새로운 유형의 각종 위험이나 재난을 예방하고 방지하기 위하여 많은 특별경찰법이 제정되고 있기는 하지만, 입법보다 앞서가는 기술의 진보·사회의 변화·위험발생 상황의 다양성으로 인하여 입법자가 모든 유형의 위험을 상정하여 그를 예방하고 방지하는 데 필요한 모든 사항을 미리 규정하는 것은 입법기술상 불가능하다. 따라서 경찰법에 있어서는 개괄적 수권조항에 근거한 경찰권 발동을 인정할 수밖에 없다고 생각한다.[59] 한편 개괄적

---

59) 개괄적 수권조항에 근거한 경찰권 발동을 인정할 것인지 여부에 관한 상세한 논의는 서정범, 경찰행정법, 전정제2판, 세창출판사, 2022, 65쪽 아래 참조.

수권조항에 근거한 경찰권발동을 인정하는 경우에도 경찰의 직무집행
은 가능한 개별적 수권조항에 근거하여 행하여져야 하며, 개괄적 수권
조항은 개별적 수권조항이 존재하지 않는 경우에 한하여 '보충적'으로
적용된다. 경찰권 발동의 근거로서 개별적 수권조항이 존재하지 아니
하여 경찰권이 개괄적 수권조항에 근거하여 발동된 경우에도 당해 경
찰작용은 적법하며, 따라서 경찰손실보상의 요건은 충족된 것으로 보
아야 한다.

[표 2] 경찰 직무집행의 적법성 요건으로 법 적용 순서

특별경찰법	개별적 수권조항	①
일반경찰법(「경찰관 직무집행법」)	개별적 수권조항	②
	개괄적 수권조항	③

📝 생각거리

《개괄적 수권조항에 근거한 경찰권 발동의 허용성》

개괄적 수권조항에 근거한 경찰권 발동이 허용될 수 있는지 여부에 관하
여 학설은 긍정하는 것이 지배적 견해이다. 그러나 판례상으로는 아직까
지 개괄적 수권조항에 근거한 경찰권 발동을 명시적으로 허용된 예를 찾
아볼 수 없다. 다만 헌법재판소 결정에서 소수의견으로 개괄적 수권조
항에 근거한 경찰권 발동이 허용될 수 있다는 의견이 개진된 바 있을 뿐
이다.
「경찰관 직무집행법」 제2조 제5호[60]는 '기타 공공의 안녕과 질서유지'를
경찰관의 직무 내용의 하나로 규정하고 있는바, 위 조항들은 경찰의 임
무 또는 경찰관의 직무에 관한 규정들이면서, 동시에 경찰의 임무의 하
나로서 '기타 공공의 안녕과 질서유지'를 규정한 일반적 수권조항으로 해
석할 수 있다. 일반적 수권조항이 경찰권 발동의 법적인 근거가 되는지
에 관하여 보건대, 복잡다기하고 변화가 많은 현대사회에서는 경찰권 발

동의 요건이나 효과를 빠짐없이 개별적 수권조항으로 규정하는 것이 입법기술상 불가능한 점, 사회·경제적인 제반 여건에 따라 경찰이 사전에 예측하지 못한 돌발적인 상황이 언제든지 발생할 수 있으므로, 시의적절하고 효율적인 경찰권 행사가 가능하기 위해서는 일반적 수권조항의 현실적 필요성을 부인할 수 없는 점, 일반적 수권조항은 개별적 수권조항이 없는 경우에 한하여 보충적으로 적용되는 것이고, 오늘날에는 경찰소극목적의 원칙, 경찰공공의 원칙, 경찰비례의 원칙, 경찰책임의 원칙, 경찰평등의 원칙 등 경찰권 발동에 관한 조리상의 원칙이 충분히 발달되어 있어 일반적 수권조항이 남용될 우려가 크지 않은 점, 설령 일반적 수권조항의 확대 해석이나 이에 기한 권력남용이 발생하더라도 이는 법원에 의해 충분히 억제될 수 있다는 점 등에 비추어 보면, 일반적 수권조항 또한 경찰권 발동의 법적 근거가 된다고 봄이 상당하다(헌재 2011. 6. 30, 2009헌마406 결정).[61]

현행 「경찰관 직무집행법」에는 독일의 입법에서 볼 수 있는 전형적인 개괄적 수권조항은 존재하지 않는 것으로 보인다. 그러나 이를 이유로 개괄적 수권조항에 근거한 경찰권 발동을 허용하지 않게 되면, 경찰은 공공의 안녕 또는 질서에 대한 위험으로부터 국민의 안전을 보호하기 위한 위험방지활동을 전혀 할 수 없는 문제가 발생한다. 따라서 불완전하지만 우리나라에서 개괄적 수권조항으로 볼 수 있는 조항이 무엇인지를 탐색할 필요가 있는바, 현재 학설상으로는 「경찰관 직무집행법」 제5조, 제6조, 제2조 제7호 등을 개괄적 수권조항으로 볼 수 있다는 견해가 주장되고 있다.[62]

---

60) 현행 「경찰법」 제3조 제8호 및 「경찰관 직무집행법」 제2조 제7호 "그 밖에 공공의 안녕과 질서유지".

61) 소위 「서울특별시 서울광장 통행 저지행위 위헌확인(서울광장 차벽봉쇄 사건)」에서 재판관 이동흡·박한철의 반대의견.

62) 우리나라에서의 개괄적 수권조항에 관한 논의에 관하여 자세한 것은 서정범, 경찰행정법, 전정제2판, 세창출판사, 2022, 69쪽 아래 참조.

생각거리

《「전파법」 제29조 제3항은 「경찰관 직무집행법」 제5조, 제6조를 개괄적 수권조항으로 인정하는 것인가?》

제29조(혼신 등의 방지) ③ 제1항 및 제2항에도 불구하고 공공안전을 위하여 불가피한 경우로서 다음 각 호의 어느 하나에 해당하는 경우에는 그 활동 또는 조치 등의 범위에서 「드론 활용의 촉진 및 기반조성에 관한 법률」 제2조 제1항 제1호에 따른 드론 및 폭발물 등 공공안전 위협 수단을 대상으로 전파이용을 방해 또는 차단하는 장치(이하 "전파차단장치"라 한다)를 사용할 수 있다.
1. 「대통령 등의 경호에 관한 법률」 제5조 제3항에 따른 안전활동
2. 「통합방위법」, 「군사기지 및 군사시설 보호법」 등에 따른 국가안전보장 목적의 군사활동
3. 「국민보호와 공공안전을 위한 테러방지법」 제2조 제6호에 따른 대테러활동
4. 「공항시설법」 제56조 제7항에 따른 위반행위의 제지
5. 「원자력시설 등의 방호 및 방사능 방재 대책법」 제2조 제1항 제3호에 따른 물리적 방호
6. 제1호부터 제5호까지와 관련하여 행하여지는 「경찰관 직무집행법」 제5조 제1항 제3호에 따른 위험 발생의 방지 또는 같은 법 제6조에 따른 범죄의 예방과 제지를 위한 활동

IV. 경찰권 발동의 요건

경찰작용의 근거로서 수권조항은 ① 최초 경찰의 개념에 의한 경찰권 발동에서 시작하여, ② 점차 사회가 복잡다기해지고 인권과 법치주의가 발전하면서 경찰의 개념이 개괄적 수권조항의 요건규정으로 편입되는 과정, ③ 일반경찰법(「경찰관 직무집행법」)상 표준적 직무조치에 의한 개별적 수권조항으로 분화되는 과정, ④ 마지막으로 특별경찰

법상 개별적 수권조항으로 분화되는 과정을 거치면서 발전하였다. 따라서 개별적 수권조항에는 이미 경찰의 개념적 요소 또는 개괄적 수권조항의 요건 부분에 해당하는 '공공의 안녕', '공공의 질서', '위험'의 개념이 반영되어 있다. 또한 개괄적 수권조항의 효과 부분에 해당하는 것도 "경찰관은 ~(필요한 조치)를 할 수 있다"라는 형태로 반영되어 있다. 다만, 법률에서 요건부분과 효과부분을 개별적·구체적으로 규율하면 개별적 수권조항이며, 그렇지 않고 일반적·포괄적으로 규율하면 개괄적 수권조항인 점에서 차이가 있는 것이다. 따라서 개별적 수권조항에서는 간접적 방식으로, 개괄적 수권조항에서는 직접적 방식으로 규정하고 있는 경찰관 발동의 보호법익인 '공공의 안녕'과 '공공의 질서' 개념, 그리고 경찰권 발동의 요건이자 한계 기능을 수행하는 '위험'의 개념을 이해할 필요가 있다.

1. 공공의 안녕

공공의 안녕(öffentliche Sicherheit)이란 '① 개인의 생명·신체(건강)·명예·자유·재산과 같은 주관적 권리와 법익, ② 객관적인 성문의 법질서, ③ 국가의 존속·국가 및 그 밖의 공권력 주체의 제도 및 행사가 아무런 장해를 받지 않는 상태'를 말한다.

(1) 개인의 주관적 권리와 법익

개인의 주관적 권리와 법익이란, 인간의 작위·부작위, 동물, 자연현상에 의하여 위협을 받는 개인적 이익[생명·신체(건강)·명예·자유·재산]으로서, 공법뿐만 아니라 사법에 의해 보호되는 법익을 포함한다. 원칙적으로 개인의 주관적 권리와 법익을 보호하기 위하여 경찰권을 발동하는 데에는 문제가 없다. 다만, 일정한 제한이 있을 수 있는바, 이에는 ① 보충성의 원칙에 따른 제한[63]과 ② 자초위해(自招危害)에 있

---

63) 보충성의 원칙에 따른 제한의 문제에 관하여는 서정범, 경찰행정법, 전정제2

어서의 제한이 있다. 자초위해에 있어서의 제한은 "개인은 상당한 위험을 무릅쓰고 자신의 법익에 대하여 침해를 가할 수 있는데, 이러한 행위는 기본권으로 보호되는 일반적 행위의 자유에 속하는 것이므로 그러한 행위에 대해서는 경찰이 개입할 수 없다"는 것을 그 내용으로 한다.

(2) 객관적인 성문의 법질서

객관적인 성문의 법질서란, 원칙적으로 모든 성문의 법규범과 객관적 법질서를 구성하고 있는 중요한 규범을 의미한다. 성문의 법규범에는 공법규범뿐만 아니라 사법규범도 포함하지만, 단순한 행정규칙은 속하지 않는다. 객관적 법질서를 구성하고 있는 중요한 규범으로는 「형법」이 있다. 그러나 범죄성립의 주관적 요건(고의, 과실)이 반드시 충족되어야만 경찰권이 발동되는 것은 아니며, 또한 친고죄에서 고소가 있어야만 경찰권이 발동되는 것은 아니라는 점에서 객관적 법질서와 다소 차이가 있다. 또한 행정법규범 중 명령규범이나 금지규범에 위반하는 경우 또한 공공의 안녕에 대한 장해가 존재하므로 경찰권 발동이 가능하다.

(3) 국가의 존속·국가 및 그 밖의 공권력 주체의 제도 등

국가의 존속이란, 영토의 불가침성, 국가의 정치적 독립성, 합헌적 질서(헌법과 자유민주적 기본질서)의 존속을 의미한다. 또한 국가 및 그 밖의 공권력 주체의 제도에는 의회·정부·법원·행정청·대사·영조물 등과 집합적 법익으로서 수도의 공급, 오염된 토지의 지역주민의 보호, 자연경관의 보호 등이 해당된다. 마지막으로 국가적 행사에는 국가 또는 그 밖의 공권력 주체가 행하는 각종 행사로서 국가주최의 만찬, 국빈방문, 국장(國葬),[64] 군대의 훈련 등이 해당된다.

판, 세창출판사, 2022, 85쪽 아래 참조.

64) 예컨대, 전직대통령의 영결식장에서 소란을 피운 행위는 「형법」 제158조 장례

2. 공공의 질서

공공의 질서(öffentliche Ordnung)란, '그때그때의 지배적인 사회적·윤리적 가치관에 따를 때 그를 준수하는 것이 인간의 원만한 공동생활을 위한 필수불가결의 전제조건이라고 간주되는 것으로서, 공중 속에서 인간의 행위에 대한 불문(不文)규율의 총체'를 의미한다. 우리나라의 경우 공공의 질서를 보호법익으로 하는 경찰권 발동은 주로 성(性)풍속과 관련하여 논의되어 왔다. 공공의 질서 개념의 구성요소로는 공중 속에서의 행위, 불문의 행위규율, 지배적 가치관 등이 해당된다. 여기서 공중 속에서의 행위란 공공의 질서가 공중 속에서 개인의 외부적 행위를 전제로 한다는 것을 의미하며, 따라서 신념·사상·견해·의도 등은 외부에 표시되지 않는 한, 공공의 질서의 개념에 해당되지 않는다. 공공의 질서의 개념은 시간적·장소적 구속성을 가지는 것이므로 시대나 장소에 따라 개념이 변화될 수 있다.

생각거리

《만약 실정법에 사회적·윤리적 가치관을 담고 있는 내용이 규정되어 있고, 해당 법률을 위반한 자에 대하여 경찰관이 경찰권을 발동한 경우에 보호법익은 '공공의 질서'인가?》

1. 관련 법률

(1) 「풍속영업의 규제에 관한 법률」제1조(목적) 이 법은 풍속영업(風俗營業)을 하는 장소에서 선량한 풍속을 해치거나 청소년의 건전한 성장을 저해하는 행위 등을 규제하여 미풍양속을 보존하고 청소년을 유해한 환경으로부터 보호함을 목적으로 한다.

식방해죄에 해당되므로 공공의 안녕이라는 보호법익을 해치는 것이므로 경찰권 발동의 사유가 된다.

(2) 「출입국관리법」 제11조(입국의 금지 등) ① 법무부장관은 다음 각 호의 어느 하나에 해당하는 외국인에 대하여는 입국을 금지할 수 있다.
4. 경제질서 또는 사회질서를 해치거나 선량한 풍속을 해치는 행동을 할 염려가 있다고 인정할 만한 상당한 이유가 있는 사람

(3) 「관세법」 제234조(수출입의 금지) 다음 각 호의 어느 하나에 해당하는 물품은 수출하거나 수입할 수 없다.
1. 헌법질서를 문란하게 하거나 공공의 안녕질서 또는 풍속을 해치는 서적·간행물·도화, 영화·음반·비디오물·조각물 또는 그 밖에 이에 준하는 물품

2. 결 론
「경찰관 직무집행법」 제2조는 경찰관의 직무의 범위로 '공공의 질서유지'를 규정하고 있는바, 실정법상 법률요건이 공공의 질서에 해당하는 사회적·윤리적 가치관을 담고 있고, 이에 대한 법률효과로 금지·명령·처벌하는 규정이 있는 경우에 만약 개인의 행위가 이와 같은 법률요건에 해당한다면, 이는 실정법에 규정되어 있는 성문의 객관적 법질서를 위반한 것이므로, 이 경우 경찰권 발동으로 보호하려는 법익은 '공공의 질서'가 아니라 '공공의 안녕'이라고 보아야 한다.

3. 위 험

(1) 위험의 개념

경찰권 발동이 적법하기 위해서는 경찰권 발동의 요건으로서 위험이 존재해야 하는바, 이때의 위험은 구체적 위험(konkrete Gefahr)이어야 한다. 구체적 위험이란, 종래 '현재의 상황을 그대로 방치하면 가까운 장래에 손해가 발생할 충분한 개연성이 있는 상태'를 의미하는 것으로 이해되어 왔다. 한편 특정한 행위 또는 상태를 일반적·추상적으로 고찰했을 때 손해가 발생할 개연성이 있다는 결론에 도달하는 경우의 위험을 추상적 위험(Abstrakte Gefahr)이라고 한다. 구체적 위험에 대해

서는 경찰이 구체적인 조치를 취해서 대응하는 것과 달리 추상적 위험
에 대해서는 입법의 방법으로 대처한다는 점에서 구체적 위험과 추상
적 위험을 구별할 실익이 있다.

구체적 위험의 징표를 명확히 하기 위해서는 위험의 유사개념인
리스크와 잔존리스크 개념을 살펴볼 필요가 있다. 먼저 잔존리스크
(Restrisiko)는 법적으로 허용된 리스크인바, 국가가 그에 대해서 법적으
로 대처할 필요성은 없다. 반면에 리스크(Risiko)는 비록 예측이 불가
능에 가까울 정도로 불확실하기는 하지만 법적 대처가 필요한 경우로
서, 발생개연성이 영(Zero)에 가깝지만 만일 그것이 현실화되어 발생
하는 경우 이로 인한 피해는 재난에 가까울 정도로 크다는 것을 그 특
징으로 한다. 이와 같은 리스크의 특징을 "영-무한대-딜레마(Zero-
Infinity-Dilemma)"라고 한다. 한편 리스크에 대해서는 사전대비의 방법
으로 대처하게 된다.

(2) 위험의 유형

경찰을 둘러싼 치안상황은 근래 들어 급변하고 있으며, 이로 인해
구체적 위험이 발생할 충분한 개연성이 있다고 보기 어려운 상황에서
도 경찰권 발동이 필요한 경우들이 발생하고 있다. 그리고 이러한 상
황을 나타내기 위하여 새로운 개념 내지 용어들이 등장하고 있다. 그
러나 오상위험이나 잠재적 위험은 경찰권발동의 대상이 되는 구체적
위험에 포섭될 수 없으며, 반면에 위험의 의심이나 외관상 위험은 구
체적 위험에 포섭될 수 있다.

가. 외관상 위험

외관상 위험(Anscheingefahr)은 경찰이 경찰권을 발동하려는 시점
에서 합리적으로 판단하여 위험의 존재를 긍정할 수 있었지만, 사후에
실제로는 이러한 손해가 객관적으로 발생하지 않았던 경우의 위험을
말한다. 외관상 위험은 진정한 의미의 구체적 위험이다.

나. 오상위험

외관상 위험과 유사한 개념으로 오상위험(Scheingefahr)이 있는바, 이는 경찰이 어떤 상황을 주관적으로 위험하다고 판단하였으나 그 판단이 잘못되었거나 장래의 예측에 하자(瑕疵)가 있어 사후에 실제로는 손해가 객관적으로 발생하지 않은 경우를 말한다. 오상위험은 경찰이 경찰조치를 취하는 시점에서 '주관적으로' 위험이 존재한다고 판단한 점과 사후에 실제로는 '객관적으로' 위험이 발생하지 않은 점에서는 외관상 위험과 동일하지만, 외관상 위험에 있어서는 경찰이 위험을 판단하는 데 하자가 없었던 반면에 오상위험은 경찰이 위험을 판단하는데 하자가 존재했다는 점에서 차이가 있다. 따라서 오상위험은 경찰권 발동의 전제조건인 위험의 개념에 해당하지 않는다.

다. 위험에 대한 의심

위험에 대한 의심(Gefahrenverdacht)[65]은 경찰이 경찰조치의 시점에서 위험의 존재에 대하여 판단할 수 있는 근거는 있지만, 그 근거가 충분하지 못하여 위험이 존재하지 않을 수도 있다는 것을 스스로 자각하고 있는 경우를 말하며 위험의 혐의라고도 한다. 즉, 경찰조치의 시점에서 경찰이 위험이 발생할 충분한 개연성을 인식했는지 아니면 단순한 가능성만 인식했는지 여부가 구체적 위험과 위험에 대한 의심을 구분하는 기준이 된다.

(3) 위험의 유형과 경찰의 조치

경찰조치의 정도와 관련해서는 경찰상 위험의 유형에 비례하여 경찰권 발동이 이루어져야 한다. 여기서는 잠정적 조치만 허용되는지 아

---

65) 독일어의 Gefahrenverdacht를 어떻게 번역할 것인가에 대해서는 일치된 입장이 없으며, 공저자들 간에도 이견(異見)이 존재한다. 즉, 공저자 중 서정범은 '위험의 혐의'라는 용어를 사용하여 왔던 반면, 김용주/김민정은 '위험에 대한 의심'이란 용어를 사용하여 온 것이다. 하여 본서에서는 다수의 의견을 좇아 위험에 대한 의심이란 용어를 사용하기로 하겠다.

니면 종국적 조치까지 허용되는지가 중요하다. 따라서 단지 위험이 의심되는 상황에서 경찰작용으로서 종국적 조치를 행할 수는 없다. 예컨대, 「식품위생법」 제15조 제1항은 "식품의약품안전처장은 국내외에서 유해물질이 함유된 것으로 알려지는 등 위해의 우려가 제기되는 식품 등이 제4조 또는 제8조에 따른 식품 등에 해당한다고 의심되는 경우에는 그 식품 등의 위해요소를 신속히 평가하여 그것이 위해식품 등인지를 결정하여야 한다"라고 규정하고 있는바, '~의심되는 경우에는' 부분이 위험에 대한 의심에 해당되며, '~위해요소를 신속히 평가하여 그것이 위해식품 등인지를 결정'하는 조치가 잠정적 조치에 해당한다.

[표 3] 위험의 유형과 경찰의 조치

경찰의 조치 \ 위험의 유형		잔존 리스크 (Restrisiko)	리스크 (Risiko)	추상적 위험 (Abstrakte Gefahr)	구체적 위험 (Konkrete Gefahr)	외관상 위험 (Anscheins- gefahr)	위험에 대한 의심 (Gefahren- verdacht)
시기 / 유형	입법	법적 규율 대상 아님		○			
	사전 대비		○				
	잠정적 조치						○
	종국적 조치				○	○	

　　앞에서 위험의 유형과 이에 대한 경찰의 조치에 대하여 살펴보았는바, 이것이 중요한 이유는 예컨대, 경찰 스스로 위험이 진정한 의미의 구체적 위험인지 의심스럽다고 판단했음에도 불구하고, 만약 경찰이 위험의 유형을 먼저 확인하고 그에 적합하고 최소침해성을 가진 상당한 조치를 취하지 않고 바로 종국적 조치를 취했다면, 이때의 경찰조치는 경찰비례의 원칙 위반을 이유로 위법한 것으로 평가된다. 따라서 이 경우에는 경찰손실보상을 논할 것이 아니라 손해배상 여부를 검

토해야 하는 것이다.

 생각거리

《「감염병의 예방 및 관리에 관한 법률」에는 코로나-19 팬데믹 상황에 대비하여 코로나-19 감염의 의심만 있는 경우에도 종국적 조치로서 강제격리하는 규정이 있는바. 이는 경찰법 이론에 반하는 것인가?》

1. 관련 법률

(1) 「감염병의 예방 및 관리에 관한 법률」 제47조(감염병 유행에 대한 방역조치) 질병관리청장, 시·도지사 또는 시장·군수·구청장은 감염병이 유행하면 감염병 전파를 막기 위하여 다음 각 호에 해당하는 모든 조치를 하거나 그에 필요한 일부 조치를 하여야 한다.
3. 감염병의심자를 적당한 장소에 일정한 기간 입원 또는 격리시키는 것

(2) 「감염병의 예방 및 관리에 관한 법률」 제49조(감염병의 예방 조치)
① 질병관리청장, 시·도지사 또는 시장·군수·구청장은 감염병을 예방하기 위하여 다음 각 호에 해당하는 모든 조치를 하거나 그에 필요한 일부 조치를 하여야 하며, 보건복지부장관은 감염병을 예방하기 위하여 제2호, 제2호의2부터 제2호의4까지, 제12호 및 제12호의2에 해당하는 조치를 할 수 있다.
14. 감염병의심자를 적당한 장소에 일정한 기간 입원 또는 격리시키는 것

2. 결 론
코로나-19 팬데믹 상황에서 국가는 국민의 건강·생명을 위협하는 위험을 예방하고 방지할 책임이 있다. 코로나-19 감염의 의심이 있는 상태가 향후 확진으로 진행될지 여부에 대해서 전문가인 의사로서도 명확히 판단할 수 없는 상황에서, 국가가 국민 전체의 코로나-19 확진을 방지하고 감염 전파를 막기 위하여 감염에 대한 의심이 존재하는 상태라 하더라도 이에 대한 종국적 조치로서 강제격리를 한 경우에는 코로나-19 감염의 의심을 '위험에 대한 의심'이 아니라 '외관상 위험'이나 '구체적 위

험이 발생할 충분한 개연성이 존재'하는 경우로 보는 것이 타당하다(Je—
desto—Formel). 따라서 「감염병의 예방 및 관리에 관한 법률」에 의한 국가
의 강제격리조치가 경찰법 이론에 반한다고 볼 수는 없다.

V. 경찰권 발동의 대상: 경찰책임의 원칙

경찰책임이란 자신의 행위(자신의 보호·감독 아래 있는 제3자의 행위
를 포함한다) 또는 자신이 지배하는 물건으로부터 공공의 안녕 또는 질
서에 대한 위험이나 장해가 발생하지 않도록 해야 할 의무를 말한다.
한편 이러한 경찰책임을 부담하는 자를 경찰책임자라고 하는데, 경찰
책임자는 원칙적으로 ① 경찰권 발동의 대상이 되며, ② 위험방지 또
는 장해제거에 소요되는 비용을 부담하여야 하며, ③ 자신에게 발생
한 손실에 대한 보상을 청구할 수 없다. 이를 경찰법 이론상 연계원
칙(Konnexitätsprinzip)이라고 한다. 이러한 연계원칙은 제1단계인 위험
방지조치단계(경찰권 발동 단계)와 제2단계인 사후조정단계(손실보상단
계)의 연계를 통하여 합리적인 결론을 이끌어 내고자 하는 데 목적이
있다.

1. 경찰책임의 유형

(1) 행위책임

공공의 안녕 또는 질서에 대한 위험이나 장해가 어떤 사람(자연인
뿐만 아니라 법인도 포함한다)의 행위나 그 사람의 보호·감독 아래에 있
는 사람의 행위로 인하여 발생한 경우에는 원칙적으로 위험이나 장해
를 야기한 사람은 위험의 방지 및 장해의 제거를 위하여 필요한 조치
를 취하여야 한다. 이러한 책임을 행위책임이라고 하며, 행위책임을
부담하는 자를 행위책임자라고 한다. 행위책임은 작위뿐만 아니라 부

작위에 의해서도 발생할 수 있다. 행위책임은 행위책임자의 사망(법인의 경우에는 합병)에 의하여 소멸한다.

행위책임의 귀속이론으로 조건설, 상당인과관계설, 직접원인설, 위법원인설, 사회적 비상당원인설, 유동적 원인야기 개념 등 다양한 이론이 제시되고 있다. 이들 이론 가운데 직접원인설이 상대적으로 많은 지지를 받고 있기는 하지만, 경찰상황의 복잡성을 고려할 때 절대적이고 고유한 행위책임의 귀속이론은 관철되기 어렵다고 생각한다. 따라서 경찰권 발동의 대상으로서 행위책임자를 선정할 경우에는 위험방지의 효율성과 경찰비례의 원칙을 기준으로 삼아야 한다.[66]

(2) 상태책임

어떤 사람의 사실상 지배권(소유권자를 포함한다) 아래 있는 물건의 상태로 인하여 공공의 안녕 또는 질서에 대한 위험이나 장해가 발생한 경우에는 원칙적으로 그 물건을 사실상 지배하고 있는 사람은 위험의 방지 및 장해의 제거를 위하여 필요한 조치를 취해야 한다. 이러한 책임을 상태책임이라고 하며, 상태책임을 부담하는 자를 상태책임자라고 한다. 한편, 개별사례에서는 상태책임자의 범위가 무한히 확대되는 경우가 많이 발생하므로 최근에는 판례와 학설을 통해 상태책임자의 부담을 제한하려는 시도가 행해지고 있다.[67]

2. 경찰책임과 관련된 특수문제

행위책임과 상태책임을 둘러싼 앞에서의 논의 이외에 경찰책임과 관련하여서는 특별한 고찰을 필요로 하는 것이 있다. 다수의 경찰

---

66) 행위책임의 귀속에 관한 자세한 논의는 서정범, 경찰행정법, 전정제2판, 세창출판사, 2022, 165쪽 아래 참조.

67) 상태책임의 범위에 관한 자세한 논의는 서정범, 경찰행정법, 전정제2판, 세창출판사, 2022, 186쪽 아래 참조.

책임, 비책임자에 대한 경찰권 발동 그리고 경찰책임의 승계의 문제가
그것이다. 이하에서는 이들 문제에 대하여 간략히 논하기로 한다.

(1) 다수의 경찰책임

경찰은 원칙적으로 경찰책임자에게만 경찰권을 발동할 수 있는바,
실제로는 하나의 경찰상 위험이나 장해에 대하여 다수의 경찰책임자
가 존재하는 경우도 존재한다. 이를 다수의 경찰책임 또는 경찰책임의
경합이라고도 한다. 다수의 경찰책임자가 존재하는 유형에는 ① 다수
의 행위책임자가 존재하는 경우, ② 다수의 상태책임자가 존재하는 경
우, ③ 행위책임자와 상태책임자가 경합하는 경우 등이 있다. 다수의
경찰책임자에 있어서는 과연 경찰이 경찰권을 누구에게 발동하는 것
이 적법한지가 문제된다. 왜냐하면, 경찰권 발동의 상대방이 되는 국
민은 경찰권 발동에 대한 수인의무를 부담하게 됨과 아울러, 위험을
방지하거나 장해를 제거하는 데 소요되는 비용을 1차적으로 부담하여
야 하기 때문이다. 물론 다수의 경찰책임자가 존재하는 경우에 경찰권
발동의 상대방이 되어 비용을 부담하는 자는 다른 경찰책임자에게 그
비용의 상환을 청구할 수 있다.

한편 다수의 경찰책임자가 존재하는 경우 경찰책임자의 선정기준
으로는 종래 원인을 야기한 정도, 원인제공의 시점, 급부능력, 고의·
과실 등이 제시되어 왔다. 그러나 오늘날에는 이러한 기준이 경찰책임
자 선정의 절대적 기준이 아니라는 것이 인정되고 있으며, 따라서 다
수의 경찰책임자가 존재하는 경우에 있어서 경찰책임자의 선정 또한
위험방지나 장해제거의 효율성과 경찰비례의 원칙을 기준으로 해결할
수밖에 없다.

(2) 경찰비책임자에 대한 경찰권 발동

공공의 안녕 또는 질서에 대한 구체적 위험이나 장해에 대하여 경
찰은 원칙적으로 경찰책임자에게 경찰권을 발동하거나 경찰의 고유한
수단을 사용하는 방법으로 대처하여야 한다. 그러나 이러한 수단 모

두 공공의 안녕 또는 질서에 대한 위험이나 장해를 적시(適時)에 방지하거나 제거하기에 적당하지 않는 경우가 존재할 수 있는바, 이를 경찰긴급상황(polizeilicher Notstand)이라고 한다. 경찰책임의 원칙에 따를 때 경찰권은 원칙적으로 경찰책임자에게만 발동되어야 한다. 그러나 이른바 경찰긴급상황하에서는 예외적으로 경찰책임자가 아닌 제3자, 즉 경찰비책임자(Nichtstörer)에 대한 경찰권 발동이 인정될 수 있다. 그리고 이처럼 경찰긴급상황에서 경찰비책임자에게 경찰권을 발동할 수 있는 경찰의 권한을 경찰긴급권이라고 한다.

경찰긴급권은 경찰상 위험이나 장해와는 아무런 관련이 없는 경찰비책임자에게 경찰권을 발동하기 때문에 ① 현재의 중대한 위험이나 장해가 존재할 것, ② 비책임자에 대한 경찰권 발동은 최후 보충적으로만 행사되어야 할 것, ③ 경찰목적을 위한 희생의 한계로서 기대가능성의 한계를 초과하지 않을 것, ④ 법적 근거가 존재할 것 등과 같은 매우 엄격한 요건하에서만 하용된다.

한편 경찰비책임자에게 자신에 대한 경찰권 발동으로 인하여 생명·신체·재산상 손실이 발생했을 경우에는, 경찰비책임자는 (경찰책임자의 경우와 달리) 이에 대한 보상을 청구할 수 있다.

📝 참고

《경찰비책임자에 대한 경찰권 발동의 요건》

전술한 바와 같이 경찰비책임자에 대한 경찰권발동은 매우 엄격한 요건하에서만 인정되는바, 경찰비책임자에 대한 경찰권 발동의 요건을 간략히 설명하면 다음과 같다.

1. 현재의 중대한 위험
여기서 현재성은 ① 손해발생의 시간적 근접성과 ② 손해가 발생할 고도의 개연성을 의미하며, 중대한 위험이란 국가의 존속, 생명·건강·자유, 형법상 보호법익 등 중요한 법익에 대한 위험을 말한다.

2. 경찰권 발동의 보충성

경찰권 발동이 최후 보충적 수단으로 평가되기 위해서는 ① 경찰책임자에게 먼저 경찰권 발동이 취해질 수 있었는지, 그리고 ② 경찰 자신의 고유한 수단을 먼저 사용할 수 있었는지 여부를 심사하여야 한다.

3. 기대가능성

경찰비책임자에 대한 경찰권 발동은 경찰비책임자의 생명·신체 등에 대한 중대한 위험을 초래하지 않는 한도 내에서만 가능하다.

4. 법적 근거의 존재

경찰긴급상태에서 경찰비책임자에 대한 경찰권 발동은 그 근거가 실정법에 개별적 수권조항의 형태로 존재하는 경우에는 이에 따르면 될 것이므로 당연히 인정된다.[68] 따라서 여기서는 개괄적 수권조항에 근거할 수 있는지가 문제되는바, 개괄적 수권조항에 대한 본서의 입장에서는 이 또한 인정된다고 본다.

(3) 경찰책임의 승계

경찰책임의 승계는 경찰책임자가 사망하거나 자신 소유의 물건을 타인에게 양도하는 경우 관할 행정청이 이전에 경찰책임자에게 발한 경찰하명으로 인한 권리·의무의 법적 효과가 경찰책임자의 상속인이나 양수인에게도 여전히 미치는지 여부에 관한 문제이다. 따라서 경찰책임의 승계는 ① 권리주체 또는 의무주체는 변경되지만, 법적 지위는 그대로 유지된다는 점, ② 이미 경찰책임자에게 경찰하명이 발령되어 구체적으로 경찰상 의무가 부과된 이후에 승계인의 경찰책임과 관련하여 문제된다는 점, ③ 개별법에 경찰책임의 승계에 관한 명문규정이 존재하지 않는 경우에 의미가 있다는 점을 특징으로 한다.

경찰책임의 승계는 ① 경찰상 위험이나 장해의 효과적 방지와

---

68) 「소방기본법」제24조 제1항, 「수상에서의 수색·구조 등에 관한 법률」제29조 제1항 등이 이에 해당된다.

② 행정의 효율성을 고려할 때 필요성이 인정될 수 있다. 다만, 경찰책임의 승계 또한 경찰상 위험이나 장해와 직접적으로 관련이 없는 제3자에게 경찰책임을 부담시키는 것이므로 ① 법치국가적 관점에서 명확한 법적 근거의 존재, ② 경찰비례의 원칙 준수, ③ 신뢰보호의 원칙 준수 등의 한계가 있다.

한편 경찰책임의 승계로 인하여 승계인에게 생명 · 신체 · 재산상 손실이 발생했을 경우에 승계인은 원칙적으로 이에 대한 보상을 받을 수 있다.

VI. 경찰권 발동의 정도

경찰권 발동의 전제조건이 충족된 경우라 하더라도, 그에 개입할지 여부는 경찰의 재량에 맡겨져 있는 것이 원칙이지만, 그러한 재량권행사에도 일정한 한계가 있다(경찰편의주의와 경찰재량). 그리고 그러한 재량권 행사의 한계에 관한 여러 기준 중 가장 중요한 원칙으로는 경찰비례의 원칙을 들 수 있는바, 이는 결국 경찰권은 어느 정도로 발동되어야 적법한 것으로 평가될 수 있는지의 문제와 관련된다. 이하에서는 이들 문제에 관하여 간략히 알아보기로 하겠다.

1. 경찰편의주의와 경찰재량

(1) 경찰편의주의

경찰편의주의(Opportunitätsprinzip)란 경찰권 발동의 전제조건이 충족된 경우에도 경찰은 반드시 의무적으로 경찰조치를 취해야만 하는 것은 아니며, 원칙적으로 경찰의 의무적합적 재량에 따른다는 원칙을 말한다. 경찰편의주의는 형사사법의 영역에서 적용되는 합법주의(Legalitätsprinzip)와는 엄밀히 구분되는바, 합법주의란 "경찰은 범죄의 혐의가 있는 경우에는 범인, 범죄사실과 증거를 수사해야 하고, 실체적 진실을 규명해야 하는 법적 의무를 부담한다."는 원칙을 말한다. 「형사소송법」 제197조는 "① 경무관, 총경, 경정, 경감, 경위는 사법경찰관으로서 범죄의 혐의가 있다고 사료하는 때에는 범인, 범죄사실과 증거를 수사한다. ② 경사, 경장, 순경은 사법경찰리로서 수사의 보조를 하여야 한다."고 규정함으로써 형사사법의 영역에서는 합법주의가 지배한다는 것을 분명히 규정하고 있다.

경찰편의주의는 개별적 수권조항 또는 개괄적 수권조항의 효과부분에 "~ 할 수 있다"라고 규정되어 있는 것에서 그 법적 근거를 찾을 수 있다. 개별적 수권조항의 예로는 「감염병의 예방 및 관리에 관한 법률」 제42조 제1항의 "~ 그 진찰 결과 감염병환자 등으로 인정될 때에는 동행하여 치료받게 하거나 입원시킬 수 있다"는 규정과 「경찰관 직무집행법」 제6조의 "~ 그 행위를 제지할 수 있다"는 규정 등을 들 수 있다. 개괄적 수권조항의 예로는 「경찰관 직무집행법」 제5조 제1항의 "~ 그 밖의 위험한 사태가 있을 때에는, ~ 필요하다고 인정되는 조치를 하게 하거나 직접 그 조치를 하는 것 등의 조치를 할 수 있다"는 규정을 들 수 있다. 경찰편의주의는 이와 같이 개괄적 수권조항뿐만 아니라 개별적 수권조항에서도 인정되고 있음을 유의할 필요가 있다.

(2) 경찰재량 및 재량통제

위험방지나 장해제거의 영역에서 경찰편의주의에 따라 경찰권을 발동하는 데 경찰의 재량이 인정된다고 하더라도 이는 무제한 인정되는 것은 아니며 일정한 한계가 따르는바, 이때의 재량은 '의무적합적 재량'이어야 한다. 의무적합적 재량의 한계를 벗어나서 경찰재량의 행사가 위법하게 되는 유형으로는 재량의 일탈(유월)·재량의 남용·재량의 불행사(해태·흠결) 등이 있는바, 「행정소송법」 제27조는 "행정청의 재량에 속하는 처분이라도 재량권의 한계를 넘거나 그 남용이 있는 때에는 법원은 이를 취소할 수 있다."고 규정함으로써 경찰의 재량행사가 일탈·남용·불행사에 해당하는 경우에는 위법하게 된다는 것을 분명하게 밝히고 있다. 반면, 경찰이 재량권의 한계 내에서 재량권을 행

사한 경우에는 비록 재량행위가 합목적성을 결여하거나 부당하다고
하여 경찰권 발동이 위법하게 되는 것은 아님을 유의하여야 한다.

　한편 경찰의 재량과 관련해서는 일정한 경우 국민에게 무하자재량
행사청구권뿐만 아니라 재량이 영(Zero)으로 수축되는 경우에는 경찰
개입청구권이 발생할 수 있다는 것이 인정되고 있는바, 이러한 권리도
경찰편의주의의 예외에 해당한다. 여기서 재량이 영으로 수축한다는
것은 국민의 생명·신체 또는 건강과 같이 특별히 중요한 법익이 위협
받고 있는 경우에는 경찰권 발동이 재량에서 의무로 전환된다는 것을
의미한다.

📝 참고

《재량권 행사가 위법하게 되는 유형》

1. 재량권의 일탈(유월)
경찰이 재량권을 행사함에 있어 재량권의 외적 한계를 벗어나 법령상 주
어진 재량권의 범위를 넘어서는 경우를 말한다(「행정기본법」 제21조). 「도
로교통법」 제93조 제1항은 시·도경찰청장으로 하여금 운전면허를 취소
하거나 1년 이내의 범위에서 운전면허의 효력을 정지시킬 수 있도록 규
정하고 있는바, 만약 음주운전을 한 사람에게 1년 6월의 운전면허정지처
분을 하였다면, 그것은 「도로교통법」 제93조 제1항이 규정하고 있는 재
량권의 외적 한계를 벗어난 것이다.

2. 재량권의 남용
경찰이 법령상 주어진 재량권의 범위 내에서 재량권을 행사하더라도 재
량권의 내적 한계를 벗어나 관련 이익을 정당하게 형량하지 아니한 경
우를 말한다(「행정기본법」 제21조). 평등원칙·비례성의 원칙 등을 위반한
재량권 행사가 이에 해당된다.

3. 재량권의 불행사(해태·흠결)
경찰이 자신에게 부여된 재량권을 행사하지 아니하는 경우를 말한다. 대

법원은 "처분의 근거 법령이 행정청에 처분의 요건과 효과 판단에 일정한 재량을 부여하였는데도, 행정청이 자신에게 재량권이 없다고 오인한 나머지 처분으로 달성하려는 공익과 그로써 처분상대방이 입게 되는 불이익의 내용과 정도를 전혀 비교형량 하지 않은 채 처분을 하였다면, 이는 재량권 불행사로서 ~ 처분을 취소하여야 할 위법사유가 된다."고 판시하여 재량권의 불행사를 위법사유로 보고 있다(대법원 2019. 7. 11. 선고 2017두38874 판결).

2. 경찰비례의 원칙

경찰비례의 원칙(Grundsatz der Verhältnismäßigkeit)이란, 경찰행정청이 실현하고자 하는 경찰의 목적과 그 목적의 실현을 위한 수단 사이에는 합리적인 비례관계가 유지되어야 한다는 원칙을 말하는바, 「헌법」 제37조 제2항, 「행정기본법」 제10조, 「경찰관 직무집행법」 제1조 등에 규정되어 있다. 경찰비례의 원칙은 ① 적합성의 원칙(Grundsatz der Geeignetheit), ② 필요성의 원칙 또는 최소침해의 원칙(Grundsatz der Erforderlichkeit), ③ 상당성의 원칙 또는 협의의 비례의 원칙(Grundsatz der Angemessenheit)을 그 내용으로 하고 있다.

(1) 적합성의 원칙

적합성의 원칙이란 경찰이 일정한 경찰목적을 실현하기 위하여 투입하는 경찰조치는 실현하고자 하는 경찰의 목적에 적합한 수단이어야 한다는 원칙이다. 예컨대, 경찰이 집회·시위의 참가자들에게 주위 시민에게 어떠한 피해도 주어서는 안 된다는 경찰명령을 발한 경우나 금지처분에 따를 의무가 없는 사람에게 금지처분이 발령된 경우에 이는 적합성의 원칙에 위배되어 위법한 경찰조치가 된다.

(2) 필요성의 원칙

필요성의 원칙 또는 최소침해의 원칙이란 경찰의 조치는 설정된

경찰의 목적을 위해 필요한 한도 이상으로 행해져서는 안 된다는 원칙
이다. 이러한 원칙에 따르면, 경찰의 목적달성에 적합한 수단이 다수
존재하는 경우에는 경찰은 그 수단 중에서 공중과 경찰조치의 대상자
에게 최소한의 침해를 끼칠 것으로 판단되는 수단을 선택하여야 한다.
예컨대, 붕괴의 위험이 있는 건축물에 대하여 개수(改修)명령으로도 경
찰의 목적을 달성할 수 있음에도 불구하고 철거명령을 발하는 경우에
이는 필요성의 원칙에 위배되어 위법한 경찰조치가 된다.

(3) 상당성의 원칙

상당성의 원칙이란 어떠한 경찰의 조치가 설정된 경찰의 목적 실
현에 적합하고 최소침해를 주는 수단이라고 하더라도, 그 경찰의 조치
를 통해 달성되는 공익이 경찰조치의 대상자가 받게 되는 불이익보다
큰 경우에만 경찰조치를 취할 수 있다는 원칙이다. 상당성의 원칙에
위배되는 경우에도 위법한 경찰조치가 되는 것은 물론이다.

(4) 3원칙 간의 관계 - 단계구조

적합성의 원칙, 필요성의 원칙, 상당성의 원칙은 단계구조를 가지
고 있으므로 단계별 심사를 거쳐 경찰비례의 원칙에 부합하는지를 심
사해야 한다. 즉, 적합성의 원칙에 위배된다면 필요성의 원칙이나 상
당성의 원칙에 위배되는지 여부를 심사할 필요도 없이 위법한 것이 됨
을 유의해야 한다.

제3절

경찰손실보상의 요건

I. 개 관

경찰손실보상의 요건을 분석하는 것은 경찰작용으로 인하여 국민에게 발생한 피해를 금전적으로 구제하는 경우 손실보상에 의할 것인지 아니면 손해배상에 의할 것인지를 결정하기 위하여 필요할 뿐만 아니라, 손실보상에 의하는 경우에도 손실보상의 범위를 결정하기 위해서도 매우 중요하다. 「경찰관 직무집행법」상 경찰손실보상이 인정되기 위해서는, ① 경찰관의 직무집행이 적법할 것, ② 손실발생의 원인에 대하여 책임이 없는 자(손실발생의 원인에 대하여 책임이 있는 자가 자신의 책임에 상응하는 정도를 초과하는 손실을 입은 경우를 포함한다)가 청구할 것, ③ 경찰의 직무집행과 손실발생 사이의 인과관계가 인정될 것, ④ 손실발생의 대상이 생명·신체·재산일 것, ⑤ 손실이 있음을 안 날로부터 3년, 손실 발생일로부터 5년간의 소멸시효에 해당하지 않아야 할 것이라는 요건이 충족되어야 한다.

II. 경찰손실보상의 기본체계 – 원칙

경찰손실보상의 여부 및 범위를 결정하기 위해서는 경찰권 발동에서부터 경찰손실보상이라는 결론에 이르기까지 공공의 안녕 또는 공공의 질서에 대한 구체적 위험이 발생할 충분한 개연성의 존재, 경찰책임의 원칙, 비례의 원칙 등과 같은 경찰법 이론에 따른 판단을 거칠 것이 요구된다. 즉, 경찰손실보상의 체계는 위험의 평가-경찰책임자 선정-경찰권 발동-경찰권 발동에 대한 법적 평가-손실보상 결정이라는 유기적 관련성으로 이루어져 있는바, 이러한 과정에 있어서는 다음과 같은 원칙을 고려할 필요가 있다.

1. 위험에 대한 명확한 평가

위험은 개념 그 자체의 불명확성으로 인해 이를 전제로 한 경찰책임자를 선정하는 데 어려움이 있지만, 최대한 명확하게 평가할 것이 요구된다. 왜냐하면, 경찰권은 공공의 안녕 또는 질서에 대한 구체적 위험이 발생할 충분한 개연성을 전제로 하여 경찰권 발동의 대상인 경찰책임자가 선정된 이후 경찰책임자에 대하여 발동되어야 그 적법성이 인정될 수 있는데, 개별사례에서는 구체적 위험의 존재 여부 및 위험발생의 충분한 개연성에 대한 판단이 쉽지 않기 때문이다.

2. 위험방지단계와 사후조정단계의 구분

경찰손실보상은 경찰책임과 관련하여 제1단계인 위험방지조치단계(경찰권 발동 단계)와 제2단계인 사후조정단계(손실보상의 단계)의 구분을 전제로 연계원칙과 관련해서 이해할 필요가 있다. 이처럼 경찰책임의 문제를 제1단계와 제2단계로 구분하여 고찰할 필요성은 제1단계와 제2단계는 그를 지배하는 원리가 상이하기 때문이다. 즉, 제1단계에서는 '위험방지의 효율성"이 지배하는 반면, 제2단계에서는 "합리성"이 지배하기 때문이다. 한편 연계원칙에 의하면 다음과 같은 결론이 도출된다.

(1) 원칙적으로 경찰책임자는 제1단계에서는 경찰권 발동의 대상

이 되며, 제2단계에서는 소요된 경찰비용을 스스로 부담해야 하고 손
실이 발생하더라도 손실보상을 청구할 수 없게 된다.

(2) 경찰비책임자는 제1단계에서는 경찰권 발동의 대상이 되지 않
으며, 제2단계에서는 소요된 경찰비용에 대한 부담의무는 없고 발생한
손실에 대해서는 보상을 청구할 수 있다는 결과가 도출된다.

3. 경찰책임과 손실발생의 원인책임의 구분

경찰책임과 손실발생의 원인책임을 구분할 필요가 있다. 경찰책임
자를 선정하는 경우에는 위험방지의 효율성이 중요한 기준이 되는 반
면, 경찰손실보상의 인정 여부는 손실발생의 원인책임을 기준으로 판
단하여야 한다. 즉, 제1단계 경찰권 발동의 대상으로서 경찰책임과 제
2단계 손실보상에 있어서 손실발생의 원인책임을 구분하고, 이 중 손
실보상 여부 및 범위에 대해서는 「경찰관 직무집행법」의 규정을 근거
로 독자적으로 판단할 필요가 있다.

4. 경찰책임자에 대한 손실보상의 문제

연계원칙에 의하면, 경찰책임자는 원칙적으로 손실보상을 청구할
수 없는 것이 원칙이다. 그러나 「경찰관 직무집행법」은 경찰손실보상
을 인정하기 위한 요건으로 손실발생의 원인에 대하여 책임이 없을 것
을 원칙적인 요건으로 하면서도, 경찰책임자에게도 자신의 책임에 상
응하는 정도를 초과하는 손실에 대해서는 보상을 인정하고 있음을 주
의하여야 한다. 즉, 동법은 손실발생의 원인에 대하여 책임이 없는 자
에 대한 손실보상은 당연히 인정되는 것과는 별개로, 손실발생의 원인
에 대하여 책임이 있는 자라 하더라도 자신의 책임에 상응하는 정도
를 초과하는 손실을 입은 경우에는 그 한도 내에서 손실을 보상받을
수 있도록 규정하고 있다는 점이 특징적이다. 이러한 「경찰관 직무집
행법」상 규정은 손실보상의 여부 및 범위를 결정하는 매우 중요한 기

준이 된다. 또한 이미 살펴본 바와 같이, 「경찰관 직무집행법」은 제2단
계 사후조정단계에서 경찰작용으로 인한 손실보상에 관한 규정은 두
고 있음에 반해, 경찰비용에 관한 규정은 반영하고 있지 않아 연계원
칙을 완전하게 도입하고 있지 않음을 유의할 필요가 있다. 예컨대, 허
위신고로 인하여 경찰이 강제개문한 사례에서 만약 허위신고자가 손
실보상을 청구한다면, 이 경우 손실보상은 기각되겠지만, 이와는 별도
로 경찰권 발동으로 인한 경찰비용은 허위신고자에게 부담시키지 않
고 있다.[69]

[표 4] 경찰책임과 손실보상체계

구 분		연계원칙	「경찰관 직무집행법」 제11조의2 적용			
			구체적 위험 (원칙)	경찰긴급 상황	외관상 경찰책임자	
					위해 야기	위해 불야기
제1단계	경찰권 발동의 대상	경찰 책임자	경찰 책임자	경찰 책임자	경찰 책임자	경찰 책임자
제2단계	손실보상 청구권	손실보상 청구권 부정	손실보상 청구권 부정	손실보상 청구권 인정	손실보상 청구권 부정 (책임초과 부분 보상 인정)	손실보상 청구권 인정
	경찰비용 부담의무	경찰비용 부담의무 인정	관련 규정 없음[70]	관련 규정 없음[71]	관련 규정 없음[72]	관련 규정 없음[73]

---

69) 이와 같은 경우 실무에서는 민사소송을 통하여 변상을 받고 있는 실정이다.
70) 법리적으로는 경찰비용부담의무를 인정할 필요가 있다.
71) 법리적으로는 경찰비용부담의무를 인정할 필요가 없다.
72) 법리적으로는 경찰비용부담의무를 인정할 필요가 있다.

III. 경찰손실보상의 기준 정립 시 고려요소

앞에서 서술한 경찰손실보상의 체계에 관한 원칙을 고려할 때, 경찰손실보상의 기준 정립 시 고려할 요소로는 다음과 같은 것이 있다.

1. 위험의 평가

경찰권 발동은 (구체적) 위험의 존재를 그 전제로 하고 있으므로, 경찰권 발동이 적법했는지 여부는 위험의 예측과 진단이 적법했는지에 달려 있다고 할 수 있다. 경찰법 이론상 가까운 장래에 손해가 발생할 충분한 개연성이 있어서 (구체적) 위험이 존재하는 경우라면 경찰권 발동은 적법한 것으로 평가된다. 그런데 개별사례에서는 어떠한 경우가 손해발생의 충분한 개연성이 있어서 (구체적) 위험에 해당하는지를 확정하는 것은 매우 어렵다. 그리고 이로 인해 경찰은 (구체적) 위험이 존재한다고 판단하여 경찰권을 발동하였음에도 불구하고 구체적 위험의 존재가 부정되어 경찰권 발동이 위법하다는 판단을 받게 되는 경우가 있게 된다. 이에 이러한 현실에 탄력적으로 대응하여 경찰권 발동이 적법하다는 판단을 받기 위해 주관적 위험개념에 변화가 일어나고 있다.[74] 또한 외관상 위험과 위험에 대한 의심의 개념 정립을 통해 위험의 존재가 인정되는 범위를 확대하는 추세에 있다. 즉, 외관상 위험은 사후에 결과적으로 위험이 아닌 것으로 판명되었다고 하더라도 경찰의 사전적 판단을 신뢰하여 진정한 위험으로 평가되고 있으며, 위험에 대한 의심의 경우에도 잠정적 조치로서 의심스러운 부분의 확인을 위한 조치는 가능한 것으로 평가하고 있다. 더 나아가 만약 (구체적)

---

73) 법리적으로는 경찰비용부담의무를 인정할 필요가 없다.

74) 여기서 위험개념의 주관화 개념은 경험적으로 측정이 가능한 평균인의 판단능력이 아니라, 이상형으로서 측정되어야 할 평균인의 판단능력을 전제로 한다. 따라서 위험의 발생 개연성에 대한 주관적 판단을 하는 경우의 '주관화'는 규범적 요소를 바탕으로 한 '규범적-주관적' 개념이라고 할 수 있다.

위험이 발생할 충분한 개연성이 존재할 때까지 기다린 후에 경찰권을
발동한다면 효과적인 위험방지의 결과에 이를 수 없다고 판단되는 경
우에는 개별적 수권조항을 전제로 하여 경찰의 사전대비조치도 가능
하다는 것이 일반적인 견해이다. 따라서 경찰이 (진정한) 구체적 위험
에 대한 위험방지조치를 취한 경우는 물론이고, 외관상 위험이나 위험
에 대한 의심 등과 같은 다양한 유형의 위험에 대처하기 위하여 경찰
이 위험의 존재 여부에 대한 확인조치나 사전대비조치 등을 취한 경우
에도 경찰권 발동의 상대방이 된 개인은 그러한 경찰권 발동을 수인하
여야 한다. 그러나 경찰권 발동으로 인하여 개인에게 손실이 발생하
였고, 개인은 손실발생의 원인에 대하여 책임이 없는 경우라면 사후에
이해조정적 관점에서 그 손실은 보상되어야 한다.

즉, 제1단계인 위험방지조치단계(경찰권 발동 단계)에서는 집행경찰
의 규범적-주관적 판단에 따른 사전적 위험의 평가를 전제로 경찰권
발동 여부를 판단하여야 하지만, 제2단계인 사후조정단계(손실보상의
단계)에서는 실제 손실의 발생 여부 및 손실발생의 원인에 대한 책임
여부를 평가하여 손실보상 여부와 범위를 결정하여야 한다.

생각거리

《단계별 위험의 평가》

1. 우울증과 자살시도 경력이 있는 엄마가 딸과 언쟁 후에 집을 나갔는
데, 자신과 연락이 안 된다는 딸의 112신고로 경찰이 엄마의 집을 강제
로 개문했으나 부재중인 사례
이는 외관상 위험 또는 위험에 대한 의심에 해당되는 경우로서, 사전적
위험방지조치단계에서는 위험이 인정되지만, 사후적 손실보상단계에서
는 실질적 위험은 부정된다.

2. 경찰에 직접 신변비관을 신고하거나 제3자·인터넷·SNS를 통해 신
변비관 또는 자살을 암시하는 문자가 전달되고 그 이후 이를 본 제3자가

경찰에게 신고하였으나, 사후에 허위신고임이 밝혀진 사례

이때의 위험은 사전적 위험방지조치단계에서는 (진정한) 구체적 위험, 외관상 위험, 위험에 대한 의심 중 어디에 해당하는지 불명확하여 경찰권 발동의 유형(종국적 조치, 잠정적 조치)에 대한 판단이 곤란한 면이 있다. 즉, 신변비관에 의한 자해·자살 등은 생명·건강 등 개인의 중요한 법익에 대한 손해에 해당하므로, 경찰권 발동의 단계에서는 굳이 (진정한) 구체적 위험, 외관상 위험, 위험에 대한 의심을 구분할 필요없이 구체적 위험으로 간주하여도 무방하다. 반면, 사후적 손실보상단계에서는 실질적 위험이 부정될 수도 있으며(외관상 위험, 허위신고), 위험의 수준(구체적 위험, 위험에 대한 의심)에 따라 손실보상범위가 달라질 수 있다.

2. 외관상 경찰책임자 등

(1) 문제의 의의

경찰책임자를 확정하는 문제는 경찰손실보상의 여부 및 범위를 판단하는 데 있어 선결적 요소라고 할 수 있다. 2016년부터 2019년까지 분석한 통계에 따르면, 전국 손실보상 기각사례 118건 중 청구인이 손실발생의 원인에 대한 책임이 있다는 것이 55건(46.6%)으로서 기각유형 중 가장 높은 비중을 차지하고 있다. 또한 앞에서 보았듯이, 손실보상에 대한 「경찰관 직무집행법」 규정은 손실발생의 원인에 대하여 책임이 있는 자와 손실발생의 원인에 대하여 책임이 없는 자를 구분하여 원칙적으로 후자에 대해서만 손실보상을 인정하고 있다. 다만, 전자와 관련하여 손실발생의 원인에 대하여 책임이 있는 자라 하더라도 자신의 책임에 상응하는 정도를 초과하는 생명·신체 또는 재산상의 손실을 입은 경우에는 손실보상을 하도록 규정하고 있다. 이러한 「경찰관 직무집행법」 규정에 대하여 사실상 연계원칙을 부정하고 있는 것으로 보는 견해가 있는바, 사견으로 이러한 입법은 별도의 새로운 보상내용을 규정하는 것이라기보다는 종래 비례성의 원칙에 의한 경찰책임의 제한을 법률의 형식으로 규정한 것일 뿐이라고 판단된다. 한편 손실발

생의 원인에 대한 책임 여부를 고려하여 손실보상을 결정하는 문제는 특히 경찰긴급상황 및 외관상 경찰책임자의 경우에 매우 복잡한 양상을 띠는바, 이러한 문제는 연계원칙 및 「경찰관 직무집행법」 규정을 고려하여 정치(精緻)한 비교·검토가 필요하다.

(2) 경찰긴급상황의 경우

경찰긴급상황의 경우 제1단계(경찰권 발동 단계)에서는 위험방지의 효과성을 이유로 매우 엄격한 요건하에서 경찰비책임자에 대한 경찰권 발동을 인정하지만, 제2단계(비용부담 및 손실보상의 단계)에서는 경찰비책임자는 경찰비용 부담의무가 없으며 손실보상청구권이 인정된다. 「경찰관 직무집행법」 또한 제1단계에서는 위험방지의 효율성을 이유로 매우 엄격한 요건하에서 경찰비책임자에 대한 경찰권 발동을 인정하지만, 제2단계에서는 손실발생의 원인에 대하여 책임이 없음을 이유로 손실보상청구권을 인정하고 있다.[75]

(3) 외관상 경찰책임자의 경우

가. 외관상 경찰책임자의 개념

외관상 경찰책임자의 개념, 더 정확히 말하면 어떠한 경우에 외관상 경찰책임자로 인정될 수 있는가의 문제에 대해서는 견해가 나뉘고 있다. 즉, 다수 견해는 경찰권 발동을 하는 경찰의 사전적 시점에서 사안을 합리적으로 판단하였을 때 경찰책임자(행위책임자, 상태책임자)의 외관이 존재하면 외관상 경찰책임자로 이해하고 있는 반면, 소수 견해는 외관상 경찰책임자로 인정하기 위해서는 그 사람이 행위책임자 또는 상태책임자라는 외관이 존재한다는 사실만으로는 충분하지 않고, 이에 더하여 그 사람의 행위나 그 사람에게 속한 물건의 상태에 의하

---

75) 「경찰관 직무집행법」은 경찰비용부담에 대해서는 침묵하고 있는바, 향후 논의가 필요한 부분이다. 따라서 이하 「경찰관 직무집행법」상 경찰비용부담 여부에 대해서는 언급하지 않는다.

여 구체적 위험(외관상 위험을 포함한다) 또는 장해가 직접 야기될 것이 필요한 것으로 보고 있다.

외관상 경찰책임자에 해당하는 것으로 볼 수 있는 사례로는 ① 허위로 자살신고를 한 경우, ② 가족의 부재를 위험상황으로 오인하여 신고한 경우, ③ 건물 내 악취를 위험상황으로 오인하여 신고한 경우, ④ 가정폭력 신고를 받고 출동하였으나 신고자가 주소를 잘못 알려준 경우 등을 들 수 있다.

나. 외관상 경찰책임자의 손실보상청구권

외관상 경찰책임자의 손실보상청구권이 인정되는지의 문제에 대하여는 그 개념의 경우에 있어서와 마찬가지로 다음과 같이 학설이 대립하고 있다.

① 먼저 다수 견해에 의하면 외관상 경찰책임자는 제1단계에서는 경찰책임자이지만, 제2단계에서는 사후 이해조정적 관점을 기준으로 하여 경찰비책임자로 인정된다. 따라서 경찰비용부담의무가 없으며, 손실보상청구권이 인정된다.

② 이에 반해 소수 견해는 다시 다음과 같이 경우를 나누어 결론을 달리하고 있다. 즉,

첫째, 경찰책임자의 외관이 존재하고 아울러 그 외관의 존재에 대하여 행위자의 행위나 그 사람에게 속한 물건의 상태가 원인이 된 때에는 외관상 경찰책임자로 인정되며, 이 경우 외관상 경찰책임자는 제1단계에서는 물론 제2단계에서도 경찰책임자로 인정된다. 따라서 경찰비용부담의무가 존재하고, 손실보상청구권이 인정되지 않는다.

둘째, 그러나 경찰책임자의 외관은 존재하지만 그 외관의 존재에 대하여 행위자의 행위나 그 사람에게 속한 물건의 상태가 원인이 되지 않은 때에는 외관상 경찰책임자로 인정되지 않는다. 따라서 이 경우에는 제1단계에서는 물론 제2단계에서도 경찰비책임자가 된다. 따라서 경찰비용부담의무는 없고, 손실보상청구권은 인정된다는 결론에 이른다.

③「경찰관 직무집행법」의 입장:「경찰관 직무집행법」에 의하면 외관상 경찰책임자는 제1단계에서는 경찰책임자로서 경찰권발동의 대상이 되지만, 제2단계에서는 그가 손실발생의 원인에 대한 책임이 있는지 여부에 따라 손실보상 여부가 결정된다. 즉,「경찰관 직무집행법」은 손실발생의 원인에 대하여 책임이 없는 경우뿐만 아니라 손실발생의 원인에 대하여 책임이 있더라도 자신의 책임에 상응하는 정도를 초과하는 손실에 대해서는 보상을 인정하고 있음을 유의할 필요가 있다. 따라서「경찰관 직무집행법」에 따르면 외관상 위험을 야기했고[76] 이것이 원인이 되어 손실이 발생한 경우에는 원칙적으로 경찰책임자로 평가되어 손실을 보상받을 수 없지만(손실보상청구권 부정), 자신의 책임에 상응하는 정도를 초과하는 부분에 대해서는 손실을 보상받을 수 있다(책임초과부분에 대한 손실보상청구권 인정)는 결론에 이른다.

다. 외관상 경찰책임자의 손실보상 여부에 대한 사례분석

외관상 경찰책임자에게 손실보상이 인정될 수 있는지의 문제를 외관상 경찰책임자에 해당하는 것으로 볼 수 있는 대표적 사례 위주로 분석을 하면 다음과 같다.

① 허위로 자살신고를 한 경우: 허위로 자살이나 신변비관을 경찰에 신고한 경우 다수 견해에 의하면, 허위의 신고자는 제1단계에서와 제2단계에서 모두 경찰책임자이므로 경찰비용부담의무가 있고 손실보상청구권이 부정된다. 한편 이 경우에는 소수 견해에 의하여도 허위신고를 한 자는 자신의 행위로 외관상 위험을 야기했으므로 외관상 경찰책임자로 평가되며, 따라서 제1단계와 제2단계에서 모두 경찰책임자로서 경찰비용부담의무가 있고 손실보상청구권은 부정된다. 한편「경찰관 직무집행법」에 의하는 경우에도 소수 견해와 같이 제1단계에서

---

76) 즉, 이때의 외관상 위험의 야기는 외관상 경찰책임자를 인정하는 데 사용되는 것이 아니라(제1단계에서는 경찰책임자 인정), 제2단계에서 손실보상 여부를 판단하는 데 사용되는 것이다.

는 경찰책임자, 제2단계에서는 손실발생의 원인에 대하여 책임이 있으
므로 손실보상청구권은 부정된다.[77] 다만, 이 경우 손실발생의 원인에
대하여 자신의 책임에 상응하는 정도를 초과하는 손실을 입은 경우에
는 그 한도 내에서 손실을 보상받을 수 있다는 점에서 소수 견해와는
그 결론을 달리한다.

② 가족의 부재를 위험상황으로 오인하여 신고한 경우: 예컨대 자
녀가 부모가 아무런 연락을 하지 않은 채 부재(不在) 중인 것을 위험상
황으로 인식하여 경찰에 신고하여 그에 기초하여 경찰이 강제로 개문
(開門)을 한 경우 다수 견해에 의하면, 부모는 제1단계에서는 경찰책임
자이지만, 제2단계에서는 경찰비책임자로서 경찰비용부담의무는 없으
며 손실보상청구권이 인정된다. 반면 소수 견해에 의하면, 제1단계와
제2단계에서 모두 경찰비책임자로서 경찰비용부담의무는 없으며 손실
보상청구권이 인정된다. 한편「경찰관 직무집행법」에 의하면 부모는
제1단계에서는 경찰책임자이지만, 제2단계에서는 손실발생의 원인에
대하여 책임이 없으므로 손실보상청구권이 인정된다. 왜냐하면 이 경
우 부모의 부재는 외관상 위험에 해당하므로 경찰책임자이지만, 부모
가 아무런 연락을 하지 않은 채 부재 중이라고 하여 그를 이유로 손실
발생의 원인에 대한 책임이 있다고 볼 수는 없기 때문이다.

---

77) 그러나 손실보상심의 실무사례에서는 허위로 자살이나 신변비관을 경찰에 신
고한 경우에는 손실보상을 인정하지 않는 것에 반해, 자살이나 신변비관을 경
찰에 신고하고 실제 자살을 시도한 경우에는 손실보상을 인정하고 있는바, 법
리적으로는 문제가 될 수 있다. 왜냐하면, 이 경우에는 진실한 자살이나 신변을
비관하는 신고에 의하여 적법한 경찰권 발동이 이루어졌고, 적법한 경찰권 발
동에 의해 강제개문이라는 손실이 발생하였으며, 손실발생에 대하여 자살기도
자의 원인책임을 인정할 수 있으므로 손실보상청구권이 인정될 수 없기 때문이
다. 하지만 이와는 다른 견해도 존재하는바, 경찰은 위험방지라는 고유한 직무
를 가지고 있으므로, 실제 자살기도자에게 경찰비용부담의무를 부여하거나 손
실보상청구권을 부정하는 것이 타당한가의 견해가 바로 이에 해당한다.

생각거리

《허위로 제3자·인터넷·SNS를 통해 자살문자나 신변비관을 암시하는 내용을 전달하고 이후에 이를 본 제3자가 경찰에게 신고하는 경우 손실보상청구권은 인정될 수 있는가?》

1. 다수 견해에 따르는 경우
다수 견해에 의하면 허위로 자살 등을 암시하는 내용을 전달한 자는 제1단계에서는 물론 제2단계에서도 원칙적으로 경찰책임자로 평가되어 경찰비용부담의무가 있고, 손실보상청구권은 부정된다. 다만; 이 경우에도 자신이 허위로 자살 등을 암시하는 내용을 전달한 것이 경찰에게까지 접수될 것이라는 예상에 대한 기대가능성이 없는 경우에는 예외적으로 손실보상청구권이 인정될 여지가 있다.[78]

2. 소수 견해에 따르는 경우
소수 견해는 구체적 결론에 있어 다시 다음과 같이 견해가 갈리고 있다. 즉, ① 허위로 자살 등을 암시하는 내용을 전달한 자는 경찰에게 신고를 한 것이 아니므로 이러한 경우까지 외관상 위험이나 장해를 야기한 것으로 보기는 어렵다는 견해에 따르면 허위로 자살 등을 암시하는 내용을 전달한 자는 제1단계와 제2단계에서도 모두 경찰비책임자이다. 따라서 경찰비용부담의무는 없고 손실보상청구권은 인정된다. ② 이와 달리 허위로 자살 등을 암시하는 내용을 전달한 자는 경찰에게 신고한 것은 아니지만, 자살이나 신변비관에 의해 생명·신체에 대한 중요한 법익 침해가 예상되므로 이 경우 경찰에게 신고가 될 것을 당연히 예상할 수 있다면 외관상 위험이나 장해를 야기한 것으로 보아야 한다는 견해가 있다. 그리고 그에 따르면 허위로 자살 등을 암시하는 내용을 전달한 자는 제1단계에서는 물론 제2단계에서도 경찰책임자이다. 따라서 경찰비용부담의무는 있고, 손실보상청구권은 부정되는 결론에 이르게 된다.

---

78) 이 경우 손실보상심의 실무에서는 손실보상청구를 인용하는 사례도 많이 발견된다.

3. 「경찰관 직무집행법」의 입장

마지막으로 「경찰관 직무집행법」에 의하면, 허위로 자살 등을 암시하는 내용을 전달한 자는 제1단계에서는 경찰책임자이다. 그러나 제2단계에서는 소수 견해 중 어떤 입장에 따르는지에 따라서 손실보상청구권이 인정될 수도 있고, 부정될 수도 있다. 다만, 손실보상청구권이 부정되는 경우라고 하여도 자신의 책임에 상응하는 정도를 초과하는 손실 부분에 대해서는 그 한도 내에서 손실보상청구권이 인정된다.

③ 가정폭력 신고를 받고 출동하였으나 신고자가 주소를 잘못 알려 준 경우: 마지막으로 아들에게 폭행을 당하고 있다는 신고를 하면서 위치를 잘못 알려 주어 경찰이 타인의 주거지로 출동하여 강제개문을 한 경우에 그 타인은, 다수 견해에 의하면, 제1단계에서는 경찰책임자이지만, 제2단계에서는 경찰비책임자가 된다. 따라서 타인은 경찰비용부담의무는 없고, 손실보상청구권은 인정된다. 반면, 소수 견해에 의하면 그 타인은 제1단계에서도 경찰비책임자가 되며, 제2단계에서도 경찰비책임자이므로 경찰비용부담의무는 없고 손실보상청구권은 인정된다. 한편 「경찰관 직무집행법」에 의하면 그 타인은 제1단계에서는 경찰책임자이지만, 제2단계에서는 경찰비책임자이다. 따라서 그에게 손실보상청구권은 인정된다는 결론에 이른다.

요컨대, 「경찰관 직무집행법」에 의한다면, 외관상 경찰책임자는 제1단계에서는 경찰책임자로 이해하되, 제2단계에서는 사후 이해조정적 방법을 통해 위해를 야기한 외관상 경찰책임자에 대해서는 손실보상청구권을 부정하고(다만, 이 경우에도 자신의 책임에 상응하는 정도를 초과하는 손실 부분에 대해서는 그 한도 내에서 손실보상청구권은 인정), 위해를 야기하지 않은 외관상 경찰책임자에 대해서는 손실보상청구권을 인정할 필요가 있다. 다시 말해 외관상 경찰책임자에 대한 손실보상의 인정 여부는 위험의 외관을 초래하게 된 구체적인 상황과 손실발생의 원인에 대한 책임의 존재 여부 등 종합적인 상황을 고려하여 판단하여야 한다.

80) 생각거리

《외관상 경찰책임자란 누구를 말하는가?》

앞에서 서술한 내용은 외관상 경찰책임자를 어떠한 경우에 경찰책임자로 볼 수 있는지에 대한 논의를 그 전제로 하고 있는바, 이하에서 이 문제에 관한 학계에서의 논의와 「경찰관 직무집행법」의 입장에 관하여 다시 한번 간략하게 기술하기로 하겠다.

1. 학설의 대립[81]
(1) 현재는 외관상 경찰책임자의 개념을 경찰이 경찰작용을 행하는 사전적 관점에서 사안을 합리적으로 판단했을 때 행위책임자 또는 상태책임자라는 외관이 존재하는 경우에는 경찰법상의 책임자로 이해하는 것이 다수의 견해로 보여진다. 그러나 이러한 다수의 견해를 취하게 되는 경우에도 외관상 경찰책임자는 제1단계에서는 경찰책임자로서 경찰권 발동의 대상이 되지만, 제2단계에서는 경찰비책임자로 간주되게 된다. 즉, 제2단계에서는 외관상 경찰책임자의 경찰비용 부담의무는 부정되며, 손실보상 청구권이 인정된다.

(2) 한편 외관상 경찰책임자로 인정되기 위해서는 누군가가 행위책임자 또는 상태책임자라는 외관이 존재한다는 사실만으로는 충분하지 않고 이에 더하여 그 사람의 행위나 그 사람에게 속한 물건의 상태에 의하여 구체적 위험(외관상 위험을 포함한다) 또는 장해가 직접 야기될 것이 필요하다는 소수 견해 또한 존재한다. 그리고 이러한 소수 견해에 따르면 만약 누군가가 외관상 위험을 직접 야기한다면 이 사람은 제1단계, 제2단계 모두 경찰책임자이며, 반대로 누군가가 외관상 위험을 직접 야기하지

---

79) 같은 의견으로 정남철, "경찰작용과 손실보상", 행정법연구 제41호, 행정법이론실무학회, 2015, 151쪽.

80) 손재영, 경찰법, 제5판, 박영사, 2021, 508쪽.

81) 외관상 경찰책임자의 개념에 관한 학설의 대립에 관하여 상세한 것은 손재영, 경찰법, 제5판, 박영사, 2021, 508쪽 이하.

않는다면 설령 경찰이 경찰작용을 하는 사전적 시점에서 경찰책임자의
외관이 존재하더라도 이 사람은 제1단계, 제2단계 모두 경찰비책임자가
된다.

2. 「경찰관 직무집행법」의 입장

현행 「경찰관 직무집행법」 규정은 외관상 경찰책임자는 제1단계에서는
경찰책임자로 판단되며, 제2단계에서는 손실발생의 원인에 대한 책임 여
부를 기준으로 손실보상 여부를 판단하여야 한다는 취지로 해석될 수 있
다. 또한 동법은 손실보상을 인정하기 위해서는 손실발생의 원인에 대한
책임이 없음을 원칙으로 하면서도, 자신의 책임에 상응하는 정도를 초과
하는 손실에 대해서는 손실보상을 인정하고 있는바, 이러한 입법은 다수
설과 소수설의 견해를 절충한 것으로 볼 수 있다.

3. 손실발생의 원인에 대한 책임

전술한 바와 같이 「경찰관 직무집행법」은 손실발생의 원인에 대한
책임 여부에 따라 경찰손실보상의 인정 여부 및 범위를 달리하고 있
다. 따라서 손실보상의 원인에 대한 책임과 관련해서는 형평성 및 보
상 범위에 대한 면밀한 기준이 정립될 필요가 있다.

(1) 공동생활관계 여부

실무상 손실발생에 대한 원인책임자로서 청구인과 일정한 공동생
활관계를 유지하는 배우자·자녀 등은 청구인의 범위 속에 포함되어
손실보상의 대상이 되지 않는 반면, 건물의 소유주·열쇠수리공·모텔
주인 등에 대해서는 손실보상이 가능하다고 보고 있다. 이처럼 피의자
체포과정 및 가정폭력신고를 받고 출동한 경찰의 강제개문에 대해서
피의자의 가족이나 가정폭력의 피해자가 손실보상을 청구하는 경우와
집주인·열쇠업자 등이 청구하는 경우에 있어 손실보상 여부에 대한
법적 평가가 달라지는 것은 일견 당연한 것으로 생각된다.

그러나 이러한 결론은 형평성을 고려할 때 문제시되는 경우가 있

을 수 있다. 즉, 손실발생의 원인에 대하여 책임이 있는 피의자 및 가족이 직접 수리하는 경우와 이들이 수리하지 않고 집주인·열쇠업자 등이 수리 후 손실보상을 청구하는 경우를 비교해 볼 때, 후자의 경우 손실발생의 원인에 대하여 책임이 있는 피의자 및 가족은 사실상 경찰손실보상을 받은 것과 동일한 효과를 누리게 되는 문제가 발생할 수 있는 것이다. 따라서 이러한 문제를 불식시키기 위하여는 구상권을 통한 입법적 해결을 고민할 필요가 있다.

(2) 경찰의 별도행위의 개입 여부

보상범위와 관련하여 경찰의 별도 행위가 개입되어 손실이 발생했다면, 해당 손실에 대해서는 경찰권 발동의 대상자는 손실발생의 원인에 대하여 책임이 없으므로 전부보상을 하는 것이 경찰비례의 원칙에 부합한다.[82]

(3) 애완동물 구호의 문제

실무상 애완동물을 구호한 경찰관의 행위가 경찰의 직무범위에 포함되는지 여부가 문제된 사례에서, 손실보상심의위원회는 단순히 동물의 생명을 구조하는 행위는 경찰손실보상이 되는 경찰의 직무집행에 속하지 않는다고 하여 동물병원의 손실보상청구를 기각하였다.[83] 그러나 생명이 위급한 강아지를 구호하게 된 원인이 「동물보호법」 위반행위인 경우에는 「동물보호법」 위반은 공공의 안녕을 침해하는 행위가 되며, 이 경우에 경찰은 공공의 안녕에 대한 구체적 위험을 방지하기 위하여 경찰권을 발동할 수 있게 된다. 따라서 경찰이 「동물보호법」 위반행위로 인해 생명이 위급한 동물을 긴급치료하도록 한 행위는 경찰의 적법한 직무집행에 포함된다고 보아야 할 것이다. 그러므로 사후에 경찰의 동물구호행위가 경찰의 적법한 직무집행이고 이로 인하

---

82) 이와는 달리 2017년 8월 서울경찰청 사례에서는 일부보상만을 인정하였다.
83) 2017년 5월 경기남부경찰청 사례 참조.

여 동물병원이 재산적 손실을 입었음이 밝혀졌다면, 동물병원은 손실 발생의 원인에 대하여 책임이 없으므로 당연히 손실보상의 대상이 되어야 한다.

4. 경찰의 직무집행과 손실의 발생 사이의 인과관계

(1) 문제의 의의

경찰손실보상이 인정되기 위해서는 경찰의 적법한 직무집행과 생명·신체·재산상의 손실의 발생 사이에 인과관계가 있어야 한다. 즉, 생명·신체·재산상 손실은 경찰관의 직무집행으로 인하여 발생한 것이어야 한다. 따라서 경찰손실보상의 인정여부에 대한 판단에 있어서는 인과관계의 개념이 중요한 의미를 갖는다. 주지하고 있는 바와 같이 대법원은 국가배상책임이 성립하기 위하여는 공무원의 가해행위와 손해발생 사이에 상당인과관계가 있어야 할 것을 강조하면서, 여기서의 상당인과관계란 객관적으로 보아 어떠한 선행사실로부터 일반적으로 초래되는 후행사실이 발생하는 범위 내에서 법률이 요구하는 인과관계를 인정하는 것으로 보고 있다.[84] 이러한 대법원 판결을 고려할때, 경찰손실보상을 인정하기 위해서도 국가배상의 경우와 동일한 수준의 인과관계가 요구되는 것인지의 문제가 발생한다.

(2) 경찰손실보상에 있어서의 인과관계

재난상황에서의 행정조치로 인한 손실과 관련하여, 대법원은 현행 「감염병의 예방 및 관리에 관한 법률」 제71조에 해당하는 구 「전염병예방법」 제54조의2의 규정에 의한 예방접종의 부작용에 따른 사고에 대한 보상을 행정상 손실보상에 가까운 것으로 보면서, 손실보상을 받기 위한 전제로서 예방접종과 이로 인한 질병 장애 또는 사망 사이의 인과관계에 대하여 "반드시 의학적·자연과학적으로 명백히 증명되

---

84) 대법원 2017. 11. 9. 선고 2017다228083 판결 참조.

어야 하는 것은 아니고, 간접적 사실관계 등 제반 사정을 고려할 때 인
과관계가 있다고 추단되는 경우 증명이 있다고 보아야 한다"고 함으로
써, 손실보상에 있어서는 손해배상과는 달리 완화된 상당인과관계만
으로도 충분하다고 판시한 바 있다.[85]

따라서 경찰의 적법한 직무집행과 생명·신체·재산상의 손실의 발
생 사이의 인과관계 여부를 판단하는 데 있어서는 원칙적으로 상당인
과관계를 기준으로 해야 하지만, 경찰손실보상에 있어서의 인과관계는
국가배상과는 달리 특별희생적 관점을 고려할 때, 다소 완화할 필요가
있다.

> **✎ 참고**
>
> 《상당인과관계》
>
> 국가배상책임의 성립이 인정되기 위하여 필요한 상당인과관계와 경찰손
> 실보상이 인정되기 위하여 필요한 상당인과관계의 차이점에 관하여는
> 이하의 판례의 요지를 참고하기 바란다.
>
> 1. 국가배상책임의 성립요건으로서의 상당인과관계
> 공무원의 직무상 의무 위반으로 국가배상책임이 인정되기 위하여는 공
> 무원의 직무상 의무 위반과 피해자가 입은 손해 사이에 상당인과관계가
> 인정되어야 한다. 이러한 상당인과관계가 인정되는지를 판단할 때는 일
> 반적인 결과 발생의 개연성은 물론 직무상 의무를 부과하는 법령을 비롯
> 한 행동규범의 목적이나 가해행위의 태양 및 피해의 정도 등을 종합적으
> 로 고려하여야 한다(대법원 2016. 8. 25. 선고 2014다 225083 판결 참조.).
>
> 2. 경찰손실보상이 인정되기 위한 요건으로서의 상당인과관계
> 구 「전염병예방법」(2009. 12. 29. 법률 제9847호 감염병의 예방 및 관리에 관
> 한 법률로 전부 개정되기 전의 것, 이하 '구 「전염병예방법」'이라 한다) 제54조

---

85) 대법원 2014. 5. 16. 선고 2014두274 판결.

의2의 규정에 의한 국가의 보상책임은 무과실책임이기는 하지만, 책임이 있다고 하기 위해서는 질병, 장애 또는 사망(이하 '장애 등'이라 한다)이 당해 예방접종으로 인한 것임을 인정할 수 있어야 한다.

그러나 위와 같은 국가의 보상책임은 예방접종의 실시 과정에서 드물기는 하지만 불가피하게 발생하는 부작용에 대해서, 예방접종의 사회적 유용성과 이에 따른 국가적 차원의 권장 필요성, 예방접종으로 인한 부작용이라는 사회적으로 특별한 의미를 가지는 손해에 대한 상호부조와 손해분담의 공평, 사회보장적 이념 등에 터 잡아 구「전염병예방법」이 특별히 인정한 독자적인 피해보상제도인 점, 구「전염병예방법 시행령」(2010. 3. 15. 대통령령 제22075호로 개정되기 전의 것) 제19조의2에 예방접종으로 인한 피해에 대한 보상기준이 항목별로 구체적으로 정해져 있는데 액수가 그리 크지 않은 점, 예방접종으로 인한 부작용으로 사망이라는 중대한 결과까지 초래될 가능성이 있는 반면, 장애 등의 발생 기전은 명확히 밝혀져 있지 않고 현재의 의학수준에 의하더라도 부작용을 완전히 방지할 수는 없는 점 등에 비추어, 구「전염병예방법」제54조의2의 규정에 의한 보상을 받기 위한 전제로서 요구되는 <u>인과관계는 반드시 의학적·자연과학적으로 명백히 증명되어야 하는 것은 아니고, 간접적 사실관계 등 제반 사정을 고려할 때 인과관계가 있다고 추단되는 경우에는 증명이 있다고 보아야 한다.</u> 인과관계를 추단하기 위해서는 특별한 사정이 없는 한 예방접종과 장애 등의 발생 사이에 시간적·공간적 밀접성이 있고, 피해자가 입은 장애 등이 당해 예방접종으로부터 발생하였다고 추론하는 것이 의학이론이나 경험칙상 불가능하지 않으며, 장애 등이 원인불명이거나 당해 예방접종이 아닌 다른 원인에 의해 발생한 것이 아니라는 정도의 증명이 있으면 족하다(대법원 2014. 5. 16. 선고 2014두274 판결).

5. 경찰비례의 원칙

경찰권을 발동하는 과정에서 경찰비례의 원칙을 준수했는지 여부 또한 경찰손실보상의 인정 여부와 관련하여 중요한 의미를 갖는다. 경찰비례의 원칙은 제1단계인 경찰권 발동의 단계에서 경찰조치의 적법성 여부를 판단하는 기준으로 기능할 뿐만 아니라, 제2단계인 경찰손실보상의 단계에서는 경찰손실보상의 범위를 결정하는 기준으로 작용한다. 예컨대, ① 유리창을 깨서 진입하는 방법이 있음에도 불구하고 현관 유리문 잠금장치 전체를 파손하는 경우, ② 긴급체포된 피의자의 오피스텔을 압수·수색하기 위해 출입문을 강제로 개방한 사례에서 도어록뿐만 아니라 문짝·문틀 교체 및 벽면수리까지 하는 등 과도한 손실이 발생한 경우에 개문을 위한 전문가를 부를 시간적 여유가 없었는지, 또는 재산손실을 더 줄일 수 있는 방법은 없었는지 등 손실을 최소화하기 위한 노력 여부에 대한 판단이 필요하다. 이것이 문제되는 이유는 만일에 경찰권 발동의 대상자가 손실발생의 원인에 대하여 책임이 있다는 이유만으로 경찰손실보상이 기각되면 피해전보의 비용이 모두 그에게 전가되기 때문이다. 따라서 경찰비례의 원칙은 제1단계인 경찰권 발동의 단계에서 경찰직무의 적법성을 인정하기 위한 요건으로서뿐만 아니라, 제2단계인 경찰손실보상의 단계에서 손실보상의 범위를 결정하는 기준이 되도록 함께 고려할 필요가 있다.

생각거리

《경찰손실보상 여부 판단에 있어 고려할 요소로서의 경찰비례의 원칙》

1. 사 안
청구인의 딸이 자살충동이 있다는 신고를 접수하고 출동하였는데, 청구인은 출동한 구조대원에게 아파트 문 강제 개방의 경우 물적 손실이 있으니 창문을 통해 베란다로 들어가 줄 것을 요청하였으나, 구조대는 청구인의 요구를 묵살하고 문을 강제개방하고 진입하는 순간 또 다른 구조대원은 물적 손실이 없는 계단 창문을 통해 베란다로 진입하였다.

2. 피청구인의 주장
피청구인은, 출동 당시 소방서의 구조행위는 경찰의 공동대응 요청에 의해 출동한 상황으로 구조대상자가 음주상태이며, 자살충동이 심하게 온다고 경찰에 신고를 한 점에서 구조의 긴급성이 인정되고, 생명구조의 일각을 다투는 상황에서 신속한 구조를 위해서는 계단 및 현관문 동시개방 등 다각적인 구조방법을 동원해야 하는 것이 불가피한 점을 미루어 볼 때, 소방대의 과실은 인정되지 아니하여 위 구조행위는 적법하고, 위 구조행위로 인한 손실의 원인자가 구조대상자라는 점, 출동 구조대원의 진술에 따르면 구조대상자의 보호자인 청구인의 사전 동의하에 문 개방을 실시한 점을 미루어 볼 때, 책임질 자가 따로 있는 재산권의 손실에 해당하여 「소방기본법 시행령」 제12조 제3항 제2호에 따라 손실보상 청구가 요건을 갖추지 못한 경우로서 각하되거나 손실보상 청구에 이유 없음이 명백하므로, 이 사건 처분은 적법·타당하다.

3. 국민권익위원회의 재결
피청구인은 「소방기본법 시행령」 제12조 제3항 제2호의 '손실보상 청구가 요건을 갖추지 못한 경우'에 해당한다는 이유로 청구인에게 손실보상금 지급 청구 각하결정을 하는 이 사건 처분을 하였으나, 「소방기본법 시행령」 제12조 제3항에는 손실보상금 지급 청구 각하 요건에 대하여 제1호에 청구인이 같은 청구 원인으로 보상금 청구를 하여 보상금 지급 여부 결정을 받은 경우(다만, 기각 결정을 받은 청구인이 손실을 증명할 수 있는 새로운 증거가 발견되었음을 소명하는 경우는 제외한다)와 제2호에 손실보상 청구가 요건과 절차를 갖추지 못한 경우(다만, 그 잘못된 부분을 시정할 수 있는 경우는 제외한다)라고 규정하고 있는바, 「소방기본법 시행령」 제12조 제1항에 따르면 소방기관 또는 소방대의 적법한 소방업무 또는 소방활동으로 인하여 발생한 손실을 보상받으려는 자는 보상금 지급 청구서에 손실내용과 손실금액을 증명할 수 있는 서류를 제출하도록 하고 있는 점에 비추어 볼 때, 「소방기본법 시행령」 제12조 제3항 제2호의 '손실보상 청구가 요건을 갖추지 못한 경우'란 손실보상 청구요건 자체를 결여한 경우, 즉 손실보상 청구자가 소방기관 또는 소방대의 적법한 소방업무 또는 소방활동으로 인하여 발생한 손실내용과 손실금액을 증명할 수 있는 서류를 제출하지 않았을 뿐만 아니라 증빙·보완 자료 제출 요구를 통한 시정도 이루어질 수 없는 경우 등을 의미한다 할 것인데, 청구인의 경우는 119구조대원의 긴급구조 활동으로 인하여 이 사건 아파트 출입문이 강제로 개방되었고, 청구인이 이 사건 아파트 출입문의 방화문 교체공사를 한 후 관련 전자세금계산서를 피청구인에게 제출한 것이 확인되므로, 청구인은 「소방기본법 시행령」 제12조 제3항 제2호에 따른 손실

보상금 지급 청구 각하 대상자에 해당한다고 볼 수 없다. 따라서 피청
구인이 「소방기본법 시행령」 제12조 제2항에 따라 손실보상심의위원회
의 심사·의결을 거쳐 청구인에게 손실보상금 지급 여부를 다시 결정하
여 손실보상금 지급 청구 기각결정을 할 수 있음은 별론으로 하고, 피청
구인이 청구인에게 손실보상금 지급 청구 각하결정을 한 이 사건 처분
은 위법·부당하다(손실보상금 지급 청구 각하결정 취소청구, 국민권익위원회
2021-15926, 2022. 1. 25. 인용재결).

IV. 경찰손실보상의 구체적 요건

1. 경찰관의 직무집행의 적법성

경찰관의 직무집행의 적법성은 구체적인 사안에 따라 달리 인정될
수 있으나, 손실보상심의위원회는 대체로 현장 경찰관의 당시 판단을 존
중하는 경향에 있다. 따라서 적법성 논란이 예상되는 사례의 경우에는
현장 경찰관은 (직무집행의 적법성을 인정받을 수 있도록) '경찰관 확인서'
에 법령상의 절차 준수 사실 및 해당 법집행의 불가피성 등 당시 현장
의 상황을 판단할 정황들을 정확하게 기재하여야 한다. 구체적으로는
상황이 긴박했고(긴급성), 다른 대체수단은 없었으며(보충성), 필요최소
한의 범위 내에서 손실을 발생시켰는지(비례성) 등을 적절하게 설명하
여야 한다.[86] 경찰관의 직무집행의 적법성을 인정하기 위한 구체적 요
건은 다음과 같다.

(1) 직무관할

경찰관의 직무집행이 적법하려면 위험방지를 위한 경찰권 발동의
사유가 경찰의 직무관할 내이어야 한다. 이 경우 직무관할 내인지 여

---

86) 서울지방경찰청, 손실보상 기각사례집, 범신사, 2018, 40-41쪽.

부에 대한 판단에 있어서는 원칙적으로 「국가경찰과 자치경찰의 조직
및 운영에 관한 법률」 제3조 및 「경찰관 직무집행법」 제2조에 규정된
경찰의 직무의 범위가 그 기준이 되며, 또한 이 외에도 개별법상 경찰
의 직무로 규정되었는지에 대해서도 검토가 필요하다.

(2) 권한규범의 존재

침익적인 경찰권 발동에는 원칙적으로 직무규범뿐만 아니라 권한
규범이 존재할 것이 필요하다는 데에는 사실상 이견(異見)이 없다. 따
라서 직무규범과 아울러 권한규범의 존재 여부를 검토하여야 한다. 그
러나 경찰권 발동이 침익적인 성격을 갖지 않는다면 직무규범에만 근
거해서도 경찰권 발동이 가능하다.

(3) 권한규범의 형식

권한규범의 존재여부를 검토하는 경우에는 먼저 권한규범으로서
의 개별적 수권조항(이 경우 특별경찰법상 개별적 수권조항과 「경찰관 직무
집행법」상 개별적 수권조항을 모두 포함한다)이 존재하는지를 먼저 검토
하여야 한다. 개별적 수권조항이 존재하지 않는 경우에는 개괄적 수권
조항으로서 「경찰관 직무집행법」 제5조, 제6조, 제2조가 적용가능한지
여부를 검토할 필요가 있다.

(4) 개괄적 수권조항에 근거하는 경우

경찰권의 발동이 개괄적 수권조항에 근거하는 경우, 경찰권 발동
이 적법한지 여부를 판단함에 있어서는 공공의 안녕 또는 공공의 질서
에 대한 구체적 위험이나 장해가 발생하고 있는지를 검토하여야 한다.

이 경우 개괄적 수권조항의 구성요소로서 위험의 판단에 있어서는
구체적 위험, 외관상 위험, 오상위험,[87] 위험에 대한 의심 중 어디에 해

---

87) 오상위험에 대한 경찰권 발동은 경찰관의 직무집행이 위법한 것으로 평가되는
    사유가 됨을 유의해야 한다.

당하는지, 그리고 위험에 대한 의심에 대해서는 잠정조치를 넘어서 종국조치를 했는지 여부가 적법성 판단의 기준이 될 수 있다. 다만, 위험에 대한 의심의 경우에 있어서 경찰조치에 대한 평가는 보호법익의 중대성 여부에 따라 달라질 수 있음을 유의하여야 한다.

(5) 재량규정의 경우

경찰권 발동의 근거인 권한규범에 경찰의 재량이 규정되어 있는 경우에는 경찰 재량의 일탈·남용·해태에 해당하는지 여부를 검토할 필요가 있다. 만약 이에 해당하면 그 경찰권 발동은 위법한 것으로 평가된다.

(6) 경찰비례의 원칙

경찰직무의 적법성 심사에서 경찰의 조치가 경찰비례의 원칙을 위반하는 경우에는 경찰의 조치는 위법한 경찰작용이 되며, 이 경우에는 손실보상이 아니라 손해배상의 대상이 됨을 유의하여야 한다. 한편 경찰비례의 원칙은 경찰의 직무의 적법성을 전제로 손실보상의 범위를 결정하는 기준이 되는 경우도 있다. 즉, 경찰비례의 원칙은 손실보상에 있어서 이중적 기능(적법성 판단, 손실보상범위 결정)을 수행하고 있음을 유의하여야 한다.

2. 손실발생의 원인에 대한 책임

「경찰관 직무집행법」은 경찰손실보상 청구인의 자격요건으로 '손실발생의 원인에 대하여 책임이 없는 자'를 규정하고 있다. 따라서 허위신고자, 형사 피의자 등 경찰관의 직무집행을 직접적으로 야기한 자에 대해서까지 국가가 손실보상을 해 줄 수는 없는 일이며, 이는 「민법」상 '자기책임의 원칙'에도 반하는 것이다. 다만, 동법은 손실발생의 원인에 대하여 책임이 있는 자라 하더라도 자신의 책임에 상응하는 정도를 초과하는 생명·신체 또는 재산상의 손실을 입은 경우에는 그 한도 내에서 보상이 가능하도록 규정하고 있다. 손실발생의 원인에 대하여 책임을 인정하기 위한 구체적 요건은 다음과 같다.

(1) 경찰손실보상의 청구인이 자살이나 신변비관을 신고한 경우
이 경우는 다시 사안을 구분하여 살펴볼 필요가 있다.

가. 청구인이 허위로 자살이나 신변비관을 경찰 등 공공기관에 신고한 경우에는 손실발생의 원인에 대한 청구인의 책임을 인정할 수 있으므로 청구인은 손실보상을 받을 수 없다. 한편 이 경우 사후에 청구인이 허위신고가 아니라 실제로 자살기도를 한 것으로 인정되더라도 손실발생의 원인에 대한 책임을 인정하는 데에는 아무런 문제가 되지 않는다.[88]

나. 청구인이 허위로 제3자·인터넷·SNS를 통해 자살문자나 신변비관을 암시하는 내용을 전달하고 이후에 이를 본 제3자가 경찰 등 공공기관에게 신고하는 경우에는 만약 제3자가 인터넷·SNS 등에 의해 청구인이 자살할 예정임을 진실한 것으로 신뢰하여 경찰 등 공공기관에게 신고했다면 손실발생의 원인에 대한 청구인의 책임을 인정하여야 한다. 왜냐하면 이때에는 자살에 대한 구체적 위험이나 외관상 위험이 존재하고, 청구인의 자살 암시에 대한 진지성이 제3자로 하여금 경찰에게 신고를 하게 하는 동기를 제공하고 있기 때문이다.

다. 임대인이 임차인의 부재 중 상황을 위험상황으로 인식하고 경찰 등 공공기관에게 신고한 사례에서는 만약 신고가 단순한 부재상황·연락두절로 인한 신고이거나 오인신고인 경우에는 원칙적으로 임

---

88) 다만, 이러한 유형의 사례의 경우에는 위험을 방지하는 경찰 본래의 직무와 관련하여 청구인이 손실을 보상받을 수 없도록 하는 것이 과연 타당한가의 문제는 여전히 남아 있음은 주지한 바와 같다.

차인의 손실보상청구권은 인정되지만, 세부적으로는 부재상황의 구체적 이유·기간, 임대인이 신고를 하게 된 경위 등 구체적 상황을 고려하여 종합적으로 판단하여야 한다.

(2) 경찰손실보상의 청구인이 영장집행을 거부한 피의자인 경우

경찰손실보상의 청구인이 영장집행을 거부한 피의자인 경우에는 손실발생의 원인에 대한 청구인의 책임을 인정하는 것에 아무런 의문이 없다. 또한 이 경우 청구인의 동거 가족이 손실보상을 청구했다고 하더라도 피의자와 동거 가족을 경제적 공동체로 보아 손실발생의 원인에 대한 책임을 인정하여야 한다. 반면, 피의자와 관련 없는 제3자가 청구한 경우에는 손실보상의 원인에 대한 책임이 없으므로 손실보상을 인정하여야 한다.

(3) 가정폭력 행위자가 경찰의 개문요청을 거부하여 경찰이 강제개문을 한 경우

이러한 사례의 경우는 다시 경우를 둘로 나누어 검토할 필요가 있다. 즉,

가. 가정폭력 행위자가 손실보상을 청구한 경우에는 당연히 손실발생의 원인에 대한 가정폭력행위자의 책임을 인정하여야 한다.

나. 청구인이 가정폭력의 피해자로서 동거 가족인 경우에도 경제적 공동체임을 이유로 손실발생의 원인에 대한 동거 가족의 책임을 확대하여 인정할 수 있으며, 더 나아가 동거 가족이 아닌 경우, 예컨대 유학 중인 자녀가 부모의 집에서 부모로부터 가정폭력을 당한 사례에서 자녀가 손실보상을 청구한 경우에도 손실보상의 원인에 대한 부모의 책임을 확대하여 인정할 수 있다.

다. 이와는 달리 분가한 자녀가 부모 집에서 부모를 폭행한 사례에

서 부모가 손실보상을 청구한 경우에는 손실발생의 원인에 대한 부모의 책임이 인정되지 않으므로 손실보상이 가능하다.

(4) 경찰관이 주소를 착각하여 해당 사건과는 무관한 타인의 집을 강제개문한 경우

가정폭력의 신고를 받고 출동한 경찰관이 주소를 착각하여 해당 사건과는 무관한 타인의 집을 강제개문한 사례의 경우에는 해당 사건과는 무관한 소유자 내지 점유자의 손실발생의 원인에 대한 책임이 인정될 수 없으므로 손실보상이 가능하다.

(5) 범죄나 교통단속으로부터 이탈하여 도주하려는 경우

손실보상의 청구인이 음주단속 및 교통단속으로부터 이탈하여 도주하려는 사례에서 청구인은 형사법상 피의자로서 손실발생의 원인에 대한 책임이 인정된다.

3. 경찰의 적법한 직무집행과 손실발생 사이의 인과관계의 존재

경찰손실보상은 경찰의 직무집행과 손실발생 사이의 인과관계의 존재를 그 전제로 하는바, 이들 간의 인과관계를 인정하기 위한 구체적 요건은 다음과 같다.

(1) 장기집회에 대한 경찰의 교통통제로 인한 영업상 손실

예컨대 시위대의 장기집회에 대한 경찰의 교통통제로 인하여 일반시민의 식당으로의 출입이 방해받아 식당에 영업상 손실이 발생한 경우에는, ① 만약 시민 불편을 최소화하기 위한 통행로를 확보하기 위한 조치가 있었다면 경찰의 교통통제와 식당의 영업상 손실에 대한 인과관계가 부정되어 손실보상을 받기 곤란할 것이고, ② 그러한 조치가 없었다면 인과관계가 인정되어 손실보상을 받을 수 있다.

(2) 경찰의 녹화장비 조작 중에 일어난 녹화장비의 고장

예컨대 CCTV 녹화 장비를 경찰이 직접 조작하여 영상을 확인하고 자료 복사를 위해 USB 메모리를 꽂는 순간 장비가 고장나서 사용할 수 없게 된 경우에는 경찰의 적법한 직무집행(USB 메모리를 꽂는 행위)과 재산상 손실발생(고장) 사이에는 인과관계가 있다.

4. 청구인적격

경찰손실보상은 손실보상청구인에게 청구인적격이 있는 경우에만 인정될 수 있는바, 청구인적격과 관련한 구체적 요건은 다음과 같다.

(1) 명예훼손 등의 경우

명예훼손·모욕감·수치심 등과 같이 생명·신체·재산상 손실이 아닌 경우에는 청구인적격이 인정되지 않는다.

(2) 손실발생의 원인에 대하여 책임이 있는 자의 청구인적격

원칙적으로 손실발생의 원인에 대하여 책임이 있는 자 및 그의 동거 가족이 손실보상을 청구하는 경우에는 청구인적격이 인정되지 않는다. 반면, 손실발생의 원인에 대하여 책임이 있는 자와 동거 가족이 아닌 자가 자신이 입은 손실에 대하여 손실보상을 청구하는 경우에는 청구인적격이 인정된다.

(3) 손실발생의 원인에 대하여 책임이 없는 자의 청구인적격

원칙적으로 손실발생의 원인에 대하여 책임이 없는 자가 입은 손실에 대해서는 그의 동거 가족이 손실보상을 청구하더라도 청구인적격이 인정된다. 반면, 손실발생의 원인에 대하여 책임이 없는 자가 입은 손실에 대하여 그의 동거 가족이 아닌 자가 손실보상을 청구하는 경우에는 청구인적격이 인정되지 않는다.

5. 경찰비례의 원칙

전술한 바와 같이 경찰손실보상에 있어서 경찰비례의 원칙은 ①
경찰의 직무집행의 적법성 판단, ② 보상범위 결정과 관련된 이중적
기능을 갖는다. 따라서 경찰손실보상과 관련하여 경찰비례의 원칙은
다음과 같은 두가지 측면에서 검토할 필요가 있다. 즉, ①과 관련해서
는 만약 경찰의 직무집행이 적법성 요건을 충족하지 못하면 경찰의 직
무집행은 위법한 것으로 평가되어 손해배상의 결과로 이어질 것이며,
②와 관련해서는 경찰의 직무집행이 적법한 것을 전제하더라도 '자신
의 책임에 상응하는 정도를 초과하는 생명·신체 또는 재산상의 손실
을 입은 경우'에는 경찰비례의 원칙이 보상범위를 결정하게 된다는 측
면에서 매우 중요한 의미를 갖는다.

(1) 경찰의 직무집행의 적법성 판단과 경찰비례의 원칙

경찰의 직무집행이 경찰비례의 원칙을 위반한 경우에는 손실보상
은 인정되지 않는다. 여기서 경찰비례의 원칙 위반이란, 경찰비례의
원칙의 내·외적 한계를 벗어난 경우, 즉 경찰의 재량이 일탈·남용·불
행사에 해당하는 경우를 말한다. 이에 반해 경찰이 재량권의 한계 내
에서 재량권을 행사한 경우에는 비록 재량행위가 합목적성을 결여하
거나 부당하다고 하여 경찰권 발동이 위법하게 되는 것은 아니다.

(2) 경찰손실보상의 범위결정과 경찰비례의 원칙

경찰손실보상의 범위와 관련하여, 경찰비례의 원칙은 자신의 책임
에 상응하는 정도를 초과하는 생명·신체 또는 재산상의 손실을 입은
한도 내에서 손실보상이 이루어지더라도 어느 정도 인정되어야 하는
지를 결정하는 요소로 기능한다.

6. 손실보상청구권의 소멸시효

손실이 있음을 안 날로부터 3년, 손실 발생일로부터 5년이라는 소멸시효를 경과한 이후에 손실보상을 청구한 경우에는 손실보상청구권은 각하된다.

제4절

경찰손실보상의 절차

I. 개 관

국가는 경찰관의 적법한 직무집행으로 인하여 ① 손실발생의 원인에 대하여 책임이 없는 자가 생명·신체 또는 재산상의 손실을 입은 경우(손실발생의 원인에 대하여 책임이 없는 자가 경찰관의 직무집행에 자발적으로 협조하거나 물건을 제공하여 생명·신체 또는 재산상의 손실을 입은 경우를 포함한다), ② 손실발생의 원인에 대하여 책임이 있는 자가 자신의 책임에 상응하는 정도를 초과하는 생명·신체 또는 재산상의 손실을 입은 경우 중 어느 하나에 해당하는 손실을 입은 자에 대하여 정당한 보상을 하여야 한다(「경찰관 직무집행법」 제11조의2 제1항).

동조 제1항에 따른 손실보상의 기준, 보상금액, 지급 절차 및 방법, 제3항에 따른 손실보상심의위원회의 구성 및 운영, 제4항 및 제6항에 따른 환수절차, 그 밖에 손실보상에 관하여 필요한 사항은 대통령령으로 정한다(동법 제11조의2 제7항). 그리고 이에 근거하여 제정된 대통령령인 「경찰관 직무집행법 시행령」은 제9조(손실보상의 기준 및 보상금액 등), 제10조(손실보상의 지급절차 및 방법), 제11조(손실보상심의위원회의 설치 및 구성), 제12조(위원장), 제13조(손실보상심의위원회의 운영), 제14조(위원의 제척·기피·회피), 제15조(위원의 해촉), 제16조(비밀 누설의 금지), 제17조(위원회의 운영 등에 필요한 사항), 제17조의2(보상금의 환수절차), 제17조의3(국가경찰위원회 보고 등)과 같은 규정을 통하여 구체적인 내용을 세부적으로 규정하고 있다.

한편 「행정기본법」 제36조는 처분에 대한 이의신청을 규정하고 있는바, 처분에 해당하는 손실보상심의위원회의 결정에 대해서도 이의신청이 가능한 것에는 의문이 없다. 구체적인 이의신청의 방법 및 절차 등에 관한 사항은 대통령령으로 정하도록 하고 있으므로(동법 제36조 제6항), 이에 따라 「행정기본법 시행령」 제11조(이의신청의 방법 등)에서 세부적으로 규정하고 있다. 또한 손실보상과 관련한 처리기간에 대해서는 「민원 처리에 관한 법률」 제19조(처리기간의 계산)가 적용된다.

II. 손실보상심의위원회

1. 손실보상심의위원회의 설치

경찰관의 적법한 직무집행으로 인하여 생명·신체 또는 재산상의 손실을 입은 자의 손실보상신청 사건을 심의하기 위하여 손실보상심의위원회(이하 위원회라고 한다)를 두는바(「경찰관 직무집행법」 제11조의2 제3항), 이에 따라 소속 경찰공무원의 직무집행으로 인하여 발생한 손실보상청구 사건을 심의하기 위하여 경찰청, 해양경찰청, 시·도경찰청 및 지방해양경찰청에 손실보상심의위원회(이하 "위원회"라 한다)를 설치한다(동법 시행령 제11조 제1항).

2. 손실보상심의위원회의 구성 등

(1) 손실보상심의위원회의 구성

위원회는 위원장 1명을 포함한 5명 이상 7명 이하의 위원으로 구성한다(동법 시행령 제11조 제2항). 위원회의 위원은 소속 경찰공무원과 ① 판사·검사 또는 변호사로 5년 이상 근무한 사람, ② 「고등교육법」

제2조에 따른 학교에서 법학 또는 행정학을 가르치는 부교수 이상으로 5년 이상 재직한 사람, ③ 경찰 업무와 손실보상에 관하여 학식과 경험이 풍부한 사람 중에서 경찰청장 등이 위촉하거나 임명한다. 이 경우 위원의 과반수 이상은 경찰공무원이 아닌 사람으로 하여야 한다(동법 시행령 제11조 제3항). 위촉위원의 임기는 2년으로 한다(동법 시행령 제11조 제4항). 위원회의 사무를 처리하기 위하여 위원회에 간사 1명을 두되, 간사는 소속 경찰공무원 중에서 경찰청장 등이 지명한다(동법 시행령 제11조 제5항).

위원장은 위원 중에서 호선(互選)한다(동법 시행령 제12조 제1항). 위원장은 위원회를 대표하며, 위원회의 업무를 총괄한다(동법 시행령 제12조 제2항). 위원장이 부득이한 사유로 직무를 수행할 수 없는 때에는 위원장이 미리 지명한 위원이 그 직무를 대행한다(동법 시행령 제12조 제3항).

(2) 위원의 해촉

경찰청장 등은 위원회의 위원이 ① 심신장애로 인하여 직무를 수행할 수 없게 된 경우, ② 직무태만, 품위손상이나 그 밖의 사유로 위원으로 적합하지 아니하다고 인정되는 경우, ③ 법 시행령 제14조 제1항 각 호의 어느 하나에 해당하는 데에도 불구하고 회피하지 아니한 경우, ④ 법 시행령 제16조를 위반하여 직무상 알게 된 비밀을 누설한 경우 중 어느 하나에 해당하는 경우에는 해당 위원을 해촉(解囑)할 수 있다(동법 시행령 제15조).

3. 손실보상심의위원회의 운영

(1) 위원회의 회의

위원장은 위원회의 회의를 소집하고, 그 의장이 된다(동법 시행령 제13조 제1항). 위원회의 회의는 재적위원 과반수의 출석으로 개의(開議)하고, 출석위원 과반수의 찬성으로 의결한다(동법 시행령 제13조 제2

항). 위원회는 심의를 위하여 필요한 경우에는 관계 공무원이나 관계 기관에 사실조사나 자료의 제출 등을 요구할 수 있으며, 관계 전문가에게 필요한 정보의 제공이나 의견의 진술 등을 요청할 수 있다(동법 시행령 제13조 제3항). 위원회의 회의에 참석한 사람은 직무상 알게 된 비밀을 누설해서는 아니 된다(동법 시행령 제16조).

(2) 위원의 제척·기피·회피

위원회의 위원이 ① 위원 또는 그 배우자나 배우자였던 사람이 심의 안건의 청구인인 경우, ② 위원이 심의 안건의 청구인과 친족이거나 친족이었던 경우, ③ 위원이 심의 안건에 대하여 증언, 진술, 자문, 용역 또는 감정을 한 경우, ④ 위원이나 위원이 속한 법인이 심의 안건 청구인의 대리인이거나 대리인이었던 경우, ⑤ 위원이 해당 심의 안건의 청구인인 법인의 임원인 경우 중 어느 하나에 해당하는 경우에는 위원회의 심의·의결에서 제척(除斥)된다(동법 시행령 제14조 제1항).

청구인은 위원에게 공정한 심의·의결을 기대하기 어려운 사정이 있는 경우에는 위원회에 기피 신청을 할 수 있고, 위원회는 의결로 이를 결정한다. 이 경우 기피 신청의 대상인 위원은 그 의결에 참여하지 못한다(동법 시행령 제14조 제2항).

위원이 제1항 각 호에 따른 제척 사유에 해당하는 경우에는 스스로 해당 안건의 심의·의결에서 회피(回避)하여야 한다(동법 시행령 제14조 제3항).

(3) 운영에 필요한 사항

법 시행령 제11조부터 제16조까지에서 규정한 사항 외에 위원회의 운영 등에 필요한 사항은 경찰청장 또는 해양경찰청장이 정한다(동법 시행령 제17조).[89]

---

89) 이의 위임을 받아 해양경찰의 경우에는 「해양경찰 손실보상심의위원회 운영규칙」(해양경찰청훈령)을 2019. 3. 7. 제정·시행 중에 있다.

III. 경찰손실보상의 기준 및 보상금액

동법 제11조의2 제1항에 따라 손실보상을 할 때 물건을 멸실·훼손한 경우에는 ① 손실을 입은 물건을 수리할 수 있는 경우에는 수리비에 상당하는 금액, ② 손실을 입은 물건을 수리할 수 없는 경우에는 손실을 입은 당시의 해당 물건의 교환가액, ③ 영업자가 손실을 입은 물건의 수리나 교환으로 인하여 영업을 계속할 수 없는 경우에는 영업을 계속할 수 없는 기간 중 영업상 이익에 상당하는 금액의 기준에 따라 보상한다(동법 시행령 제9조 제1항).

물건의 멸실·훼손으로 인한 손실 외의 재산상 손실에 대해서는 직무집행과 상당한 인과관계가 있는 범위에서 보상한다(동법 시행령 제9조 제2항).

동법 제11조의2 제1항에 따라 손실보상을 할 때 생명·신체상의 손실의 경우에는 다음 별표의 기준에 따라 보상한다(동법 시행령 제9조 제3항).

📝 참고

생명·신체상의 손실에 대한 보상의 기준(동법 시행령 제9조 제3항 관련)]90)

1. 사망자의 보상금액 기준
「의사상자 등 예우 및 지원에 관한 법률 시행령」 제12조 제1항에 따라 보건복지부장관이 결정하여 고시하는 금액을 보상한다.

2. 부상등급의 기준
「의사상자 등 예우 및 지원에 관한 법률 시행령」 제2조 및 별표 1에 따른 부상범위 및 등급을 준용하되, 같은 영 별표 1에 따른 부상 등급 중 제1급부터 제8급까지의 등급에 해당하지 않는 신체상의 손실을 입은 경우에는 부상등급 외의 부상으로 본다.

---

90) 「경찰관 직무집행법 시행령」 [별표].

3. 부상등급별 보상금액 기준

「의사상자 등 예우 및 지원에 관한 법률 시행령」 제12조 제2항 및 별표 2에 따른 의상자의 부상등급별 보상금을 준용하되, 제2호에 따른 부상등급 외의 부상에 대한 보상금액의 기준은 제4호와 같다.

4. 부상등급 외의 부상에 대한 보상금액 기준

가. 부상등급 외의 부상에 대한 보상금액은 제1호에 따른 보상금의 100분의 5를 최고 한도로 하여 그 범위에서 진료비, 치료비, 수술비, 약제비, 입원비 등 실제로 지출된 의료비를 지급한다.

나. 가목에도 불구하고 위원회가 최고 한도를 초과하여 보상이 필요하다고 인정하는 경우에는 가목에 따른 최고 한도를 초과하여 실제로 지출된 의료비를 지급할 수 있다.

동법 제11조의2 제1항에 따라 보상금을 지급받을 사람이 동일한 원인으로 다른 법령에 따라 보상금 등을 지급받은 경우 그 보상금 등에 상당하는 금액을 제외하고 보상금을 지급한다(동법 시행령 제9조 제4항).[91]

IV. 경찰손실보상의 절차

1. 경찰손실보상 처리절차 흐름도

경찰손실보상은 ① 손실보상의 청구, ② 손실보상청구서의 접수 및 이송, ③ 손실보상심의위원회의 심의 및 결정, ④ 손실보상심의결

---

91) 엄밀히 말해 경찰손실보상의 기준 및 보상금액에 관한 이 부분의 설명은 경찰손실보상의 절차와는 직접적 관련성이 약하다고 볼 수 있다. 다만, 실제로 손실보상절차로 다루어지는 위원회의 심의 및 의결과정에서 손실보상의 기준 및 보상금액이 중요한 의미를 갖는 점을 고려하여 이곳에서 함께 설명하였다.

과의 통지 및 보상금의 지급 순으로 처리된다. 만약 손실보상심의위원회의 결과에 이의신청이 있는 경우에는 ⑤ 청구인의 이의신청, ⑥ 손실보상심의위원회의 이의신청내용에 대한 심의·의결, ⑦ 이의신청에 대한 손실보상심의위원회의 결정 통지 절차가 추가된다. 경찰손실보상 처리절차 흐름도를 그림으로 표시하면 다음 [그림 2]와 같다.

2. 경찰손실보상의 청구

동법 제11조의2에 따라 경찰관의 적법한 직무집행으로 인하여 발생한 손실을 보상받으려는 사람은 별지 제4호서식의 보상금 지급 청구서에 손실내용과 손실금액을 증명할 수 있는 서류를 첨부하여 손실보상청구 사건 발생지를 관할하는 국가경찰관서의 장에게 제출하여야 한다(동법 시행령 제10조 제1항). 국가경찰관서에는 경찰청, 시·도경찰청, 경찰서가 해당된다.

원칙적으로 경찰손실보상 요건에 해당하는지 여부는 청구인이 소명하여야 하나, 경찰의 직무집행의 적법성이 문제되는 경우에는 반대로 경찰관이 이를 소명하여야 한다. 물론 경찰의 직무집행의 적법성이 인정되지 않아 손실보상이 기각되더라도 피해자인 국민은 국가배상을 통한 배상을 받을 수는 있다. 다만 이 경우 현장 경찰관에게 고의·중과실이 없을 경우에는 경찰관에게는 직접적인 피해가 발생하지 않지만, 손실보상 기각에 대한 책임과 절차의 지연으로 인한 시간적 손해에 대한 책임이 현장 경찰관에게 전가될 우려가 있다.[92]

---

92) 서울지방경찰청, 손실보상 기각 사례집, 범신사, 2018, 40쪽.

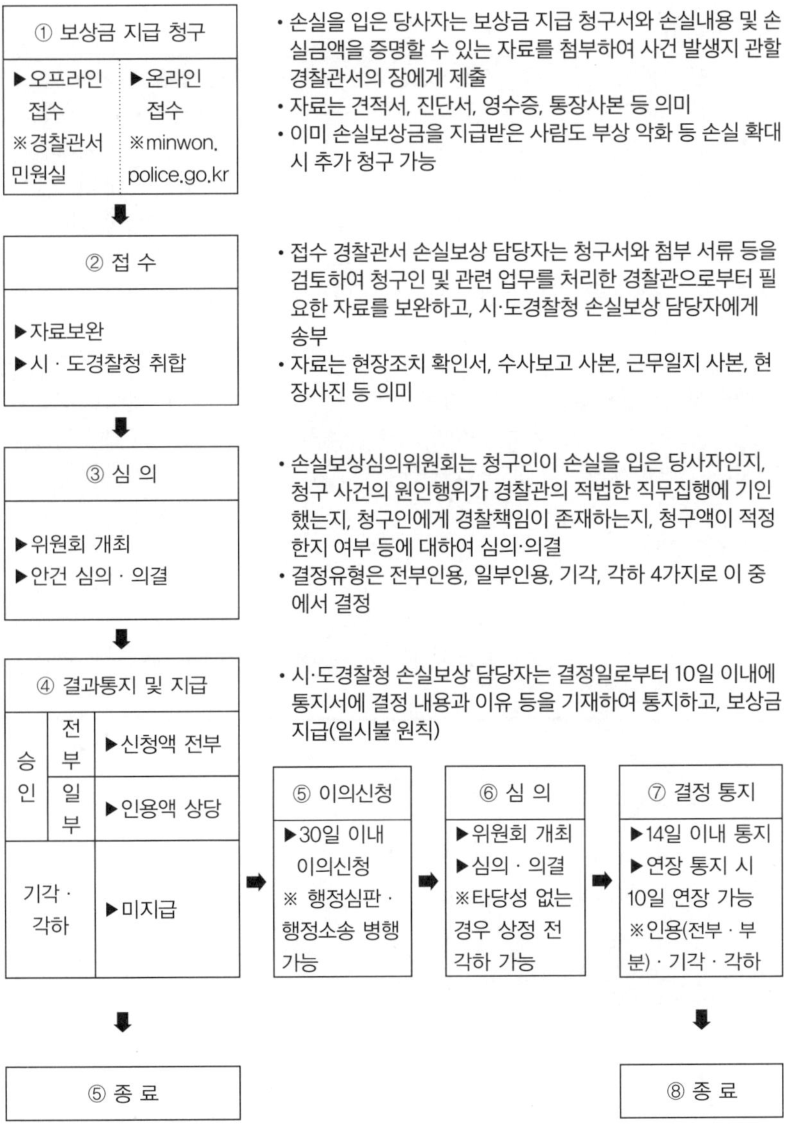

① 보상금 지급 청구	
▶오프라인 접수 ※경찰관서 민원실	▶온라인 접수 ※minwon. police.go.kr

- 손실을 입은 당사자는 보상금 지급 청구서와 손실내용 및 손실금액을 증명할 수 있는 자료를 첨부하여 사건 발생지 관할 경찰관서의 장에게 제출
- 자료는 견적서, 진단서, 영수증, 통장사본 등 의미
- 이미 손실보상금을 지급받은 사람도 부상 악화 등 손실 확대 시 추가 청구 가능

② 접 수

▶자료보완
▶시·도경찰청 취합

- 접수 경찰관서 손실보상 담당자는 청구서와 첨부 서류 등을 검토하여 청구인 및 관련 업무를 처리한 경찰관으로부터 필요한 자료를 보완하고, 시·도경찰청 손실보상 담당자에게 송부
- 자료는 현장조치 확인서, 수사보고 사본, 근무일지 사본, 현장사진 등 의미

③ 심 의

▶위원회 개최
▶안건 심의·의결

- 손실보상심의위원회는 청구인이 손실을 입은 당사자인지, 청구 사건의 원인행위가 경찰관의 적법한 직무집행에 기인했는지, 청구인에게 경찰책임이 존재하는지, 청구액이 적정한지 여부 등에 대하여 심의·의결
- 결정유형은 전부인용, 일부인용, 기각, 각하 4가지로 이 중에서 결정

④ 결과통지 및 지급

승인	전부	▶신청액 전부
	일부	▶인용액 상당
기각·각하		▶미지급

- 시·도경찰청 손실보상 담당자는 결정일로부터 10일 이내에 통지서에 결정 내용과 이유 등을 기재하여 통지하고, 보상금 지급(일시불 원칙)

⑤ 이의신청	⑥ 심 의	⑦ 결정 통지
▶30일 이내 이의신청 ※ 행정심판· 행정소송 병행 가능	▶위원회 개최 ▶심의·의결 ※타당성 없는 경우 상정 전 각하 가능	▶14일 이내 통지 ▶연장 통지 시 10일 연장 가능 ※인용(전부·부 분)·기각·각하

⑤ 종 료

⑧ 종 료

[그림 2] 경찰손실보상 처리절차 흐름도[93]

---

93) 경찰청 자료를 참조하여 수정·보완하였다.

실무 Tip

경찰손실보상은 생명·신체 또는 재산상의 손실을 입은 국민(청구인)이 청구해야 하는바, 따라서 청구인이 손실보상금 지급 청구서, 물건 수리비 영수증(견적서), 기타 증빙자료를 직접 제출해야 한다. 그리고 경찰손실보상제도는 경찰관의 적법한 직무집행을 전제로 하는 것이므로, 현장경찰관은 현장조치 확인서, 현장 사진, 기타 증빙자료를 준비해야 하는데, 손실보상 결정이 대부분 현장경찰관의 의견과 증빙자료에 따라 좌우되는 만큼 충실히 준비하는 것이 필요하다. 경찰손실보상의 청구는 서면신청과 인터넷신청 모두 가능하다.

1. 필수 서류
현장경찰관이 준비할 서류에는 현장조치 확인서, 현장사진(영상 등 증빙자료) 등이 있고, 청구인이 준비할 서류에는 보상금 지급청구서(서면뿐만 아니라 인터넷으로도 신청이 가능하다), 수리비 영수증(또는 견적서) 등이 있다.

2. 기타 서류
현장경찰관이 준비할 서류에는 112 출동보고서, 수사보고서 등 기타 손실을 입었음을 증빙하는 자료 등이며, 청구인이 준비할 서류에는 부동산 등기부(소유관계 증빙 필요시), 통장사본, 신분증 사본(영수증을 첨부하지 않았을 경우에는 수리비를 확인할 수 있는 기타 서류) 등이 있다.

한편 경찰손실보상을 청구할 수 있는 권리는 손실이 있음을 안 날부터 3년, 손실이 발생한 날부터 5년간 행사하지 아니하면 시효의 완성으로 소멸한다(동법 제11조의2 제2항).

3. 손실보상청구서의 접수 및 이송

동법 시행령 제10조 제1항에 따라 보상금 지급 청구서를 받은 국가경찰관서의 장은 해당 청구서를 동법 시행령 제11조 제1항에 따른 손실보상청구 사건을 심의할 손실보상심의위원회가 설치된 경찰청, 해양경찰청, 시·도경찰청 및 지방해양경찰청의 장(이하 "경찰청장 등"이라 한다)에게 보내야 한다(동법 시행령 제10조 제2항).

4. 손실보상심의위원회의 심의 및 결정

동법 시행령 제10조 제2항에 따라 보상금 지급 청구서를 받은 경찰청장 등은 손실보상심의위원회의 심의·의결에 따라 보상 여부 및 보상금액을 결정하되, ① 청구인이 같은 청구 원인으로 보상신청을 하여 보상금 지급 여부에 대하여 결정을 받은 경우(다만, 기각 결정을 받은 청구인이 손실을 증명할 수 있는 새로운 증거가 발견되었음을 소명(疎明)하는 경우는 제외한다), ② 손실보상 청구가 요건과 절차를 갖추지 못한 경우(다만, 그 잘못된 부분을 시정할 수 있는 경우는 제외한다) 중 어느 하나에 해당하는 경우에는 그 청구를 각하하는 결정을 하여야 한다(동법 시행령 제10조 제3항).

5. 손실보상심의결과의 통지 및 보상금의 지급

(1) 손실보상심의결과의 통지

경찰청장 등은 동법 시행령 제10조 제3항에 따른 결정일부터 10일 이내에 ① 보상금을 지급하기로 결정한 경우에는 별지 제5호서식의 보상금 지급 청구 승인 통지서, 또는 ② 보상금 지급 청구를 각하하거나 보상금을 지급하지 아니하기로 결정한 경우에는 별지 제6호서식의 보상금 지급 청구 기각·각하 통지서의 구분에 따른 통지서에 결정 내용을 적어서 청구인에게 통지하여야 한다(동법 시행령 제10조 제4항).

(2) 보상금의 지급

보상금은 다른 법률에 특별한 규정이 있는 경우를 제외하고는 현금으로 지급하여야 한다(동법 시행령 제10조 제5항). 보상금은 일시불로 지급하되, 예산 부족 등의 사유로 일시금으로 지급할 수 없는 특별한 사정이 있는 경우에는 청구인의 동의를 받아 분할하여 지급할 수 있다(동법 시행령 제10조 제6항).

보상금을 지급받은 사람은 보상금을 지급받은 원인과 동일한 원인으로 인한 부상이 악화되거나 새로 발견되어 ① 별표 제2호에 따른 부상등급이 변경된 경우(부상등급 외의 부상에서 제1급부터 제8급까지의 등급으로 변경된 경우를 포함한다), ② 별표 제2호에 따른 부상등급 외의 부상에 대해 부상등급의 변경은 없으나 보상금의 추가 지급이 필요한 경우 중 어느 하나에 해당하는 경우에는 보상금의 추가 지급을 청구할 수 있다. 이 경우 보상금 지급 청구, 보상금액 결정, 보상금 지급 결정에 대한 통지, 보상금 지급 방법 등에 관하여는 동법 시행령 제10조 제1항부터 동법 시행령 제10조 제6항까지의 규정을 준용한다(동법 시행령 제10조 제7항).

동법 시행령 제10조 제1항부터 법 시행령 제10조 제7항까지에서 규정한 사항 외에 손실보상의 청구 및 지급에 필요한 사항은 경찰청장 또는 해양경찰청장이 정한다(동법 시행령 제10조 제8항).

6. 이의신청

행정청의 처분에 대한 이의신청 절차가 규정된 「행정기본법」 제36조(처분에 대한 이의신청)가 2023년 3월 24일부터 시행됨에 따라 경찰손실보상제도에도 이의신청절차가 적용된다.

즉, 행정청의 처분(「행정심판법」 제3조에 따라 같은 법에 따른 행정심판의 대상이 되는 처분을 말한다. 이하 이 조에서 같다)에 이의가 있는 당사자는 처분을 받은 날부터 30일 이내에 해당 행정청에 이의신청을 할 수 있으며(동법 제36조 제1항), 행정청은 제1항에 따른 이의신청을 받으면 그 신청을 받은 날부터 14일 이내에 그 이의신청에 대한 결과를 신청인에게 통지하여야 한다. 다만, 부득이한 사유로 14일 이내에 통지할 수 없는 경우에는 그 기간을 만료일 다음 날부터 기산하여 10일의 범위에서 한 차례 연장할 수 있으며, 연장 사유를 신청인에게 통지하여야 한다(동조 제2항).

동조 제1항에 따라 이의신청을 한 경우에도 이의신청과 관계없이 「행정심판법」에 따른 행정심판 또는 「행정소송법」에 따른 행정소송을 제기할 수 있는바(동조 제3항), 이의신청에 대한 결과를 통지받은 후 행정심판 또는 행정소송을 제기하려는 자는 그 결과를 통지받은 날(제2항에 따른 통지기간 내에 결과를 통지받지 못한 경우에는 같은 항에 따른 통지기간이 만료되는 날의 다음 날을 말한다)부터 90일 이내에 행정심판 또는 행정소송을 제기할 수 있다(동조 제4항).

다른 법률에서 이의신청과 이에 준하는 절차에 대하여 정하고 있는 경우에도 그 법률에서 규정하지 아니한 사항에 관하여는 동조에서 정하는 바에 따른다(동조 제5항).

동조 제1항부터 제5항까지에서 규정한 사항 외에 이의신청의 방법 및 절차 등에 관한 사항은 대통령령으로 정한다(동조 제6항). 이에 따라 동법 시행령에서 세부적으로 규정하고 있는바, 이의신청을 하려는 자는 ① 신청인의 성명·생년월일·주소(신청인이 법인이나 단체인 경우에는 그 명칭, 주사무소의 소재지와 그 대표자의 성명)와 연락처, ② 이의신청 대상이 되는 처분의 내용과 처분을 받은 날, ③이의신청 이유 등 사항을 적은 문서를 해당 행정청에 제출해야 한다(법 시행령 제11조 제1항). 행정청은 법 제36조 제2항 단서에 따라 이의신청 결과의 통지 기간을 연장하려는 경우에는 연장 통지서에 연장 사유와 연장 기간 등을 구체적으로 적어야 한다(동조 제2항). 행정청은 법 제36조에 따른 이의신청에 대한 접수 및 처리 상황을 이의신청 처리대장에 기록하고 유지해야 한다(동조 제3항). 법제처장은 이의신청 제도의 개선을 위하여 필요한 경우에는 행정청에 이의신청 처리 상황 등 이의신청 제도의 운영 현황을 점검하는 데 필요한 자료의 제공을 요청할 수 있다(동조 제4항).

7. 보상금의 환수

경찰청장 또는 시·도경찰청장은 「경찰관 직무집행법」 제11조의2 제3항의 손실보상심의위원회의 심의·의결에 따라 보상금을 지급하고, 거짓 또는 부정한 방법으로 보상금을 받은 사람에 대하여는 해당 보상금을 환수하여야 한다(동법 제11조의2 제4항). 경찰청장 또는 시·도경찰청장은 법 제11조의2 제4항에 따라 보상금을 환수하려는 경우에는 위원회의 심의·의결에 따라 환수 여부 및 환수금액을 결정하고, 거짓 또는 부정한 방법으로 보상금을 받은 사람에게 ① 환수사유, ② 환수금액, ③ 납부기한, ④ 납부기관을 서면으로 통지해야 한다(동법 시행령 제17조의2 제1항).

경찰청장 또는 시·도경찰청장은 동법 제11조의2 제4항에 따라 보상금을 반환하여야 할 사람이 대통령령으로 정한 기한까지 그 금액을 납부하지 아니한 때에는 국세 체납처분의 예에 따라 징수할 수 있다(동법 제11조의2 제6항). 여기에서 "대통령령으로 정한 기한"이란 법 시행령 제17조의2 제1항에 따른 통지일부터 40일 이내의 범위에서 경찰청장 또는 시·도경찰청장이 정하는 기한을 말한다(동법 시행령 제17조의2 제2항).

그 밖에 법 시행령 제17조의2 제1항 및 제2항에서 규정한 사항 외에 보상금 환수절차에 관하여 필요한 사항은 경찰청장이 정한다(동법 시행령 제17조의2 제3항).

8. 국가경찰위원회에 보고 등

보상금이 지급된 경우 손실보상심의위원회는 대통령령으로 정하는 바에 따라 국가경찰위원회에 심사자료와 결과를 보고하여야 한다(동법 제11조의2 제5항 전문). 이에 따라 위원회(경찰청 및 시·도경찰청에 설치된 위원회만 해당한다. 이하 이 조에서 같다)는 보상금 지급과 관련된 심사자료와 결과를 반기별로 국가경찰위원회에 보고해야 한다(동법 시행령 제17조의3 제1항).

한편, 손실보상심의위원회가 국가경찰위원회에 보고하는 경우 국가경찰위원회는 손실보상의 적법성 및 적정성 확인을 위하여 필요한 자료의 제출을 요구할 수 있다(동법 제11조의2 제5항 후문). 그리고 국가경찰위원회는 필요하다고 인정하는 때에는 수시로 보상금 지급과 관련된 심사자료와 결과에 대한 보고를 위원회에 요청할 수 있다. 이 경우 위원회는 그 요청에 따라야 한다(동법 시행령 제17조의3 제2항).

제 3 장

경찰손실보상 심의사례 분석

제1절

경찰손실보상의
운영 현황

　본 장은 경찰손실보상심의위원회에서 실제 다루어졌던 사건에 대한 경찰손실보상심의위원회의 결정례를 분석하여, 다음과 같은 유의미한 결론을 도출하는 것을 목적으로 한다. 우선 경찰손실보상심의위원회의 결정례에 대한 분석은 경찰작용으로 손실을 입은 국민들로 하여금 자신이 경찰손실보상을 받을 수 있는 가능성 여부를 예측할 수 있도록 해주는 의미를 갖는다. 또한 경찰손실보상심의위원회의 결정례에 대한 분석을 행함에 있어서는 동 위원회의 결정들이 과연 경찰법 이론에 비추어 볼 때 타당한 것인지를 판단하게 되는데, 이는 부당한 결정을 시정하여 앞으로 그러한 부당한 결정이 행해지는 것을 미연에 방지하는 측면을 갖는다. 그리고 이러한 과정을 통하여 경찰손실보상 결정에 적용되어야 할 통일적 기준을 정립할 수 있게 될 것이다.

　본 장에서 행하는 경찰손실보상심의위원회의 결정례에 대한 분석이 전술한 바와 같은 의미를 갖기 위하여서는 경찰손실보상사건의 추이, 인용 및 기각률, 기각이유 및 손실보상금액 등에 대한 분석이 필연적으로 요구된다. 따라서 제2절 이하에서 경찰손실보상심의위원회의 결정례에 대한 체계적 분석에 앞서 경찰손실보상제도가 도입된 이후 지금까지의 경찰손실보상제도가 어떻게 운영되었는지에 관한 현황을 관련자료를 토대로 알아보도록 하겠다.

I. 2019년까지의 경찰손실보상 운영 현황

경찰관의 적법한 직무집행으로 인하여 발생한 손실을 보상받으려는 사람은 보상금 지급 청구서에 손실내용과 손실금액을 증명할 수 있는 서류를 첨부하여 손실보상청구 사건 발생지를 관할하는 국가경찰관서의 장94)에게 제출하여야 하며, 보상금 지급 청구서를 받은 국가경찰관서의 장은 해당 청구서를 손실보상청구 사건을 심의할 손실보상심의위원회가 설치된 경찰청, 해양경찰청, 시·도경찰청 및 지방해양경찰청의 장(이하 "경찰청장 등"이라 한다)에게 보내야 한다. 그리고 보상금 지급 청구서를 받은 경찰청장 등은 손실보상심의위원회의 심의·의결에 따라 보상 여부 및 보상금액을 결정하게 되는바, 이는 경찰손실보상에 있어 실질적으로 주된 역할을 담당하는 기관은 손실보상심의위원회라는 것을 의미한다. 따라서 경찰손실보상 심의사례 분석에 앞서 경찰손실보상제도가 실시된 이후 지금까지 손실보상심의위원회가 어떻게 운영되어 왔는지를 살펴볼 필요가 있다. 특히 인용/기각비율 및 지급액은 경찰손실보상제도가 적법한 경찰작용으로 손실을 입은 국민에게 얼마나 실효성 있는 권리구제제도로 기능하고 있는지를 판단하는 중요한 지표가 된다는 점에서 중요한 의미를 갖는다. 그러나 경찰손실보상제도의 시행 초기에는 이들 지표의 중요성에 대한 인식부족으로 인하여 총합적인 통계자료는 작성되지 않은 듯하며, 단편적인 통계만이 존재할 뿐인데, 예컨대, 2014년부터 2019년까지의 연도별, 시·도경찰청별 손실보상처리현황(표 1 참조) 및 지방청별 기각 등에 관한 자료95)가 그에 해당한다.

---

94) 여기서의 국가경찰관서에는 경찰청, 시·도경찰청 및 경찰서가 해당된다.
95) 이들 단편적인 자료는 그에 대한 분석 등을 통하여 유의미한 자료로 재구성하였으며, 그러한 자료는 이하의 표 2부터 표 5를 통하여 확인할 수 있다.

1. 시·도경찰청별 손실보상 처리 현황(2014~2019)

경찰손실보상의 건수, 인용률, 기각원인, 보상금액에 대한 자료가 전국적으로 체계적으로 작성되기 시작한 것은 2020년 상반기부터로 보여진다. 공저자들이 이러한 생각을 갖게 된 것은 수년간에 걸쳐 여러 루트를 통하여 경찰손실보상에 관한 자료를 수집하는 노력을 기울였음에도 불구하고 확보할 수 있었던 2019년 이전의 경찰손실보상 관련자료가 사실상 극히 한정적이고 단편적인 자료밖에 없었기 때문이다. 그런 상황하에서 일단 단편적 자료를 분석하여 경찰손실보상제도가 시행되기 시작한 2014년부터 2019년까지의 경찰손실보상 처리현황 전체를 조감해 볼 수 있도록 "연도별 시·도경찰청별 손실보상 처리현황"에 대한 자료를 만들어 보았다(표 1 참조). 다만 표 1은 손실보상 처리건수만 보여 주고 있을 뿐, 인용률과 기각원인 그리고 보상금액과 같이 경찰손실보상의 처리현황을 분석하는 데 유용한 지표 등에 관한 자료를 제시하지는 못하고 있는데, 이는 기초자료가 워낙 많지 않았던 것에 기인한다. 그러나 표 1은 그것만으로도 다음과 같은 결과를 확인하게 해 주는 의미를 갖는다.

(1) 경찰손실보상제도는 2014. 4. 6.부터 본격적으로 시행되었는바, 시행 초기부터 2015년 말까지 1년 9개월 동안 경찰손실보상청구는 343건에 불과했다. 그리고 그 가장 큰 이유는 역시 경찰손실보상제도의 도입에 대한 홍보 부족 등으로 인하여 국민들이 경찰손실보상제도라는 권리구제수단을 적극적으로 활용하지 못한 것에서 찾을 수 있다.

(2) 경찰손실보상제도 시행 3년째를 맞이한 2016년에도 경찰손실보상청구 사건은 그리 늘어나지 않았다. 그리고 2017년부터 2년 동안은 오히려 경찰손실보상 청구가 다소 감소하는 현상을 보이기도 하는데, 그 원인은 설명이 불가한 상황이다. 한편 2019년에는 경찰손실보상청구가 384건으로 급증하는바, 이는 2018. 12. 24.의 법개정으로 인해 손실보상의 범위가 재산뿐만 아니라 생명·신체까지 확대된 것과

밀접한 관련이 있는 것으로 판단된다.

(3) 한편 경찰손실보상청구 사건을 지역별로 분석하여 보면 서울
청과 경기남부청이 청구건수가 많으며, 그다음으로 인천청과 부산청
에서 청구건수가 많은 것을 볼 수 있다. 이에 대해서는 해당 지역의 주
민들의 권리보호 의식이 강한 측면이 반영된 것이라는 분석이 가능
하지만, 주민의 권리보호 의식의 강도에서만 그 이유를 찾는 것은 문
제가 있다고 사료된다. 왜냐하면 서울, 경기, 인천, 부산 등은 인구 집
중지역으로서 경찰손실보상이 문제되는 사건 자체의 발생빈도가 높
을 수밖에 없는 면이 있기 때문이다. 한편 비슷한 인구를 가진 곳임에
도 불구하고 경찰손실보상청구 사건의 수에 차이가 보이는 경우가 있
는데, 이는 해당 경찰청의 경찰손실보상제도에 대한 홍보 정도와 그에
따른 지역 주민들의 관심 정도에서 그 이유를 찾을 수 있을 것 같다.

[표 1] 연도별 시 · 도경찰청별 손실보상 처리 현황

구 분	건수				
	2019	2018	2017	2016	'14.4.6. ~'15.12.31.
서울청	60	52	48	55	57
부산청	26	37	28	21	26
대구청	17	12	16	10	8
인천청	47	37	29	30	39
광주청	6	11	9	3	8
대전청	8	13	6	10	14
울산청	15	10	7	16	9
경기남부청	79	49	56	84	111
경기북부청	30	13	16	13	
강원청	7	5	2	5	6
충북청	12	10	9	9	4
충남청	14	4	5	5	7

전북청	12	8	7	9	9
전남청	10	6	3	4	17
경북청	17	14	8	13	12
경남청	11	9	12	15	15
제주청	13	3	–	3	1
합 계	384	293	261	305	343

2. 경찰손실보상 기각 원인

경찰손실보상과 관련하여 가장 중요한 문제는 경찰의 직무집행과 정에서 손실이 발생하였음을 이유로 경찰손실보상을 청구한 국민에게 현실적으로 손실보상이 행해졌는지 여부, 청구인의 손실보상청구가 받아들였는지 여부(인용 또는 기각)이다. 그리고 이와 관련하여 받아들여지지 않은 경우에(기각된 경우에) 받아들이지 않은 이유가 무엇인지(기각원인)가 중요하다. 그런데 이에 관한 자료는 여러 가지 형태로 산재해 있어서 그들 자료를 나열하는 것 자체가 불가능할 뿐만 아니라, 그것만으로는 그 의미를 이해하기 어려운 면이 있다. 따라서 여러 형태로 존재하는 자료를 종합하여 2016년부터 2019년까지 4개 년간 지방청별 기각 등 원인 분석을 행하였는바(표 2부터 표 5 참조), 이를 통하여 경찰손실보상심의회에서 경찰손실보상청구를 기각한 이유 등을 일목요연하게 알아볼 수 있을 것이다. 왜냐하면 손실보상청구 기각의 원인의 주요 사유가 그 자료를 통해 분명히 드러나고 있기 때문이다. 그에 따르면 손실보상청구의 기각 원인 중 거의 대부분은 경찰손실보상의 청구인이 손실발생의 원인에 대해 책임이 있거나 청구인적격을 갖지 못한 것이었다. 그리고 그 밖의 기각 원인으로 주목을 요하는 것으로는 인과관계의 부존재, 경찰의 적법한 직무집행이라고 볼 수 없는 경우 등을 들 수 있다.

[표 2] 2016년 지방청별 기각 등 원인 분석

지방청	기각 등 건수	기각 원인
서울청	기각 12	손실보상 청구인에게 손실 발생의 원인에 대해 책임이 있는 경우: 7 경찰관의 적법한 직무행위와 손실발생 사이에 인과관계가 부정된 경우 + 청구인적격이 없는 경우: 1 경찰관의 적법한 직무행위와 재산상 손실 발생 사이에 인과관계가 부정된 경우: 1 인과관계 소명 부족: 2 재산상 손실발생의 소명자료 없음: 1
부산청	기각 1	경찰관의 적법한 직무행위와 재산상 손실 발생 사이에 인과관계가 부정된 경우: 1
대구청	–	
인천청	기각 3	손실보상 청구인에게 손실 발생의 원인에 대해 책임이 있는 경우: 3
광주청	–	
대전청	기각 1	재산상 손실발생의 소명자료 없음: 1
울산청	기각 1	손실보상 청구인에게 손실 발생의 원인에 대해 책임이 있는 경우: 1
경기남부청	기각 1	청구인적격이 없는 경우(열쇠업자의 청구인 부적격으로 기각, 경찰관이 열쇠업자에게 출장비를 우선 지불한 경우임): 1
경기북부청	기각 3, 각하 1	청구인적격이 없는 경우(경기북부청 제1차 심의위원회 당시, 청구인으로부터 귀책사유가 없다는 소명자료 제출 받아 관련 규정 재검토하여 재심의키로 한 사안으로, 청구인이 제출할 소명자료가 없다며 청구취하서 제출하고, 위원들 이견 없어 각하 처리): 1 경찰관의 적법한 직무행위와 재산상 손실 발생 사이에 인과관계가 부정된 경우: 2 청구인적격이 없는 경우(손실보상 청구인과 가족관계에 있는 자의 귀책사유 인정): 1
강원청	–	
충북청	기각 2	손실보상 청구인에게 손실 발생의 원인에 대해 책임이 있는 경우: 1 경찰관의 적법한 직무행위와 재산상 손실 발생 사이에 인과관계가 부정된 경우: 1

제1절 경찰손실보상의 운영 현황   171

충남청	기각 2	손실보상 청구인에게 손실 발생의 원인에 대해 책임이 있는 경우: 2
전북청	–	
전남청	기각 1	손실보상 청구인에게 손실 발생의 원인에 대해 책임이 있는 경우: 1
경북청	–	
경남청	기각 1	손실보상 청구인에게 손실 발생의 원인에 대해 책임이 있는 경우: 1
제주청	기각 1	손실보상 청구인에게 손실 발생의 원인에 대해 책임이 있는 경우: 1
총 계	30	

[표 3] 2017년 지방청별 기각 등 원인 분석

지방청	기각 등 건수	기각 원인
서울청	기각 11	손실보상 청구인에게 손실 발생의 원인에 대해 책임이 있는 경우: 1 경찰관의 적법한 직무행위와 재산상 손실 발생 사이에 인과관계가 부정된 경우: 2 재산상 손실 불발생(가해자 배상 포함): 2
부산청	기각 3	재산상 손실 불발생 및 인과관계 없음: 2 재산상 손실 불발생(위자료는 보상대상 아님 – 국가배상청구 사안): 1
대구청	기각 1	손실보상 청구인에게 손실 발생의 원인에 대해 책임이 있는 경우: 1
인천청	기각 6, 보류 1	청구인적격이 없는 경우(신고자가 술에 취해 착각하고 신고): 1 청구인적격이 없는 경우(청구인 아동복지법위반 기소송치): 1 손실보상 청구인에게 손실 발생의 원인에 대해 책임이 있는 경우: 4 청구금액의 적정성 등 확인을 위해 재심의 결정(보류): 1
광주청	기각 1	손실보상 청구인에게 손실 발생의 원인에 대해 책임이 있는 경우: 1

대전청	–	
울산청	–	
경기남부청	기각 1	경찰의 적법한 직무집행이라고 볼 수 없는 경우(경찰의 소관 사무가 아님): 1
경기북부청	기각 2	인과관계 불인정(청구인 차량을 파손한 주체는 도주차량임): 1 청구인 부적격(경찰관 개문 요구 불응 사례, 손실보상 청구인에게 손실 발생의 원인에 대해 책임이 있는 경우임): 1
강원청	기각 1	경찰의 적법한 직무집행이라고 볼 수 없는 경우(경찰관의 과실이 인정되어 국가배상 청구요건임: 1
충북청	기각 1	경찰관의 적법한 직무행위와 재산상 손실 발생 사이에 인과관계가 부정된 경우: 1
충남청	–	
전북청	–	
전남청	기각 1	손실보상 청구인에게 손실 발생의 원인에 대해 책임이 있는 경우: 1
경북청	보류 1	청구인 차량 수리 영수증 등 견적서 제출 미비로 추후 증빙 서류 제출 받아 재심사 예정(보류): 1
경남청	보류 2	경찰차량 단체보험에 음주단속 피단속차량운전사고 특약보험 요건에 해당하여 접수 처리중으로, 보험처리 결과 이후 재심의 예정(보류): 2
제주청	–	
총 계	32	

[표 4] 2018년 지방청별 기각 등 원인 분석

지방청	기각 등 건수	기각 원인
서울청	기각 8, 보류 2	경찰의 적법한 직무집행이라고 볼 수 없는 경우(경찰의 직무집행 범위가 아님): 1 손실보상 청구인에게 손실 발생의 원인에 대해 책임이 있는 경우: 6 인과관계 입증자료 없음: 1 추가조사 필요 보류: 2

부산청	기각 1	손실보상 청구인에게 손실 발생의 원인에 대해 책임이 있는 경우: 1
대구청	보류 1	인과관계 재조사 필요 보류: 1
인천청	–	
광주청	–	
대전청	–	
울산청	–	
경기남부청	기각 2	인과관계의 부존재 + 청구인적격 유무 불분명: 1 안내표지판 세우는 행위를 경찰력 행사로 보기 어려움: 1
경기북부청	기각 1, 각하 1	※ 사유 미기재로 확인 불가
강원청	–	
충북청	기각 4	손실보상 청구인에게 손실 발생의 원인에 대해 책임이 있는 경우: 3 국가배상법상 영조물 책임으로 다루어야 할 사안으로 손실보상 청구대상과 거리가 멀음: 1
충남청	기각 1	청구인적격이 없는 경우(손실보상 청구인은 사건 피해자이며, 당구장 시설은 피의자 소유여서 청구인에게 재산상 손실이 발생하였다고 보기 어려움): 1
전북청	기각 1	청구인이 스스로 현장표식, 사진촬영 등의 행위 후 차량을 이동주차하여 교통방해를 방지할 수 있었음에도 불구하고 미조치한 책임이 있으며 설사 자신의 책임에 상응하는 정도를 초과하는 재산상 손실을 입은 경우라도 스프레이 분사로 인한 오염은 약품으로 쉽게 지울 수 있고 오염복구로 인한 휠과 타이어의 외형 및 기능상 영향이 없음: 1
전남청	기각 1	손실보상 청구인에게 손실 발생의 원인에 대해 책임이 있는 경우: 1
경북청	기각 1, 각하 1	청구인적격이 없는 경우: 1 청구인의 손실과 경찰관의 직무집행 간의 인과관계가 불분명하고, 손실보상금 산정 근거가 없으며 재산상 손실 외 신체 및 정신적 피해에 대한 손실청구로 각하: 1
경남청	–	
제주청	–	
총 계	25	

[표 5] 2019년 지방청별 기각 등 원인 분석

지방청	기각 등 건수	기각 원인
서울청	기각 9, 보류 3	손실보상 청구인에게 손실 발생의 원인에 대해 책임이 있는 경우: 8 입증자료 미제출: 1 검거보상비 지급으로 보류: 2 추가사실 확인차 보류: 1
부산청	–	
대구청	–	
인천청	기각 3, 재심의 4	손실보상 청구인에게 손실 발생의 원인에 대해 책임이 있는 경우: 3 * 재심의 사유 – 소요비용 추가논의: 2 　　　　　　　　재심의 이유 미기재: 2
광주청	기각 1	손실보상 청구인에게 손실 발생의 원인에 대해 책임이 있는 경우: 1
대전청	–	
울산청	–	
경기남부청	각하 1	청구 취하
경기북부청	기각 1, 각하 1, 보류 2	경찰관의 적법한 직무행위와 재산상 손실 발생 사이에 인과관계가 부정된 경우: 1 청구인적격이 없는 경우: 1 청구인적격 조사 필요 보류: 1 주범 검거시까지 결정 보류: 1
강원청	–	
충북청	–	
충남청	기각 2	손실보상 청구인에게 손실 발생의 원인에 대해 책임이 있는 경우: 2
전북청	–	
전남청	–	
경북청	–	
경남청	기각 3, 각하 1	손실보상 청구인에게 손실 발생의 원인에 대해 책임이 있는 경우: 2 경찰관의 적법한 직무행위와 재산상 손실 발생 사이에 인과관계가 부정된 경우: 1 시행령 이전 신체손상으로 형식적 요건 미비: 1

제주청	-	
총 계	31	

II. 최근 3년간의 경찰손실보상의 운영 현황

전술한 바와 같이 2020년부터는 경찰손실보상에 관한 통계자료의
중요성에 대한 인식이 제고되면서 그 자체로 유의미한 통계자료가 작
성되기 시작하였다. 이에 본서에서는 2020년부터 2022년까지의 3년간
의 통계자료를 토대로 경찰손실보상청구의 건수, 인용/기각 비율, 기
각원인, 지급액 등에 대한 분석을 해 보도록 하겠다.

1. 2020년 상반기 손실보상 운영 현황

2020년 상반기에 손실보상심의회의 심의를 거친 사건은 모두 190
건이었는데, 이 가운데 손실보상청구가 인용된 것은 (일부인용포함) 모
두 170건으로 인용률은 89.5%이었다. 한편 보상금액은 71,861,707원
으로, 전년 동 기간 대비 487만 원(7%) 상승하였다.[96]

심의 결과	구분	심의	인용		기각 등 (보류 포함)	보상 금액(원)
			전부	일부		
총 계	재 산	181건	152건	12건	17건	64,498,117원
	생명 · 신체	9건	5건	1건	3건	7,363,590원
	합 계	190건	157건	13건	20건	71,861,707원

---

96) 국민들의 경찰손실보상에 대한 관심도 증가 등을 고려하여 전년도 대비 손실보
   상 예산을 100% 증액하여 4억 원을 계상하였는바, 2020년 상반기의 경우 손실
   보상액의 증가는 7% 수준에 머무르고 있었다.

2020년 상반기의 심의건수는 전년 동 기간(2019. 1. 1. ~ 6. 30.) 대비 17% 상승하였는데, 그 원인은 생명·신체상 손실보상이 보상대상에 포함되면서 보상 범위가 확대된 점 및 보상제도가 보다 많이 홍보된 점 등에서 찾을 수 있다. 한편 심의건수가 17% 증가한 것에 비해 기각 건수가 53%의 증가세를 나타낸 것은 주목을 요하는데, 그 원인으로는 보상 여부에 대한 가이드라인 하달 등으로 인해 각 손실보상 심의위원회가 보다 신중하고 엄격하게 심의·의결한 것이 지적되고 있다.

	심의	인용	기각	보상액
'19년 상반기	162건	149건	13건	66,988,303원
'20년 상반기	190건	170건	20건	71,861,707원
추이	↑17%	↑14%	↑53%	↑7%

손실보상청구가 인용된 170건을 손실발생 원인별로 분석하여 보면 출입문 강제개문과 관련된 것이 123건으로 압도적으로 많았으며, 차량 관련 손실이 19건으로 그다음 순위를 차지했다. 그 밖에 열쇠업자 등 출장비(파손이 아닌 개방을 위한 긴급 처리), 화재 초동진압 중 비산된 소화기 분말에 식당이 오염되어 발생한 청소비용 등에 대한 손실보상이 이루어진 경우도 있으며, 재산상 손실이 아닌 생명·신체상 손실에 대한 보상이 인용된 사례 또한 6건에 이르고 있다.

손실 발생 원인별	재산상 손실						생명·신체상 손실	합계 (건)
	물건 파손					기타 손실		
	출입문	차량	휴대폰	디지털 물품	그 외 물건			
총 계	123건	19건	1건	3건	10건	8건	6건	170건

한편 손실보상청구가 인용되지 않은 원인 중 대부분은 '청구인이 손실발생 원인에 대한 책임이 있는 경우'였으며, 청구인적격이 문제된 경우도 있었다. 그 밖에 추후 사실관계 확인 및 입증자료 보완을 위해 결정이 보류된 경우, 경찰관의 직무집행 없이 사인이 현행범인체포 과정에서 입은 부상비용을 청구한 경우 등에 있어 손실보상청구가 받아들여지지 않았다.

기각 원인별	구분	청구인 원인책임	청구인 적격없음	자료 미제출	기타	합계 (건)
총 계	재 산	11건	1건	–	5건	17건
	생명·신체	1건	–	–	2건	3건
	합 계	12건	1건	–	7건	20건

2. 2020년 하반기 손실보상 운영 현황

2020년 하반기에 손실보상심의회의 심의를 거친 사건은 모두 208건이었는데, 이 가운데 손실보상청구가 인용된 것은 (일부인용포함) 모두 181건으로 인용률은 87%이었다. 한편 보상금액은 7,580만여 원이었는데, 2019년 하반기 보상금액 자료가 없어 전년 동 기간 대비 보상금액의 증감 여부는 알아볼 수가 없다.[97]

---

97) 2019년 하반기에도 전년도 대비 손실보상 예산을 100% 증액하여 4억 원을 계상하였었다.

심의 결과	구분	심의	인용		기각 (보류 포함)	보상금액
			전부	일부		
총 계	재 산	200건	152건	24건	24건	73,075,314원
	생명 · 신체	8건	3건	2건	3건	2,811,020원
	합 계	208건	155건	26건	27건	75,886,334원

2020년 하반기의 심의건수는 전년 동 기간(2019. 7. 1. ~ 12. 31.) 대비 19% 감소하였는데, 경찰손실보상제도가 많이 홍보되었음에도 불구하고 심의건수가 감소하는 이례적 현상을 보인 것이 특이한 점이다. 심의건수가 감소한 것과 달리 기각건수가 68%나 증가하여, 기각건수의 증가율이 급증한 것 또한 주목을 요하는 면이 있다. 이러한 기각건수 증가 추세에 대해서는 국가경찰위원회의 전수조사와 보상 여부에 대한 경찰청의 가이드라인 하달 등으로 인해 각 손실보상 심의위원회가 보다 신중하고 엄격하게 심의·의결하는 기조를 계속해서 유지했기 때문이라고 본다.

	심의	인용	기각	보상액
'19년 하반기	257건	241건	16건	113,156,175원
'20년 하반기	208건	181건	27건	75,886,334원
증감률	19%↓	25%↓	68%↑	32%↓

손실보상청구가 인용된 181건을 손실발생 원인별로 분석하여 보면 상반기와 거의 비슷한 양상을 보였다. 즉, 출입문 강제개문과 관련된 것이 131건으로 여전히 대다수를 차지하고 있었으며, 차량 관련 손실이 16건으로 그다음 순위를 차지했다. 한편 디지털 물품과 관련된

사건이 6건으로 증가하였고, 범행 도구를 찾기 위하여 텃밭을 굴착하는 과정에서 발생한 재산상 손실에 대해 인용된 사례가 있었다. 재산상 손실이 아닌 생명·신체상 손실에 대한 보상이 인용된 사례는 5건으로 상반기와 거의 비슷한 수준이었다.[98]

손실 발생 원인별	재산						생명·신체	합계
	물건 파손					기타		
	출입문	차량	휴대폰	디지털 물품	그 외 물건			
총 계	131건	16건	1건	6건	19건	3건	5건	181건

　　한편 손실보상청구가 인용되지 않은 원인 중 대부분은 역시 '청구인이 손실발생 원인에 대한 책임이 있는 경우(전체 27건 중 16건, 59.3%)'이었으며, 청구인적격이 없는 것이 이유였던 경우가 2건 있었다. 그 밖에 심사 시 의견불일치로 보류되거나, 동일한 사건으로 이미 손실보상이 행해진 경우, 경찰관의 적법한 직무집행 자체가 존재하지 않는 경우 등에도 손실보상청구가 받아들여지지 않았다.

기각 원인별	구분	손실발생 원인책임자	청구인적격 없음	기타 (보류 포함)	합계
총 계	재산	15건	2건	7건	24건
	생명·신체	1건	–	2건	3건
	합 계	16건	2건	9건	27건

---

98) 「경찰관 직무집행법」에 생명·신체상 손실에 대한 보상규정이 도입되었음에도 불구하고, 생명·신체상 손실에 대한 보상이 인용된 사례가 많지 않은데, 이는 생명·신체상 손실에 대한 보상 청구 자체가 많지 않은 것에서 그 이유를 찾을 수 있다.

3. 2021년 상반기 손실보상 운영 현황

2021년 상반기에 손실보상심의회의 심의를 거친 사건은 모두 197건으로, 이 가운데 손실보상청구가 인용된 것은 (일부인용포함) 모두 167건으로 인용률은 84.8%이었다. 2020년에 이어 다시 한번 인용률이 낮아지면서, 처음으로 인용률이 85% 이하로 떨어지기에 이르렀다. 한편 보상금액은 7,460만 원이었는데, 2020년 상반기 대비 손실보상 인용건수는 170건에서 167건으로 줄어든 반면 손실보상 지급액은 7,186만 원에서 7,460만 원으로 소폭 증가하였다.

심의 결과	구분	심의	인용		기각 (보류 포함)	보상금액
			전부	일부		
총 계	재산	191건	141건	23건	27건	71,501,153원
	생명 · 신체	6건	2건	1건	3건	3,104,570원
	합 계	197건	143건	24건	30건	74,605,723원

20201년 상반기의 심의건수는 전년 동 기간(2020. 1. 1. ~ 6.30.) 대비 3% 감소하였는데, 기각건수는 근래의 추세가 그대로 반영되면서 50% 증가하였다.

	심의	인용	기각	보상액
'20년 상반기	190건	170건	20건	71,861,707원
'21년 상반기	197건	167건	30건	74,605,723원
증감률	3% ↑	2% ↓	50% ↑	3% ↑

손실보상청구가 인용된 167건을 손실발생 원인별로 분석하여 보

면 여전히 출입문 강제개문과 관련된 것이 121건으로 대다수를 차지하고 있었다. 특이한 사항은 종래 출입문 강제개문 다음으로 사건 수가 많았던 차량 관련 손실(8건)을 제치고 디지털 물품과 관련된 사건(10건)이 2위로 올라섰다는 것, 그리고 재산상 손실이 아닌 생명·신체상 손실에 대한 보상이 인용된 사례가 3건에 불과하다는 것이었다. 사건 경위 파악 과정에서 바닥 시공 중인 곳에 발자국을 남겨 재시공한 비용에 대한 손실보상청구가 인용된 사례도 있었다.

손실 발생 원인별	재산					기타	생명·신체	합계
	물건 파손							
	출입문	차량	휴대폰	디지털 물품	그 외 물건			
총 계	121건	8건	0건	10건	22건	3건	3건	167건

　　한편 손실보상청구가 인용되지 않은 원인 중 대부분은 여전히 '청구인이 손실발생 원인에 대한 책임이 있는 경우(전체 30건 중 21건, 70%)'이었으며, 청구인적격이 없는 것이 이유였던 경우가 4건 있었다. 그 밖에 경찰관의 적법한 직무집행 자체가 존재하지 않는 경우, 경찰의 직무집행과 발생한 손실 사이에 인과관계가 없는 것을 이유로 손실보상청구가 받아들여지지 않은 경우도 있었다.

기각 원인별	구분	손실발생 원인책임자	청구인적격 없음	기타 (보류 포함)	합계
총 계	재산	19건	4건	4건	27건
	생명·신체	2건	0건	1건	3건
	합 계	21건	4건	5건	30건

4. 2021년 하반기 손실보상 운영 현황

2021년 하반기에 손실보상심의회의 심의를 거친 사건은 모두 271
건으로, 이 가운데 손실보상청구가 인용된 것은 (일부인용포함) 모두
231건으로 인용률은 85.2%이었다. 인용률은 상반기와 거의 비슷한 수
준을 보였으며, 보상금액은 1억 3,431만 원으로 급증하였다.

| 심의 결과 | 구분 | 심의 | 인용 | | 기각
(보류 포함) | 보상금액 |
			전부	일부		
총 계	재산	263건	202건	21건	40건	123,500,498원
	생명·신체	8건	7건	1건	0건	10,819,100원
	합 계	271건	209건	22건	40건	134,319,598원

2021년 하반기의 손실보상 운영 현황에서 주목할 사항은 다음과
같다.

첫째, 2021년 하반기의 심의건수는 2020년 하반기 대비 (208건에
서 271건으로) 무려 30% 정도 증가하였는데, 경찰의 직무집행의 기조가
적극적 직무집행을 확대하는 방향으로 변화된 것을 그 주된 이유의 하
나로 들 수 있다. 물론 코로나 사태로 인하여 방역수칙 위반 단속을 위
한 강제개문이 잦았던 것도 그 이유 중의 하나이다.

둘째, 보상금액이 2020년 하반기 대비 (7,588만 원에서 1억 3,431만
원으로) 77%나 증가하였다. 이는 고비용을 요하는 차량 손실이 16건으
로 증대한 것, 그리고 생명·신체상 손실에 대한 보상이 인용된 경우가
많아진 것 등에서 그 원인을 찾을 수 있을 것으로 생각한다.

	심의	인용 (당해 인용 비율)	기각 (당해 기각 비율)	보상금
'20년 하반기	208건	181건 (87%)	27건 (13%)	75,886,334원
'21년 하반기	271건	231건 (85%)	40건 (15%)	134,319,598원
연간 증감률 ('21년/'20년)	30% ↑	27% ↑	48% ↑	77% ↑

　　손실보상청구가 인용된 231건을 손실발생 원인별로 분석하여 보면 코로나 사태와 관련된 강제개문에 관한 것이 185건으로 가장 많았으며, 생명·신체상 손실에 대한 보상이 8건으로 종전에 비해 많이 증가하였다. 여전히 출입문 강제개문과 관련된 것이 대다수를 차지하고 있으며, 도주하는 피의자를 추적하던 도중 건물 햇빛가리개를 파손해 발생한 재산상 손실에 대한 손실보상청구가 인용된 사례도 있었다.

손실 발생 원인별	재산						생명 · 신체	합계
	물건 파손					기타		
	출입문	차량	휴대폰	디지털 물품	그 외 물건			
총 계	185건	16건	4건	4건	14건	–	8건	231건

　　한편 손실보상청구가 인용되지 않은 원인 중 대부분은 여전히 '청구인이 손실발생 원인에 대한 책임이 있는 경우(전체 40건 중 22건, 55%)'이었으며, 청구인적격이 없는 것이 이유였던 경우가 2건 있었다. 그 밖에 경찰관의 적법한 직무집행 자체가 존재하지 않는 경우, 경찰의 직무집행과 발생한 손실 사이에 인과관계가 없는 것을 이유로 손실보상청구가 받아들여지지 않은 경우도 있었다.

기각 원인별	구분	손실발생 원인책임자	청구인 적격 없음	자료 미제출	기타 (보류 포함)	합계
	재산	22건	2건	3건	13건	40건
총 계	생명·신체	-	-	-	-	-
	합 계	22건	2건	3건	13건	40건

5. 2022년 상반기 손실보상 운영 현황

2022년 상반기에 손실보상심의회의 심의를 거친 사건은 모두 234건으로, 이 가운데 손실보상청구가 인용된 것은 (일부인용포함) 모두 193건으로 인용률은 82.4%이었다. 인용률이 2021년 상반기 대비 소폭 하락하였지만, 인용건수 자체가 증가하면서 보상금액은 1억 835만 원으로 증가하였다.

심의 결과	구분	심의	인용		기각	보상금액
			전부	일부		
	재산	229건	160건	31건	38건	107,754,088원
총 계	생명·신체	5건	1건	1건	3건	597,240원
	합 계	234건	161건	32건	41건	108,351,328원

2022년 상반기 심의건수는 2021년 상반기 대비 19% 증가한 것인 바, 그 원인에 관하여는 「경찰관 직무집행법」 제11조의5에 "직무 수행으로 인한 형의 감면" 규정이 신설되면서 경찰관의 직무집행 행태가 적극적으로 변화한 것이라는 분석이 유력하다. 그러나 「경찰관 직무집행법」 제11조의5가 신설된 것이 2022년 2월 3일인데, 그러한 규정의 설치가 바로 2022년 상반기에 즉각적으로 경찰관의 직무집행 행태에

변화를 가져왔다고 볼 수 있는지에 대해서는 의문이 있으며, 더욱이 그러한 분석은 법 개정 이전인 2021년 하반기 심의건수(271건)보다 오히려 심의건수가 줄어든 현상을 설명하기 어렵다는 문제점을 안고 있다. 따라서 이 기간의 심의건수의 증대는 국민들이 경찰손실보상제도를 적극적으로 활용하기 시작한 것에서 찾아야 할 것으로 보인다. 한편 기각률은 17.6%로 2021년도 상반기에 이어 계속 높아지는 추세를 보였다.

	심의	인용 (당해 인용 비율)	기각 (당해 기각 비율)	보상금
'21년 상반기	197건	167건 (85%)	30건 (15%)	74,605,723원
'22년 상반기	234건	193건 (82%)	41건 (18%)	108,351,328원
연간 증감률 ('22년/'21년)	19%	16% ↑	37% ↑	45% ↑

　손실보상청구가 인용된 193건을 손실 발생의 원인별로 분류하면 재산상 손실이 191건에 이르렀으며, 생명·신체상 손실에 대한 보상은 단 2건에 그쳤다. 그리고 재산상 손실 가운데는 강제개문에 따른 손실이 154건으로 대다수를 이루었고, 차량 손실이 16건으로 그 뒤를 이었는데, 이러한 현상은 종래의 경우와 크게 다를 바가 없다. 특이한 사례로는 거울 속에 몰래카메라가 설치됐다는 신고 접수 후, 이를 확인하기 위한 과정에서 거울을 파손한 것에 대한 보상이 이루어진 것을 들 수 있다.

손실 발생 원인별	재산					기타	생명 · 신체	합계
	물건 파손							
	출입문	차량	휴대폰	디지털 물품	그 외 물건			
총 계	154건	12건	–	4건	15건	6건	2건	193건

손실보상청구가 인용되지 않은 원인 중 대부분은 여전히 '청구인이 손실발생 원인에 대한 책임이 있는 경우(전체 41건 중 32건, 78%)'이었으며, 청구인적격이 없는 것이 이유였던 경우가 2건 있었다. 그 밖에 동일한 원인으로 이미 손실보상이 행해진 경우, 다른 방법을 통해 구제를 받은 경우 및 경찰의 직무집행과 발생한 손실 사이에 인과관계가 없는 것을 이유로 손실보상청구가 받아들여지지 않은 경우도 있었다.

기각 원인별	구분	손실발생 원인책임자	청구인적격 없음	기타 (보류 포함)	합계
총 계	재산	30건	2건	6건	38건
	생명 · 신체	2건	–	1건	3건
	합 계	32건	2건	7건	41건

한편 2022년 상반기 시·도청별 손실보상 심의결과는 다음과 같다. 특히 서울과 인천 경기남북부 등 수도권의 심의건수가 153건으로 전국 심의건수(234건) 중 64.7%에 달했으며, 보상금액은 6,178만 원으로 전국 보상금액(1억 835만 원)의 57%에 달하는 것을 볼 수 있다.

시·도 경찰청	구분	심의	인용		기각 등 (보류 포함)	보상금액
			전부	일부		
총 계	재산	229건	160건	31건	38건	107,754,088원
	생명·신체	5건	1건	1건	3건	597,240원
	합 계	234건	161건	32건	41건	108,351,328원
서울	재산	48건	15건	14건	19건	22,604,719원
	생명·신체	2건	–	1건	1건	199,000원
	합 계	50건	15건	15건	20건	22,803,719원
부산	재산	21건	16건	1건	4건	10,637,670원
	생명·신체	1건	–	–	1건	–
	합 계	22건	16건	1건	5건	10,637,670원
대구	재산	4건	4건	–	–	2,146,910원
	생명·신체	–	–	–	–	–
	합 계	4건	4건	–	–	2,146,910원
인천	재산	40건	33건	4건	3건	7,021,000원
	생명·신체	1건	1건	–	–	398,240원
	합 계	41건	34건	4건	3건	7,419,240원
광주	재산	6건	4건	1건	1건	2,654,500원
	생명·신체	–	–	–	–	–
	합 계	6건	4건	1건	1건	2,654,500원
대전	재산	2건	–	1건	1건	5,400,000원
	생명·신체	–	–	–	–	–
	합 계	2건	–	1건	1건	5,400,000원

울산	재산	11건	10건	–	1건	3,048,256원
	생명·신체	–	–	–	–	–
	합 계	11건	10건	–	1건	3,048,256원
세종	재산	1건	1건	–	–	840,000원
	생명·신체	–	–	–	–	–
	합 계	1건	1건	–	–	840,000원
경기남부	재산	46건	39건	3건	4건	23,700,500원
	생명·신체	–	–	–	–	–
	합 계	46건	39건	3건	4건	23,700,500원
경기북부	재산	19건	15건	1건	3건	7,873,200원
	생명·신체	–	–	–	–	–
	합 계	19건	15건	1건	3건	7,873,200원
강원	재산	4건	3건	–	1건	1,202,000원
	생명·신체	–	–	–	–	–
	합 계	4건	3건	–	1건	1,202,000원
충북	재산	7건	7건	–	–	10,898,500원
	생명·신체	–	–	–	–	–
	합 계	7건	7건	–	–	10,898,500원
충남	재산	8건	3건	5건	–	2,858,833원
	생명·신체	1건	–	–	1건	–
	합 계	9건	3건	5건	1건	2,858,833원
전북	재산	2건	1건	1건	–	1,545,000원
	생명·신체	–	–	–	–	–
	합 계	2건	1건	1건	–	1,545,000원

전남	재산	3건	2건	–	1건	324,000원
	생명 · 신체	–	–	–	–	–
	합 계	3건	2건	–	1건	324,000원
경북	재산	4건	4건	–	–	450,000원
	생명 · 신체	–	–	–	–	–
	합 계	4건	4건	–	–	450,000원
경남	재산	2건	2건	–	–	1,799,000원
	생명 · 신체	–	–	–	–	–
	합 계	2건	2건	–	–	1,799,000원
제주	재산	1건	1건	–	–	2,750,000원
	생명 · 신체	–	–	–	–	–
	합 계	1건	1건	–	–	2,750,000원

6. 2022년 하반기 손실보상 운영 현황

2022년 하반기에 손실보상심의회의 심의를 거친 사건은 모두 271건으로, 이 가운데 손실보상청구가 인용된 것은 (일부인용포함) 모두 249건으로 인용률은 무려 91.9%에 달했다. 이처럼 상반기에 비해 심의건수가 많아진 것에 더하여 인용률이 91.9%로 높아지면서 보상금액은 1억 3,205만 원으로 증가하였다.

심의 결과	구분	심의	인용		기각	보상금액
			전부	일부		
총 계	재산	265건	226건	19건	20건	131,315,563원
	생명·신체	6건	4건	0건	2건	743,230원
	합 계	271건	230건	19건	22건	132,058,793원

　　2022년 하반기 심의건수는 2021년의 동 기간과 동일한 수준이었다. 그러나 2021년 전체 심의건수가 478건이었던 것에 비해 2022년은 508건으로 증가했다. 또한 2022년의 경우 상반기에 234건이었던 심의건수는 하반기에는 272건으로 증가했는바, 이는 심의건수가 장기적으로 볼 때 증가세를 유지하고 있다는 것을 잘 보여준다. 2022년 하반기 경찰손실보상제도의 운영 상황에 나타난 두드러진 특징은 계속해서 낮아지는 추세에 있던 인용률이 91.9%에 이를 정도로 수직상승했다는 점에서 찾을 수 있는데, 그 원인에 대해서는 이렇다 할 설명이 보이지 않는다. 한편 지급 보상금 총액은 1억 3,200만 원으로 전년 동기와 유사한 수준을 보이고 있다.

	심의	인용 (당해 인용 비율)	기각 (당해 기각 비율)	보상금
'21년 하반기	271건	231건 (85%)	40건 (15%)	134,319,598원
'22년 하반기	271건	249건 (92%)	22건 (8%)	132,058,793원
연간 변동률 ('22년/'21년)	변동없음	7% ↑	7% ↓	2% ↓

　　손실보상청구가 인용된 249건을 손실 발생의 원인별로 분류하면

재산상 손실이 245건에 이르렀으며, 생명·신체상 손실에 대한 보상은 4건에 그쳤다. 그리고 재산상 손실 가운데는 강제개문에 따른 손실이 193건으로 압도적으로 많았으며, 차량 손실이 13건으로 그 뒤를 이었는데, 이러한 현상은 종래의 경우와 크게 다를 바가 없다. 특이한 사례로는 경찰관이 순찰 중 발견한 화재를 진압하기 위해 가게에 비치된 소화기를 사용하거나 성폭행 사건 증거수사를 위하여 매트리스 커버를 훼손(감식목적)한 경우 등에 있어 손실보상이 행해진 바 있다.

손실 발생 원인별	재산						생명·신체	합계
	물건 파손					기타		
	출입문	차량	휴대폰	디지털 물품	그 외 물건			
총 계	193건	13건	4건	5건	26건	4건	4건	249건

　손실보상청구가 인용되지 않은 원인 중 대부분은 여전히 '청구인이 손실발생 원인에 대한 책임이 있는 경우(전체 22건 중 16건, 72.7%)'이었으며, 청구인적격이 없는 것이 이유였던 경우가 2건 있었다. 그 밖에 동일한 원인으로 이미 손실보상이 행해진 경우, 다른 방법을 통해 구제를 받은 경우 및 경찰의 직무집행과 발생한 손실 사이에 인과관계가 없는 것을 이유로 손실보상청구가 받아들여지지 않은 경우도 있었다.

구분	손실발생 원인책임자	청구인적격 없음	기타 (보류 포함)	합계
합 계	16건	2건	4건	22건

　한편 2022년 하반기 시·도청별 손실보상 심의결과는 다음과 같

다. 특히 서울과 인천 경기남북부 등 수도권의 심의건수가 145건으로
전국 심의건수(271건) 중 53.5%에 달했는바, 이는 상반기에 비해 그 비
중이 상당 부분 줄어든 것이다. 또한 보상금액은 6,724만 원으로 전국
보상금액(1억 3,205만 원)의 50.9%에 달하는 것을 볼 수 있다.

제2절

심의사례 분석

I. 개 관

제2장에서 검토한 바와 같이 적법한 경찰작용으로 인하여 손실을 입은 자가 그에 응당한 보상을 받기 위해서는 ① 경찰권 발동의 전제요건의 존재: 구체적 위험이 발생할 충분한 개연성이 있어야 하며, 명확한 법적 근거가 존재할 것, 직무규범에 위배되지 않을 것(「경찰관 직무집행법」 및 특별법 등) → ② 경찰책임의 원칙에 따른 경찰권 발동의 인적 대상 결정 → ③ 구체적인 경찰조치의 경찰비례의 원칙 충족 → ④ 사후 조정적 단계에서 경찰조치 대상자에 대한 손실보상 여부 결정이라는 과정을 거쳐야 한다.

한편 경찰손실보상을 받기 위해 필요한 전술한 요건들을 「경찰관 직무집행법」 제11조의2의 규정을 바탕으로 정리하면 크게 ① 직무집행의 적법성, ② 손실발생원인에 대한 책임, ③ 인과관계, ④ 청구인적격, ⑤ 소멸시효 요건으로 나눌 수 있다. 이하에서는 위 다섯 가지 요건이 쟁점이 되는 주요사례 및 비교사례를 통하여 이들 문제에 관하여 구체적으로 검토하고자 한다.[99]

---

99) 주요사례 및 비교사례는 실제 손실보상심의 사례를 기초로 하되, 사실관계를 핵심적 쟁점 위주로 일부 각색하여 재구성하였다.

II. 직무집행의 적법성

경찰손실보상이 행해지기 위해서는 먼저 경찰의 직무집행이 적법
하여야 하는바, 직무집행의 적법성 요건을 검토하는 경우 법률유보의
원칙뿐만 아니라 경찰비례의 원칙 위반 여부를 중점적으로 고려해야
한다. 실제 경찰 손실보상위원회 심의사례 통계에 의하면, 직무집행의
적법성 여부를 판단함에 있어 경찰의 조치가 법률유보의 원칙을 위반
하였는지 여부가 문제되는 경우도 있으나, 그보다는 경찰 조치가 경찰
비례의 원칙에 따라 적절하게 행하였는지 여부를 검토해야 하는 경우
가 더 많다. 한편 만약 경찰의 조치가 위법한 경우로 평가된다면, 손실
보상청구는 기각되고 국가배상의 영역으로 전환된다.

먼저 경찰의 직무집행이 적법하기 위해서는 경찰권 발동이 법률유
보원칙에 위반되지 않는 한도 내에서 행해져야 한다. 이 경우 법률유
보원칙 위반 여부에 대한 판단은 경찰의 사후적 범죄행위 수사업무의
경우에는「형사소송법」등을 근거로 행해진다. 그리고 사전예방적 조
치인 위험방지 직무는「경찰관 직무집행법」상의 권한규범인 제3조(불
심검문), 제4조(보호조치 등), 제5조(위험 발생의 방지 등), 제6조(범죄의 예
방과 제지), 제7조(위험방지를 위한 출입) 등에 근거한 것인지를 기준으로
행해져야 한다.

다음으로 경찰의 직무집행이 적법한 것이 되기 위해서는 경찰권
발동이 경찰비례의 원칙에 위반하지 않아야 한다. 한편 경찰비례의 원
칙에 따른 적법성 여부를 판단함에 있어서는 적합성, 필요성, 상당성
의 원칙이라는 단계별 필터링이 필요하다. 만약 경찰의 직무집행이
적합성의 원칙에 부합되지 않는다면 다음 단계인 필요성의 원칙에 부
합하는지 여부를 검토할 필요도 없이 위법한 직무집행으로 보아야 하
며, 이 경우에는 손실보상이 아닌 위법한 직무집행에 대한 손해배상
여부가 문제 된다. 손실보상 심의안건은 적법성이 문제 되지 않는 경
우가 대부분이지만 경우에 따라 적법과 위법이 모호한 영역도 존재하
는바, 이러한 경우 경찰의 조치가 적절했는지 여부는 구체적인 사실관

계에 따라 결정할 수밖에 없다.[100]

 참고

「국가경찰과 자치경찰의 조직 및 운영에 관한 법률 (이하 '경찰법')」[101] 제
4조에 따르면 경찰의 사무는 국가경찰사무와 자치경찰사무로 나뉘고,
같은 조 제1항 제2호에 따르면 경찰법 제3조에서 정한 경찰의 임무 범
위에서 관할 지역의 생활안전·교통·경비·수사 등에 관한 다음 각 목의
사무를 자치경찰사무로 구분하고 있다. 그러나 실무상 손실보상 및 국가
배상 소송에서는 위와 같이 국가사무와 자치사무를 구분하지 않는다. 예
컨대 서울경찰의 적법한 직무집행에 대한 손실보상 청구의 경우 모두 서
울경찰청 손실보상심의위원회에서 손실보상을 심의하고, 서울경찰의 위
법한 직무집행과 관련한 국가배상 역시 모두 피고를 대한민국으로 하여
서울경찰청에서 소송을 수행하고 있다.

1. 주요사례

경찰의 직무집행의 적법성이 인정되지 않으면 손실보상 청구가 기
각되는바, 적법성 판단에 있어 고려할 중요 요소로는 다음과 같은 것
이 있다.

---

100) 「경찰은 범죄의 예방, 진압 및 수사와 함께 국민의 생명, 신체 및 재산의 보호
기타 공공의 안녕과 질서유지를 직무로 하고 직무의 원활한 수행을 위하여 경
찰관 직무집행법, 형사소송법 등 관계 법령에 의하여 여러 가지 권한이 부여
되어 있다. 구체적인 직무를 수행하는 경찰관으로서는 여러 상황에 대응하여
자신에게 부여된 여러 가지 권한을 적절하게 행사하여 필요한 조치를 취할 수
있고, 그러한 권한은 일반적으로 경찰관의 전문적 판단에 기한 합리적인 재량
에 위임되어 있는 것이다」(대법원 2022. 7. 14 선고 2017다290538 판결).

101) 「국가경찰과 자치경찰의 조직 및 운영에 관한 법률」 (약칭: 경찰법) [시행 2023.
2. 16.] [법률 제19023호, 2022. 11. 15., 일부개정.]

(1) 직무집행자의 직무상 과실 여부

가. 사실관계

사례 1

평일 오후 민원인 甲은 자신의 차를 타고 경찰서 방문을 하기 위해 차단기가 있는 경찰서 정문에 진입하고 있었다. 민원인은 차단기가 올라가 있는 동안 안전속도를 유지하며 경찰서로 진입하는 중이었으나, 차량이 차단기를 완전히 빠져나가기 전에 정문에 근무하던 청사 출입 관리자 乙이 甲의 차량을 제대로 확인하지 못한 상태에서 갑자기 차단기를 내려 甲의 차량이 파손되었다. 경찰 乙의 직무집행은 적법한가?

나. 사례의 해결

경찰서 내의 정문 출입관리는 경찰서 안전관리의 일환으로서 경찰의 직무로 볼 수 있으므로, 이 사례에 있어 법률유보원칙 위반은 문제되지 않는 것으로 보인다. 그러나 출입 관리자 乙이 상황을 충분히 인지하지 않고 甲의 차량이 차단기를 완전히 빠져나가기 전에 과실로 출입 차단기를 급하게 내려 甲의 차량이 파손에 이르렀으므로, 이 경우에는 乙의 행위는 경찰비례의 원칙에 위배되어 적법성이 부정된다. 따라서 이 사례의 경우에는 직무집행 자체의 적법성이 부정되어 손실보상 요건을 갖추지 못하였으므로 손실보상은 기각되어야 한다.

다. 결 론

경찰서 내 차량 출입 차단기 작동에 있어서 출입 관리자의 과실로 인한 위법행위로 차량이 파손된 경우이므로 직무집행의 위법성이 인정되어 손실보상청구는 기각된다. 그러나 이 경우 청구인은 「국가배상법」에 따라 국가배상 신청이나 소송을 통해 손해배상을 받을 수 있다.

실무 Tip

만약 접수된 안건이 직무집행의 적법성이 부정되어 손실보상 청구가 기각될 것이 다소 명확한 경우라면, 무익한 손실보상 절차를 거치게 하기보다는 「국가배상법」 제12조[102])에 따라 청구인 주소지, 불법원인 발생지 관할 지구심의회(고등검찰청 또는 지방검찰청)에 손해배상 신청을 할 수 있음을 안내하는 것이 바람직하다.

(2) 영조물의 설치·관리상 하자 여부

가. 사실관계

사례 2

甲 경찰서에서는 '3대 교통반칙행위 근절 대책'의 일환으로 100일간 교통반칙 집중단속기간 홍보를 위해서 관내 도로변 가로등과 가로수에 현수막을 묶어 설치하였다. 위 현수막은 100일 후 철거되어야 했음에도, 甲 경찰서는 그 이후에도 현수막을 한참 동안 방치했다. 비바람이 세차게 몰아치던 어느 날 갑자기 현수막 한쪽 줄이 강풍으로 인하여 풀리면서 현수막 한쪽 끝이 도로 4차선을 지나가던 오토바이 운전자 乙을 휘감게 되어 乙이 오토바이와 함께 빗길에 미끄러져 오토바이 파손 및 다리 골절상을 입게 되었다. 이 경우 甲 경찰서 공무원의 직무집행은 적법한가?

나. 사례의 해결

경찰이 관내 도로변에 교통안전 현수막을 설치한 것은 '도로교통사고의 예방을 위한 홍보·지도 및 단속'이라는 교통경찰의 업무에 해

---

102) 「국가배상법」[시행 2017. 10. 31.] [법률 제14964호, 2017. 10. 31., 일부개정]
제12조(배상신청) ① 이 법에 따라 배상금을 지급받으려는 자는 그 주소지·소재지 또는 배상원인 발생지를 관할하는 지구심의회에 배상신청을 하여야 한다.
② 손해배상의 원인을 발생하게 한 공무원의 소속 기관의 장은 피해자나 유족을 위하여 제1항의 신청을 권장하여야 한다.

당되므로, 법률유보원칙을 준수한 것으로 평가할 수 있다. 그러나 현수막을 설치한 후 안전조치를 충분히 하지 않은 점, 일정 기간 이내에 철거해야 함에도 이를 철거하지 않고 장기간 방치한 점 등 관리상 하자가 인정되는바, 이는 직무집행의 적법성을 충족하지 못한 것으로 평가할 수 있다.

다. 결 론

현수막을 적법하게 설치하였으나 이를 장기간 방치하다 비바람에 현수막이 풀리며 운행 중인 오토바이 운전자가 사고를 당하게 된 경우, 이는 현수막의 설치 및 관리에 대한 위법한 직무집행으로 평가되므로 적법한 직무집행을 요건으로 하는 손실보상은 기각된다.

실무 Tip

1. 국가배상의 신청 안내
전술한 바와 같이 직무집행의 적법성이 부정되어 손실보상 청구가 기각될 것이 다소 명확한 사안의 경우에는 손해배상 신청을 할 수 있음을 안내하는 것이 바람직하다. 실제로 위와 동일한 사실관계인 서울북부지방법원 2020나36916 손해배상 사건에서 오토바이 운전자인 원고는 「국가배상법」 제5조[103] 영조물책임을 근거로 피고 대한민국으로부터 약 300만 원의 손해배상을 받았다.

2. 국가배상 청구소송 중에 예비적으로 손실보상 청구를 추가한 경우의 처리
「국가배상법」상 손해배상청구 중에 예비적 청구를 추가하여 손실보상을 청구한 사건에서 법원은, 「경찰관 직무집행법 제11조의2에 의한 손실보상을 받기 위해서는 먼저 위 조문에 정해진 바에 따라 일정 기간 내에 보상금 지급 청구서를 제출하여 경찰청장 등의 결정을 받아야 하고, 만일 경찰청장 등의 결정에 불복일 때에는 행정소송을 제기하여 손실보상을 받을 수 있을 뿐이며, 직접 국가를 상대

---

103) 「국가배상법」 제5조(공공시설 등의 하자로 인한 책임) ① 도로 · 하천, 그 밖의 공공의 영조물의 설치나 관리에 하자가 있기 때문에 타인에게 손해를 발생하게 하였을 때에는 국가나 지방자치단체는 그 손해를 배상하여야 한다. 이 경우 제2조 제1항 단서, 제3조 및 제3조의2를 준용한다.

로 민사소송으로 손실보상을 청구할 수는 없으므로, 결국 위 규정상의 절차를 거치지 않은 채 국가를 상대로 경찰관 직무집행법 제11조의2에 의한 손실보상을 구하는 소는 부적법하다(대법원 2001. 9. 14. 선고 2001다40879 판결, 대법원 2002. 2. 5. 선고 2000다69361 판결, 대법원 2003. 4. 25. 선고 2001두1369 판결 등 참조). 따라서 국가인 피고를 상대로 민사소송으로 경찰관 직무집행법 제11조의2에 의한 손실보상을 구하는 원고의 예비적 청구 부분의 소는 부적법하다」(수원지방법원 2015. 6. 17. 선고 2014나42889 판결)라고 판시한 바 있다.

이는 적법한 경찰작용으로 인하여 국민에게 발생한 생명·신체 또는 재산상의 손실에 대한 구제제도인 경찰손실보상과 위법한 경찰작용으로 인하여 발생한 손해에 대한 국가배상제도는 별개이므로 국가배상소송에서 국가배상청구와 손실보상청구를 동시에 할 수는 없다는 것을 의미한다.

2. 비교사례

(1) 외관상 위험상황

가. 사실관계

사례 3

병원 응급실에서 진료 대기 중이던 甲은 병원 의료진에게 죽고 싶다고 말한 후 사라져, 병원 의료진이 112로 전화를 걸어 甲의 자살이 의심스럽다는 신고를 하였다. 112상황실에서는 甲의 생명이 위험할 수 있다고 판단하고 甲의 핸드폰으로 위치추적을 한 결과, 현재 甲이 주소지에 있다는 사실을 확인하였다. 경찰이 甲에게 개문을 요구하여도 甲은 응하지 않아, 경찰은 甲의 자살 방지를 위하여 즉시 甲의 주거지를 강제 개문하였다. 그러나 甲은 단지 술을 마신 후 잠들어 있을 뿐이었다. 이 경우 강제개문을 한 경찰 조치는 위법하다고 볼 수 있는가?

나. 사례의 해결

위와 같이 자살이 의심스러운 상황은 경찰법상 '위험의 의심' 내지 '외관상 위험'에 해당한다. 위험의 의심 상황에서는 위험의 존재 여부를 확인하기 위한 경찰권 발동은 가능하며, 외관상 위험은 진정한 의미의 구체적 위험이므로 그에 대해서는 경찰권 발동이 가능하다. 더욱이 위험의 의심 또는 외관상 위험은 위험방지를 위한 사전적 경찰작용 시점에서는 위험 상황과 같은 것으로 평가할 수 있으므로, 사람의 신체·생명과 같은 중대한 법익이 위협받는 상황에서는 그것이 사후적으로는 실제로 위험 상황이 아닌 것으로 판명되었다고 할지라도 그에 대해 경찰권발동이 가능하다. 따라서 위 사례의 경우 「경찰관 직무집행법」 제7조(위험 방지를 위한 출입)에 따른 경찰권 발동은 적법하다. 또한 자살이라는 상황에서 甲의 생명이라는 중대한 법익을 신속히 보호하기 위하여 강제개문을 한 것은 경찰비례의 원칙을 위반하였다고 볼 수 없다.

다. 결 론

따라서 위와 같은 자살에 대한 위험의 의심 상황 내지 외관상 위험 상황에서 甲의 생명 보호를 위하여 강제개문한 경찰의 조치는 적법하다고 볼 수 있다.

실무 Tip

자살신고의 경우 법익의 중대성을 고려할 때 외관상 위험과 위험에 대한 의심을 구분하기 곤란할 뿐만 아니라, 구분할 필요성도 없다. 따라서 자살신고의 경우 원칙적으로 경찰의 사전적 관점에서는 국민의 생명과 신체의 안전이라는 보호법익이 중대하므로 손실발생의 충분한 개연성의 정도가 낮더라도 진정한 위험으로 평가하고 조치하여야 할 것이다.

(2) 구체적 위험상황

가. 사실관계

사례 4

02:33경 호프집에서 발생한 강제추행 사건 처리 현장에서 이를 목격한 한 여성이 경찰 甲에게 당시 사실관계를 진술하자, 강제추행 가해자인 남성 乙이 목격자에게 욕설을 하며 위협적으로 달려들어, 甲이 乙의 어깨를 붙잡으며 위협 행위를 제지하였다. 그러자 乙은 스스로 아스팔트 바닥에 주저앉고는 자신을 막아선 경찰 甲을 고소하겠다고 고성을 질렀다. 며칠 후 乙은 자신의 손바닥에 미세한 생채기가 생겼음을 이유로 경찰손실보상을 청구하였다. 또한 乙은 이와 별도로 甲을 상해죄로 고소하였다. 이 경우 경찰 甲의 직무집행은 적법한가?

나. 사례의 해결

위와 같이 강제추행 가해자가 사건 현장에서 목격자에 대한 위협을 가한 경우 경찰 甲은 「경찰관 직무집행법」 제6조(범죄의 예방과 제지)[104]에 근거하여 위험 상황을 제지할 수 있다. 또한 乙이 목격자에게 욕설을 하며 위협하며 달려드는 상황에서 甲이 乙의 어깨를 붙잡으며 이를 제지한 것은 급박한 상황에서 목격자의 신체를 보호하기 위한 필요 최소한의 조치라고 평가할 수 있다.

다. 결 론

따라서 위와 같은 제지행위는 국민의 신체 보호를 위한 최소한의

---

104) 「경찰관 직무집행법」[시행 2022. 2. 3.] [법률 제18807호, 2022. 2. 3., 일부개정]
　　제6조(범죄의 예방과 제지) 경찰관은 범죄행위가 목전(目前)에 행하여지려고 하고 있다고 인정될 때에는 이를 예방하기 위하여 관계인에게 필요한 경고를 하고, 그 행위로 인하여 사람의 생명·신체에 위해를 끼치거나 재산에 중대한 손해를 끼칠 우려가 있는 긴급한 경우에는 그 행위를 제지할 수 있다.

불가피한 조치였으므로 경찰비례의 원칙에 위배되지 않는바, 경찰 甲
의 직무집행은 적법하다고 볼 수 있다.

✎ 참고

실제 위 사건에서 乙이 경찰 甲을 상해죄로 고소한 사건은 불기소 처분
으로 종결되었다. 그러나 만약 乙이 경찰 甲을 고소한 사건에서 甲이 유
죄판결을 받게 되면, 위 경찰 직무집행은 위법하다고 평가되어 당해 사
건은 경찰손실보상이 아닌 국가배상의 영역으로 전환될 수 있다. 다만
이 경우에도 乙이 주장하는 손해가 경찰 甲의 제지로 인한 것이 아니었
기 때문에 인과관계가 인정되지 않아서 국가배상청구는 기각될 가능성
이 높다.

III. 청구인의 손실발생 원인에 대한 책임

「경찰관 직무집행법」 제11조의2 손실보상의 요건 중에서 실무상
가장 문제가 되는 것은 청구인의 손실발생의 원인에 대한 책임의 유무
인데, 청구인이 손실발생의 원인에 대하여 책임이 있는 경우에는 청구
권이 부정되는 것이 원칙이다. 다만 청구인이 '손실발생 원인에 대하여
책임이 있다'는 것이 무엇을 의미하는지는 명확하지 않은 면이 있다.
왜냐하면 손실발생의 원인에 대하여 책임이 있는 자가 반드시 엄격한
의미의 경찰책임자(즉, 행위책임자나 상태책임자)에 한정되거나, 그와 일
치하는 것이 아니기 때문이다. 예컨대 외관상 위험 혹은 위험에 대한
의심을 야기한 자가 사후적으로 위험이 없는 것으로 확인되어 경찰책
임자가 아닌 경우에도, 그가 위험상황이라는 오인을 불러일으킨 경우
라면 손실발생 원인에 대한 책임이 인정될 수 있는 것이다.

이는 1단계(경찰권 발동 단계)에서는 누가 경찰권 발동의 대상이 되
는지를 판단하는 의미에서 경찰책임자를 결정하여야 하지만, 2단계(손
실보상의 단계)에서 손실보상청구권을 인정할 것인지는 경찰권 발동으

로 인한 손실발생의 원인에 대하여 책임이 있는 자인지 여부를 기준으로 결정하여야 한다는 것을 의미한다. 즉, 외관상 경찰책임자는 제1단계에서는 경찰책임자로 평가되지만, 제2단계에서는 사후 이해조정적 방법을 통해 외관상 경찰책임자에게 손실보상청구권이 인정될 수 있는 것이다. 결국에는 개개의 사안을 구체적으로 검토하면서 귀속가능성을 따져 손실발생 원인에 대한 책임 여부를 판단하여야 한다.

한편,「경찰관 직무집행법」제11조의2 제1항 제2호는 "손실발생의 원인에 대하여 책임이 있는 자가 자신의 책임에 상응하는 정도를 초과하는 생명·신체 또는 재산상의 손실을 입은 경우"에도 정당한 보상을 하여야 한다고 규정하고 있다. 따라서 청구인이 손실발생의 원인에 대하여 책임이 있다고 하더라도 자기 책임의 범위를 초과하는 손실을 입은 경우에는 그 한도 내에서 일부 보상이 가능하다.

1. 기본사례

(1) 범죄신고 대상자인 경우

가. 사실관계

사례 5

[사례 5] 甲은 가정폭력을 일삼는 자로 판사의 결정으로 주거로부터의 퇴거명령을 받은 자이다. 甲이 집안에 들어와 행패를 부린다는 피해자 乙의 112 신고를 접수한 경찰 丙이 급히 현장에 출동하여 집안으로 진입하려고 하자, 가정폭력 가해자 甲이 강력하게 개문 요구를 거부하여 경찰 丙이 강제로 개문한 후 진입하였다. 甲은 퇴거명령을 받은 자였으므로 경찰 丙은 집 밖으로 甲을 내보내려 하였다. 그러자 甲은 완강히 버티며 집에 있는 옷과 가구를 경찰 丙에게 던지며 맹렬히 저항하여 물건들이 파손되기에 이르렀다. 이후 甲은 현관문과 옷, 가구 등에 대하여 경찰에 손실보상을 청구하였다. 이 경우 甲에게 손실발생의 원인에 대하여 책임이 있다고 볼 수 있는가?

나. 사례의 해결

① 직무집행의 적법성: 甲은 「가정폭력범죄의 처벌 등에 관한 특례법」 제55조의2(피해자보호명령 등)[105] 제1항 제1호 및 제2호, 제63조 제1항 제2호를 위반한 자로서 이를 방치하면 피해자에게 이미 발생한 손해뿐만 아니라 더 큰 손해가 발생할 충분한 개연성이 있다. 위 사례의 경우 경찰은 甲을 주거로부터 퇴거시키기 위하여 강제개문을 하여 진입하였는바, 이는 피해자의 생명·신체의 보호를 위한 최소한의 조치로서 직무집행의 적법성이 인정된다.[106] 또한 甲은 퇴거명령 위반으로 현행범체포도 가능한 상황이었으나,[107] 위 사례에서 경찰 丙은 이에

---

105) 「가정폭력범죄의 처벌 등에 관한 특례법」(약칭: 가정폭력처벌법) [시행 2023. 6. 14.] [법률 제19068호, 2022. 12. 13., 일부개정]

  제55조의2(피해자보호명령 등) ① 판사는 피해자의 보호를 위하여 필요하다고 인정하는 때에는 피해자, 그 법정대리인 또는 검사의 청구에 따라 결정으로 가정폭력행위자에게 다음 각 호의 어느 하나에 해당하는 피해자보호명령을 할 수 있다.

  1. 피해자 또는 가정구성원의 주거 또는 점유하는 방실로부터의 퇴거 등 격리

  2. 피해자 또는 가정구성원이나 그 주거·직장 등에서 100미터 이내의 접근금지

  3. 피해자 또는 가정구성원에 대한 「전기통신사업법」 제2조 제1호의 전기통신을 이용한 접근금지

  4. 친권자인 가정폭력행위자의 피해자에 대한 친권행사의 제한

  5. 가정폭력행위자의 피해자에 대한 면접교섭권행사의 제한

  ② 제1항 각 호의 피해자보호명령은 이를 병과할 수 있다.

  제63조(보호처분 등의 불이행죄) ① 다음 각 호의 어느 하나에 해당하는 가정폭력행위자는 2년 이하의 징역 또는 2천만 원 이하의 벌금 또는 구류(拘留)에 처한다.

  1. 제40조 제1항 제1호부터 제3호까지의 어느 하나에 해당하는 보호처분이 확정된 후에 이를 이행하지 아니한 가정폭력행위자

  2. 제55조의2에 따른 피해자보호명령 또는 제55조의4에 따른 임시보호명령을 받고 이를 이행하지 아니한 가정폭력행위자

106) 2024년 1월 제정되어 2024년 7월부터 시행될 「112신고의 운영 및 처리에 관한 법률」에 따라 긴급출입의 적법성 범위는 더욱 넓어질 것으로 예상된다.

107) 「형사소송법」 [시행 2022. 9. 10.] [법률 제18862호, 2022. 5. 9., 일부개정]

  제212조(현행범인의 체포) 현행범인은 누구든지 영장 없이 체포할 수 있다.

이르지 않고 퇴거를 종용하였을 뿐이다. 따라서 경찰 丙의 조치는 경찰비례의 원칙이라는 관점에서도 적법한 것으로 평가된다.

② 손실발생원인에 대한 책임: 우선 1단계(경찰권 발동 단계)에서는 甲은 경찰출동 당시를 기준으로 퇴거명령을 위반하였으므로 구체적 위험 상황을 초래한 경찰책임자에 해당함은 의문의 여지가 없다. 한편 2단계(손실보상의 단계)에서는 甲이 퇴거명령을 위반하고 개문에도 응하지 않아 경찰이 강제개문한 점 및 퇴거명령을 위반한 甲이 스스로 물건을 파손하며 저항한 결과 물건이 파손된 점을 고려할 때, 甲은 현관문 및 물건 등 손실발생의 원인에 대하여 책임이 있는 자라고 할 수 있다.

다. 결 론

甲은 명백히 실정법을 위반한 자일뿐만 아니라 현관문 및 물건 등 손실발생의 원인에 대하여 책임이 있는 자이므로, 경찰에 대한 甲의 손실보상 청구는 기각되어야 한다.

(2) 시설 관리책임이 있는 경우

가. 사실관계

사례 6

04:20경 "甲 공원 여성화장실 비상벨"이라는 112상황실의 지령을 받고 경찰 乙이 甲 공원 여성용 화장실로 즉시 현장 출동하였다. 경찰 乙이 비상벨이 울린 여성용 화장실 내부를 확인하고자 하였으나 화장실 출입문이 잠겨 있었고 인기척이 없었다. 경찰 乙은 甲 공원 관계자를 찾아보았지만 아무도 없었다. 甲 공원은 A 구청에서 출연금을 받아 운영하는 재단의 재산인바, 경찰 乙은 화장실을 개문하기 위하여 A 구청 당직실에 연락하여 보았으나 당직실에서는 공원 화장실 열쇠를 관리하지 않는다고 답하였고, 그러는 사이에 또다시 같은 내용의 비상벨 지령이 2차례 더 접수되었다. 더 이상 지체할 수 없다고 판단한 경찰 乙은 화장실

내부의 요구조자의 생명·신체의 위험을 방지하고자 119 구급대의 협조를 받아 화장실 출입문을 강제로 개문하였다. 그러나 여성화장실 내부에는 아무도 없었고 특이한 점도 없었으며, 단지 비상벨이 오작동한 것이었다. 이후 甲 공원의 관리자는 손상된 화장실 출입문 수리비에 대하여 손실보상 청구하였다. 甲 공원 관리자에게 손실발생의 원인에 대한 책임이 인정되는가?

나. 사례의 해결

① 직무집행의 적법성: 경찰 乙은 새벽 시간 甲 공원 여성화장실에서 비상벨이 울린다는 112 지령을 받고 출동하였고, 여성에게 범죄발생 또는 생명·신체의 위험이 있는지 현장 상황을 확인하기 위하여 화장실 내부로 들어가려 하였으나, 문이 잠겨 있어 甲 공원 관리자와 A구청 당직실에 연락하여 화장실 열쇠를 구하려 하였다. 그러나 그사이에 2회 더 비상벨이 울려 경찰 乙은 더 이상 지체할 수 없다고 판단하여 화장실 출입문을 강제개문하게 되었다. 위 사례의 경우 비록 사후적으로 甲 공원 여성화장실에 아무도 없었고 특이한 점도 없었다고 하더라도 이는 외관상 위험에 해당하는 상황으로서, 경찰 乙은 재차 울리는 비상벨 울림 지령으로 신속한 조치를 취할 필요가 있었다는 점이 인정된다. 또한 경찰 乙은 강제로 개문하기 전에 자신이 취할 수 있는 모든 조치를 취한 후에 강제개문을 하게 된 것이므로 경찰비례의 원칙 또한 준수한 것으로 볼 수 있다. 따라서 위 사례의 경우 경찰 乙의 직무집행은 적법하다.

② 손실발생원인에 대한 책임: 1단계(경찰권 발동단계)에서 甲 공원 관리자는 경찰출동 당시를 기준으로 위험 상황을 초래한 것은 아니지만, 甲 공원 내 화장실의 비상벨이 울리는 상황이었으므로 경찰책임자에 해당한다. 한편 2단계(손실보상의 단계)에서는 甲 공원 관리자는 해당 화장실을 관리하는 책임이 있는 자인바, 화장실 내부에 사람이 없었음에도 비상벨이 오작동한 것에 대한 관리책임이 인정된다. 즉, 甲 공원 관리자에게는 비상벨 오작동으로 인하여 출입문 파손이라는 손실이 발생한 점에 대하여 원인책임이 인정된다.

다. 결론

甲 공원 내 화장실 비상벨이 오작동함으로써 경찰이 출동하게 되었고, 공원 내 시설에 대하여는 甲 공원 관리자에게 책임이 있으므로 청구인에게 손실발생의 원인에 대한 책임이 인정된다. 따라서 위 사례의 경우 청구인의 손실보상청구권은 인정되기 곤란하다.

(3) 스스로 자살신고 후 실제로 자살을 시도한 경우

가. 사실관계

사례 7

甲은 대출받은 돈으로 투자한 코인이 폭락하자 불어나는 채무를 더 이상 감당할 여력이 없어 목을 매어 죽어 버리겠다고 경찰에 신고하였다. 경찰은 소방에 공조를 요청한 후 즉각 출동하여 甲의 현관문을 강제개문하여 진입하였다. 경찰은 목을 매고 발버둥 치고 있는 甲을 발견하고 즉시 구조하였다. 이후 생명을 되찾은 甲은 사건 한 달 후 경찰에게 자신의 현관문 수리비에 대해 손실보상청구를 하였다. 이 경우 甲에게는 손실발생의 원인에 대한 책임이 인정되는가?

나. 사례의 해결

① 직무집행의 적법성: 본인이 경찰에 자살을 하겠다고 신고를 한 경우 이는 구체적 위험 상황으로, 경찰은 「경찰관 직무집행법」 제7조[108]에 따라 甲의 생명을 구하기 위한 출입조치를 할 수 있다. 또한 甲이 목을 매고 있는 급박한 상황에서 경찰이 현관문을 강제개문한 것

---

108) 「경찰관 직무집행법」[시행 2022. 2. 3.] [법률 제18807호, 2022. 2. 3., 일부개정]

　　제7조(위험 방지를 위한 출입) ① 경찰관은 제5조 제1항·제2항 및 제6조에 따른 위험한 사태가 발생하여 사람의 생명·신체 또는 재산에 대한 위해가 임박한 때에 그 위해를 방지하거나 피해자를 구조하기 위하여 부득이하다고 인정하면 합리적으로 판단하여 필요한 한도에서 다른 사람의 토지·건물·배 또는 차에 출입할 수 있다.

이므로 경찰비례의 원칙 또한 준수하였다. 따라서 위 사례의 경우 경찰의 직무집행의 적법성은 인정된다.

② 손실발생원인에 대한 책임: 자신이 자살을 하겠다고 신고한 甲은 제1단계(경찰권 발동단계)에서 의문의 여지없이 구체적 위험에 대한 경찰책임자이다. 경찰이 개문 조치를 하게 된 원인은 실제로 자살을 시도 중인 甲의 생명을 보호하기 위한 조치였으므로, 甲은 제2단계(손실보상단계)에서 손실발생의 원인에 대한 책임이 있는 자이다.

다. 결 론

자신의 생명을 구조하기 위한 경찰의 조치로 인한 재산상 손실에 대하여 甲이 손실보상을 청구한다고 하더라도, 甲은 그러한 경찰권 발동의 원인을 직접적으로 제공한 자로서 손실발생 원인에 대한 책임이 인정되는 자이므로, 위 사례의 경우 갑의 손실보상청구는 기각되어야 한다.

(4) 자살 암시 후 자살 시도를 하지 않은 경우

가. 사실관계

사례 8

甲은 결혼을 약속한 연인이 파혼을 선언하자 甲의 친한 친구에게 자신의 삶은 더 이상 의미가 없다며 약을 먹고 죽을 것이라는 장문의 문자를 보냈다. 이에 친구는 甲을 살리기 위하여 112에 甲의 자살 암시를 신고하였다. 경찰은 소방에 공조 요청을 한 후 즉각 출동하여 甲의 현관문을 두드렸지만 이에 응하지 않자 현관문을 강제개문 하였다. 甲은 만취한 채 잠이 들어 있었고 자살을 시도한 흔적은 보이지 않았다. 며칠 후 甲은 자신의 현관문 수리비용 상당액을 손실보상 청구하였다. 이 경우 甲에게는 손실발생의 원인에 대한 책임이 인정되는가?

나. 사례의 해결

① 직무집행의 적법성: 위 사례에서와 같은 자살의심 신고는 사후적으로는 실제로 위험 상황이 아니었으나 경찰의 작용 시점에서는 구체적 위험 상황과 동일한 것으로 평가될 수 있는 외관상 위험 상황에 해당하는 것으로 볼 수 있다. 따라서 「경찰관 직무집행법」 제7조(위험방지를 위한 출입)에 따른 경찰권 발동은 적법하다고 평가될 수 있다. 또한 자살할 충분한 개연성이 있다고 판단되는 상황에서 甲의 생명이라는 중대한 법익을 신속히 보호하기 위하여 강제개문을 한 것을 경찰비례의 원칙 위반이라고 볼 수도 없다. 따라서 자살 우려 신고를 받은 경찰이 현장에 출동하여 생명·신체를 보호하기 위하여 출입문을 강제로 개방한 것은 적절한 조치로서 직무집행의 적법성이 인정된다.

② 손실발생원인에 대한 책임: 甲은 친구에게 구체적인 상황을 설명하며 죽음을 암시하는 문자를 보냈고, 이러한 문자를 받은 친구는 甲이 자살을 시도한다고 믿고 경찰에 신고한바, 제1단계(경찰권 발동단계)에서 경찰의 출동 당시 甲은 외관상 경찰책임자이다. 또한 제2단계 (손실보상의 단계)에서는 甲이 보낸 구체적인 문자로 인하여 甲의 생명을 구하기 위하여 경찰이 출동하게 된 것이므로, 甲은 외관상 위험을 야기한 외관상 경찰책임자로서 손실발생 원인에 대하여 책임이 있는 자이다.

다. 결 론

甲은 손실발생원인에 대한 책임이 있는 자이므로 甲의 손실보상청구는 기각되어야 한다.

실무 Tip

1. 자살신고에 있어서 손실발생원인에 대한 책임 인정여부
실무상 경찰손실보상위원회는 자살신고의 경우를 둘로 나누어 ① 자살을 시도하는 자가 직접 경찰 등 기관에 신고한 경우에는 손실발생의 원인에 대한 책임이

있는 것으로 보고, ② 자살 시도자(자살을 하겠다는 언급을 한 자)가 친지·지인 등 제3자에게 자살 암시 메시지를 보내어 제3자가 경찰 등 기관에 자살 신고를 한 경우에는 자살 시도자에게 손실발생의 원인에 대한 책임이 없는 것으로 보는 관행이 있었다. 그러나 제3자에게 자살 암시를 한 경우라고 하더라도 단순히 획일적으로 손실발생의 원인에 대하여 책임이 없다고 평가할 것이 아니라, 자살을 언급한 사람이 제3자에게 보낸 메시지의 내용이나 정황 등을 충분히 고려하여 손실발생원인에 대하여 책임이 있는지 여부를 판단하는 것이 타당하다. 즉, 자살 암시의 내용이 구체적이고 상당히 신빙성이 있어 자살할 충분한 개연성이 있다고 신뢰하게 한 경우라면 자살을 하겠다고 언급한 자를 손실발생원인에 대한 책임이 있는 자로 보아 손실보상 청구를 기각함이 타당하다.

2. 자살을 시도하다 경찰에 의해 구조된 경우
실무상 경찰손실보상위원회는 자살을 시도하다 경찰에 의해 구조된 경우에도 자살을 시도한 당사자에게 손실보상청구를 인용한 경우도 많았다. 이는 실무상 자살 시도자의 끈질긴 보상 민원으로부터 직무집행을 한 경찰을 보호하고, 약자인 자살 시도자의 경제적 상황을 고려한 정책적 결과로 보인다. 그러나 법리적으로 그러한 자살 시도자는 손실보상에 대하여 원인에 대하여 책임이 있는 자임이 명확하다. 따라서 위와 같은 자살 사건에 대한 보다 객관적인 심사가 필요하다.

(5) 장기출타를 사고로 오인받은 경우

가. 사실관계

사례 9

빌라에서 개를 키우며 혼자 살고 계신 할머니 甲은 개를 집에 두고 며칠 동안 자녀 집에서 머무르고 있었다. 이러한 사실을 모르는 옆집 거주자 乙은 甲의 현관문 앞에 신문과 택배가 쌓이고 며칠 동안 개가 수시로 짖어대자, 甲이 집에서 돌연사하거나 쓰러져 의식을 잃고 있는 것이 아닌지 의심이 된다며 112에 신고를 하였다. 경찰은 甲의 생명·신체 보호를 위하여 甲의 현관문 도어록을 부수고 집 안으로 진입하였으나, 甲은 없고 개만 짖어대고 있었다. 甲은 도어록 손실에 대하여 원인책임이 있는가?

나. 사례의 해결

① 직무집행의 적법성: 위와 같은 사망 또는 사고 의심상황은 위험의 의심 또는 외관상 위험에 해당하는 것으로 사후적으로는 실제로 위험 상황이 아니었으나, 경찰의 작용 시점에서는 위험 상황과 동일한 것으로 평가될 수 있다. 따라서 위와 같은 구체적 위험 상황에서는 경찰의「경찰관 직무집행법」제7조(위험 방지를 위한 출입)에 따른 경찰권 발동은 적법하다고 평가되어야 한다. 또한 사망 또는 사고가 예상되는 상황에서 甲의 생명·신체라는 중대한 법익을 신속히 보호하기 위하여 강제개문을 한 것이 경찰비례의 원칙을 위반하였다고 볼 수도 없다. 따라서 이 사례에서 경찰이 현장에 출동하여 생명·신체를 보호하기 위하여 출입문을 강제로 개방한 것은 적절한 조치로서 직무집행의 적법성이 인정된다.

② 손실발생원인에 대한 책임: 1단계(경찰권 발동 단계) 경찰의 출동 당시를 기준으로 하면 甲은 단순히 딸의 집에 가서 며칠 머물고 있었을 뿐인바, 외관상 위험을 야기한 자로 보기는 어렵다. 그러나 甲의 집 앞에 신문이 며칠째 쌓이고, 택배 물건이 문밖에 있고, 개가 며칠 동안 수시로 짖어대어 이웃 주민이 甲의 생사를 걱정하여 경찰에 신고하게 된 것인 점을 감안하면 甲은 외관상 경찰책임자에 해당한다.

그러나 2단계인 사후적 손실보상의 단계에서는 甲에게는 딸의 집에 갈 때 미리 신문 배달을 중지해야 하는 의무가 있는 것도 아니고, 이웃에게 부재를 알려야 한다거나 개를 혼자 두어서는 안 된다는 법적 의무가 있는 것도 아니므로, 甲에게 도어록 파손이라는 손실발생원인에 책임이 있다고 평가하기는 어렵다.

다. 결 론

甲은 도어록 파손이라는 손실발생의 원인에 대하여 책임이 없다.

실무 Tip

만약 甲의 행위가 「동물보호법」109)상 의무를 위반하는 정도에 이르렀다면, 손실 발생원인에 대하여 책임이 인정될 수 있다. 한편 위와 유사한 상황에 대하여 독일에서는 「반려견법시행령(TierSchHuV)에 위반하여 며칠 동안 집안에 개를 홀로 방치한 자를 행위책임자라고 보고 경찰조치에 대한 비용을 청구한 판례가 있다 (VG Düsseldorf, Urteil vom 01.12.2010 - 18 K 2192/10). 즉 어느 독일인의 집에서 며칠 동안 개 짖는 소리가 나자 이웃 주민이 개의 안전이 위험하다며 경찰에 신고하였고, 출동한 경찰은 집주인이 이미 이사해서 텅 빈 집 창문을 부수고 진입하여 방치된 개를 동물수용시설로 보낸 사례에서, 법원은 경찰이 창문을 깨고 들어간 수사비용 및 동물보호소 사용 비용을 집주인이 부담하라고 선고하였다.

2. 비교사례

(1) 손실발생의 원인책임이 감경되는 경우

가. 사실관계

사례 10

최근 서울 관악구 신림동과 경기 성남 분당에서 잇따라 발생한 흉기 난동 사건, 범죄예고 게시물 등 일련의 이상 동기 범죄 확산으로 인하여 범죄에 대한 공포심

---

109) 「동물보호법」[시행 2023. 9. 15.] [법률 제19234호, 2023. 3. 14., 타법개정]
　　제10조(동물학대 등의 금지) ④ 소유자등은 다음 각 호의 행위를 하여서는 아니 된다.
　　1. 동물을 유기하는 행위
　　2. 반려동물에게 최소한의 사육공간 및 먹이 제공, 적정한 길이의 목줄, 위생·건강 관리를 위한 사항 등 농림축산식품부령으로 정하는 사육·관리 또는 보호의무를 위반하여 상해를 입히거나 질병을 유발하는 행위
　　3. 제2호의 행위로 인하여 반려동물을 죽음에 이르게 하는 행위
　　제97조(벌칙) ② 다음 각 호의 어느 하나에 해당하는 자는 2년 이하의 징역 또는 2천만 원 이하의 벌금에 처한다.
　　2. 제10조 제4항 제1호를 위반하여 맹견을 유기한 소유자 등
　　3. 제10조 제4항 제2호를 위반한 소유자 등

이 퍼지자 경찰은 범죄예방을 위한 순찰을 강화하였다. 하루 사이 범죄예고 글이 100건이 넘은 어느 날 밤 11시경, "강남역 근처에서 후드티를 입고 마스크를 한 덩치 큰 남자가 기다란 검은 가방을 메고 거리를 서성이고 있다"라는 112 신고가 접수되어 경찰이 즉시 현장으로 출동하여 甲을 발견하고 그를 불러 멈추도록 하였다. 그러자 甲이 갑자기 뛰며 도망을 쳤고, 이에 경찰은 甲을 범죄자로 판단하여 甲을 추격하였으며, 甲을 제압하는 과정에서 甲이 도로에 넘어져 상처를 입게 되었다. 그러나 사실은 고등학생 甲이 학원이 끝난 후 피시방에 같이 갈 친구를 기다리고 있었던 것이며, 甲은 경찰이 자신을 부르며 다가오자 순간적으로 놀라 뛰었을 뿐이었다. 이 경우 甲은 외관상 경찰책임자인가? 또한 손실발생의 원인에 대하여 책임이 있는 자인가?

나. 사례의 해결

① 직무집행의 적법성: 경찰은 최근 흉기난동 범죄 대응 특별치안 활동이 강화된 시점에서 흉기난동자나 범죄예고자 또는 정신질환자 등과 관련한 112 신고에 대하여 현장 확인을 강화하고, 중심지역 관서에 대한 도보 순찰 인력확보, 거점순찰 근무 등을 활성화하였다. 경찰은 야간에 지하철 앞에서 수상한 행동을 하는 사람이 있다는 112 신고 내역을 근거로 신고대상자가 범행을 저지르려고 의심할 만한 상당한 이유가 있는 사람으로 판단한 후, 사실관계를 확인하기 위하여 「경찰관 직무집행법」 제3조에 따라 불심검문을 하고자 하였다. 그러자 甲이 갑자기 도주하기 시작하였고, 이에 경찰은 甲을 범죄를 행한 자로 판단하여 그를 추격하였다. 이처럼 112 신고 대상자에게 다가가 불심검문을 하려고 하였으나, 甲이 경찰을 보고 도주하자 그를 추격하여 甲을 체포한 것은 경찰비례의 원칙에 위배된다고 볼 수 없다.

② 손실발생원인에 대한 책임: 甲은 범죄와 무관한 자이고, 단지 후드티를 입고 마스크를 쓴 채로 가방을 메고 지하철역 앞에서 친구를 기다렸을 뿐인바, 이때까지는 외관상 위험을 야기한 자로 볼 수 없다. 그러나 1단계(경찰권 발동 단계)인 경찰출동 당시를 기준으로 하면 흉기난동 범죄에 민감한 시기에 甲은 밤늦게 지하철역 앞에서 수상한 자로 오인을 받아 112 신고까지 받은 상황이므로 외관상 경찰책임자라고 할

수 있다. 한편 2단계(손실보상의 단계)에서는 甲이 아무런 이유도 없이
경찰을 보고 도주하여 경찰이 甲을 범죄자로 오인할 만한 상황을 초래
하였음을 고려하면, 甲은 체포과정에서 입은 신체의 손실에 대하여는
손실발생의 원인에 대하여 책임이 있다고 볼 수 있다. 다만 甲이 미성
년인 학생인 점, 경찰의 체포과정에서의 물리력 행사 정도, 甲의 항거
정도 등 제반 사정을 고려하여 경찰비례의 원칙에 따라 손실발생원인
에 대한 甲의 책임은 감경될 수 있다.

다. 결 론

甲은 외관상 위험을 야기한 외관상 경찰책임자에 해당하는바, 甲
이 이유 없이 도주하여 경찰이 甲을 범죄자로 오해할 만한 상황을 초
래하였으므로, 손실발생의 원인에 대하여 책임이 있다고 볼 수 있다.
그러나 甲이 미성년자 학생인 점 등을 고려하면「경찰관 직무집행법」
제11조의2(손실보상) 제1항 제2호 "손실발생의 원인에 대하여 책임이
있는 자가 자신의 책임에 상응하는 정도를 초과하는 생명·신체 또는
재산상의 손실을 입은 경우"에 해당하는 것으로 볼 수 있으며, 따라서
동 조항에 근거하여 적절한 범위 내에서 보상이 가능하다.

(2) 경찰비책임자인 경우

가. 사실관계

사례 11

아파트 12층 베란다에서 인질범이 당장 현찰 1억을 가져오지 않으면 인질을 죽
이겠다며 인질의 목에 칼을 들이대며 인질극을 벌이고 있다는 112 신고가 접수
되었다. 경찰특공대는 인질의 생명을 구하기 위한 수단으로 해당 호수의 윗집 베
란다를 통해 아래층으로 진입하기 위하여 거주자 甲이 부재 중이던 윗집 현관문
을 강제 개문하여 진입한 후, 아래층 베란다로 급습하여 인질의 생명을 구함과
동시에 인질범을 체포하였다. 며칠 후 위층 거주자 甲은 자신의 현관문 수리비에
대하여 경찰 손실보상을 청구하였다. 이때 甲은 경찰비책임자인가?

나. 사례의 해결

① 직무집행의 적법성: 경찰비책임자에 대한 경찰권 발동은 경찰 긴급상황[110]에서만 인정된다. 경찰권은 원칙적으로 경찰책임자에게만 발동되어야 하지만, 경찰 긴급상황의 경우에는 경찰은 이러한 원칙에서 벗어나서 예외적으로 경찰책임자가 아닌 제3자, 즉 경찰비책임자에게 경찰권을 발동할 수 있다. 위 사례에서 경찰특공대의 진입은 「경찰관 직무집행법」 제5조(위험 발생의 방지 등), 제6조(범죄의 예방과 제지), 제7조(위험 방지를 위한 출입) 등에 근거하여 취할 수 있는 적법한 경찰 조치이다. 현재 인질의 생명이 위험한 긴급한 상황이며, 인질을 구함과 동시에 인질범을 사살하지 않고 체포하기 위하여 윗집 베란다를 통해 진입하는 방법을 택한 것은 경찰비례의 원칙에 따른 최소침해적 수단을 택한 것이라고 볼 수 있다. 또한 윗집 현관문 파손 및 출입으로 甲의 생명·신체 등에 대한 중대한 위험을 초래하였다고 볼 수도 없다. 따라서 위 사례에 있어서 경찰 직무집행은 적법하다고 평가될 수 있다.

② 손실발생원인에 대한 책임: 윗집 거주자 甲은 제1단계(경찰권 발동 단계)에서 위 사건 발생 당시 부재중이었으며, 위험 상황과는 무관한 자이므로 경찰비책임자에 해당한다. 또한 제2단계(손실보상의 단계)에서 甲은 경찰이 인질을 구하고 인질범을 체포해야 하는 경찰 긴급상황에서 구체적 위험을 방지하기 위한 경찰권 발동으로 인하여 자신의 현관문 파손이라는 손실을 입은 자이므로, 이 경우 甲에게 손실발생 원인에 대한 책임은 없다.

다. 결론

甲은 인질극과는 아무런 관련이 없음에도 경찰 긴급상황에서 甲의 주거지가 이용됨으로써 손실을 입게 되었다. 이 경우 甲은 경찰비책임

---

110) 경찰긴급상황에 대하여는 제2장 제2절 경찰손실보상제도 이해를 위한 경찰법 체계 V.경찰권 발동의 대상: 경찰책임의 원칙 참조.

자이므로 손실보상 청구 시 인용될 것이다.

(3) 비정형적인 손실 발생의 경우

가. 사실관계

사례 12

경찰은 甲 업체가 소프트웨어 프로그램에 아무런 권한 없이 불법으로 프로그램을 복제하여 컴퓨터 10대에 장착한 후 甲 업체 직원이 사용하도록 하여 저작권을 침해하였다는 신고를 접수하였다. 이에 경찰은 저작권법 위반으로 수색영장 집행을 위해 한국소프트웨어저작권협회 직원 3명에게 협조를 요청하여 컴퓨터 내부 설치 프로그램을 순차적으로 확인하기로 하였다. 수색영장 집행 과정에서 협회 직원 한 명이 전원이 차단된 컴퓨터를 켜기 위해서 컴퓨터 본체 부팅버튼을 누르는 순간 갑자기 '퍽'하는 소리를 내며 컴퓨터가 고장이 났다. 즉시 컴퓨터 수리업자 乙을 불렀으나 乙은 과전류가 흘러 메인보드가 손상된 것으로 보이지만 정확한 원인은 알 수 없다고 하였다. 이후 甲은 고소인들과 합의를 하여 甲의 저작권법 위반은 공소권 없음으로 불기소 결정되었고, 그 즉시 甲은 손상된 컴퓨터 수리비를 손실보상 청구하였다. 경찰의 수색영장 집행과정에서 발생한 甲 업체의 메인보드 손상에 대해 甲 업체는 손실발생의 원인에 대하여 책임이 있는가?

나. 사례의 해결

① 직무집행의 적법성: 경찰은 컴퓨터 소프트웨어 프로그램이 불법적으로 사용되고 있는지를 정확히 확인하기 위하여 한국소프트웨어저작권협회 직원과 함께 압수영장에 따라 저작권 침해 여부를 확인하게 되었다. 그리고 甲업체가 불법적으로 프로그램을 사용하는지 여부를 확인하기 위하여 컴퓨터의 전원을 켜는 것은 불가피한 일이었으므로 협회 직원이 컴퓨터 본체 부팅버튼을 누른 행위 역시 경찰비례의 원칙을 위반한 것은 아니다. 한편 경찰의 지원 요청에 따라 협회 직원이 집행한 것은 경찰의 조치와 동일하게 평가될 수 있으며, 따라서 직무집행의 적법성이 인정된다.

② 손실발생원인에 대한 책임: 1단계(경찰권 발동 단계)에서는 경찰 출동 당시를 기준으로 하면 甲은 저작권법 위반으로 고소를 당한 피의자이므로 경찰이 출동하여 위법행위를 수사하는 절차로서 컴퓨터 내용을 확인하는 경찰권 발동은 정당한바, 甲은 경찰책임자라고 볼 수 있다. 그러나 2단계(손실보상의 단계)에서는 甲 회사의 컴퓨터를 수색하는 과정에서 본체 부팅버튼을 누르는 순간 갑자기 '픽' 하는 소리와 함께 컴퓨터 메인보드가 손상된 것에 대해서는 그 원인을 정확히 파악할 수는 없고, 컴퓨터 손상을 입을 당시에 컴퓨터에 손을 댄 사람은 경찰을 지원한 협회 직원이었으므로 최소한 甲에게 손실발생에 대하여 책임이 있다고 보기는 어렵다. 즉 이 경우는 제1단계에서 甲이 경찰책임자라고 하더라도, 제2단계에서는 경찰을 지원하는 협회 직원의 새로운 행위의 개입으로 인하여 손실이 발생하였으므로 甲에게 손실발생에 대하여 책임을 인정하기 어렵다. 다만 일반적으로 컴퓨터 본체 부팅버튼을 누른다고 하여 컴퓨터가 메인보드가 손상될 가능성은 크지 않으므로 보상 범위에서 일부 보상이 가능하다고 판단된다.

다. 결 론

甲 업체는 경찰이 수색영장을 집행하게 된 원인을 제공한 자이나, 영장을 집행하는 동안 발생한 메인보드 손상이라는 손실발생에 대하여는 원인책임이 없다. 그러나 경찰의 수색영장 집행 과정에서 컴퓨터 본체 부팅버튼을 누르는 것만으로 甲 업체의 컴퓨터가 '픽' 소리를 내며 고장 난다는 것이 일반적으로 발생 가능성이 크지 않은 점을 고려하여 일부보상이 가능하다고 판단된다.

IV. 경찰의 적법한 직무집행과 손실발생 사이의 인과관계

경찰 손실보상 청구가 인용되기 위해서는 청구인에게 발생한 손실이 경찰의 적법한 직무집행으로 인하여 발생한 것이라는 점, 즉 경

찰의 직무집행과 청구인에게 발생한 손실 간에 인과관계가 인정되어
야 한다. 다만 여기에서의 인과관계는 상당인과관계[111]로서, 인과관계
의 증명 정도는 실험에 의한 논리적 증명이 요구되는 자연과학적 증명
이 아니라 손실의 발생에 대한 고도의 개연성이 있으면 충분하다고 볼
수 있다. 한편 손실보상에서의 인과관계는 국가배상에서와 같은 엄격
한 의미의 상당인과관계로 보기보다는 사안에 따라서는 의도하지 않
았으나 예견 가능한 간접손실 등도 포함시키는 등 상당인과관계를 인
정하기 위한 요건을 완화할 필요가 있다. 왜냐하면 경찰 손실보상제도
의 도입 목적이 경찰의 적법한 직무집행으로 인하여 손실이 발생한 경
우 국민의 권익을 보호하고 경찰의 안정적인 직무집행을 도모하려는
것이라는 점을 감안하여야 하기 때문이다.

　　한편 경찰의 직무집행이 손실발생의 직접적인 원인이라는 인과관
계의 증명책임은 손실보상을 청구하는 청구인에게 있다. 손실보상심
의위원회에서는 청구인이 제출한 증거들을 토대로 인과관계 여부를
판단하는데, 만약 다른 원인으로 인하여 손실이 발생하였다는 충분한
개연성이 있는 경우에는 손실보상 청구를 기각하고 있다.

　　또한 인과관계를 어디까지 인정할 것인지가 문제되는 경우도 있
는바, 예컨대 경찰의 직무집행으로 인한 영업손실, 차량 수리비용 이
외의 렌터카 비용청구, 신체의 후유증 등에서 어느 범위까지가 경찰의
직무집행으로 인한 손실인지가 문제 된다. 이는 각 상황에서 청구인이
제출한 구체적인 자료·증거를 통하여 확정될 수 있다.

---

111)「공무원에게 부과된 직무상 의무의 내용이 단순히 공공 일반의 이익을 위한 것
　　이거나 행정기관 내부의 질서를 규율하기 위한 것이 아니고 전적으로 또는 부
　　수적으로 사회구성원 개인의 안전과 이익을 보호하기 위하여 설정된 것이라
　　면, 공무원이 그와 같은 직무상 의무를 위반함으로 인하여 피해자가 입은 손해
　　에 대하여는 상당인과관계가 인정되는 범위 내에서 국가가 배상책임을 지는
　　것이고, 이때 상당인과관계의 유무를 판단함에 있어서는 일반적인 결과 발생
　　의 개연성은 물론 직무상 의무를 부과하는 법령 기타 행동규범의 목적이나 가
　　해행위의 태양 및 피해의 정도 등을 종합적으로 고려하여야 한다」(대법원 1993.
　　2. 12. 선고 91다43466 판결; 대법원 1998. 2. 10. 선고 97다49534 판결 등 참조).

1. 기본사례

(1) 강제개문과 주거이전 비용

가. 사실관계

사례 13

경찰은 서울 시내 한 오피스텔의 한 방에서 불법 성매매가 이루어지고 있다는 신고를 받고 오피스텔을 급습하여 성매매가 이루어지는 현장에서 성 매수자를 현행범으로 체포하였다. 또한 외국인 성매매 여성을 설득하여 영업으로 성매매를 알선하는 업주 甲이 같은 오피스텔 건물에 거주하며, 현재 성매매가 끝나기를 기다리고 있다는 사실을 파악하고 甲을 현행범으로 체포하기 위하여 해당 주거지에서 10분간 개문을 요구하였다. 그럼에도 불구하고 甲이 경찰의 개문 요구에 응하지 않자 도어록을 부수고 강제 개문을 하였으나, 개문 후 확인한 결과 해당 오피스텔은 일반인 여성 乙이 혼자 거주하는 집이었다. 그 일반인 여성 乙은 집 안에 있었지만 개문 요구를 하는 사람이 경찰이라고 믿을 수가 없고 너무 무서워서 개문에 불응하였다고 진술하였다. 3개월 후 乙은 성매매가 이루어지는 오피스텔에서는 도저히 불안해서 살 수가 없다면서 도어록 수리비뿐만 아니라 오피스텔 이사 비용 및 부동산 중개수수료 등을 손실보상으로 청구하였다. 이 경우 경찰의 강제 개문이라는 직무집행과 乙의 주거이전 비용 사이에 인과관계가 인정되는가?

나. 사례의 해결

① 직무집행의 적법성: 「성매매알선 등 행위의 처벌에 관한 법률」 제21조 제1항[112])에 따르면 성매매를 한 사람은 처벌 대상이다. 따라서 경찰이 불법 성매매 신고를 받고 현장에 출동하여 성매수자를 현행범

---

112) 「성매매알선 등 행위의 처벌에 관한 법률」(약칭:성매매처벌법)[시행 2024. 1. 1.] [법률 제19858호, 2023. 12. 29., 일부개정]
    제21조(벌칙) ① 성매매를 한 사람은 1년 이하의 징역이나 300만 원 이하의 벌금·구류 또는 과료에 처한다.
    ② 제7조 제3항을 위반한 사람은 500만원 이하의 벌금에 처한다.

으로 채포한 것은 적법하다. 또한 같은 법 제19조 제1항[113])에 따르면
영업으로 성매매알선 등 행위를 한 사람 또한 처벌 대상인바, 성매매
의 경우 범죄행위의 은밀성 및 증거인멸의 우려 등으로 인하여 신속히
공범을 검거할 필요가 있다. 따라서 성 매수자를 현행범으로 체포한
직후 성매매 여성의 구체적인 진술에 따라 같은 건물인 현재의 오피스
텔 내부에서 영업 중인 성매매 알선자를 체포하기 위하여 해당 주거지
에 강제진입한 것은 경찰비례의 원칙에 위배되지 않아 적법하다.

   ② 손실발생원인에 대한 책임: 경찰이 「성매매알선 등 행위의 처벌
에 관한 법률」 위반자들을 현행범으로 체포하기 위하여 성매매 여성이
구체적으로 특정한 호실을 강제개문하였으나, 해당 오피스텔 호실은
성매매 알선자의 거주지가 아닌 일반인 여성 乙의 거주지였다. 그리고
강제개문으로 인하여 도어록 파손이라는 손실이 발생하였으며, 추후
乙은 두려움으로 인하여 해당 거주지에서 더 이상 거주하지 못하고 불
가피하게 이사를 하게 되었다면서 주거이전 비용 및 부동산 중개수수
료 등의 손실을 주장하고 있다.

   우선 도어록 파손이라는 손실발생에 대하여 검토하건대 1단계(경
찰권 발동 단계)인 경찰 출동 당시를 기준으로 살펴보면, 乙의 거주지는
성매매 알선자의 거주지로 오인된 상황이므로 乙은 외관상 경찰책임
자라고 볼 수 있다. 그러나 2단계(손실보상의 단계)에서 보면, 乙은 위와
같은 성매매 현행범의 체포 상황과는 전혀 무관한 자로 손실발생의 원
인에 대하여는 책임이 없다. 한편 乙은 강제개문 당시 집 안에 있었으

---

113) 「성매매처벌법」 제19조(벌칙) ① 다음 각 호의 어느 하나에 해당하는 사람은
   3년 이하의 징역 또는 3천만원 이하의 벌금에 처한다.
   1. 성매매알선 등 행위를 한 사람
   2. 성을 파는 행위를 할 사람을 모집한 사람
   3. 성을 파는 행위를 하도록 직업을 소개·알선한 사람
   ② 다음 각 호의 어느 하나에 해당하는 사람은 7년 이하의 징역 또는 7천만원
   이하의 벌금에 처한다.
   1. 영업으로 성매매알선 등 행위를 한 사람
   2. 성을 파는 행위를 할 사람을 모집하고 그 대가를 지급받은 사람
   3. 성을 파는 행위를 하도록 직업을 소개·알선하고 그 대가를 지급받은 사람

므로 경찰의 개문 요구에 응할 수 있었다고 추정되나, 乙 스스로는 개문 요구를 하는 자가 경찰일 것이라고는 전혀 예상할 수 없었다고 주장하였다. 결국 성매매 사건과 무관한 乙은 자신이 거주하는 오피스텔 호실이 강제개문되어 발생한 도어록 파손이라는 손실발생에 대하여는 원인책임이 없다고 평가할 수 있다.

③ 인과관계의 부존재: 손실보상 청구인 乙이 청구한 도어록의 수리비의 경우에는, 현행범 체포라는 직무집행과 도어록 파손 사이에 직접적인 인과관계가 인정될 수 있다. 그러나 오피스텔 이사 비용 및 부동산 중개수수료 등의 경우에는 객관적으로 상당인과관계가 인정되기 어려운 경우인바, 청구인이 이를 증명할 수 있는 특별한 증거를 제시하지 않는 한 경찰의 직무집행과 손실발생 사이의 인과관계는 인정되기 어렵다. 청구인인 乙은 자신의 거주지와 같은 건물 오피스텔에서 성매매 범죄가 일어난 점, 자신의 집이 경찰에게 오인받아 강제개문된 점 등의 사유로 정신적 충격을 받아 다른 곳으로 이사를 했다. 그러나 건물 오피스텔에서 성매매 범죄가 이루어진 사실은 경찰의 직무집행으로 인한 것이 아닌 점, 그 밖에 자신의 거주지가 경찰에게 범죄인의 영업·은닉장소로 오인을 받은 사실이 충격이라는 주장에 대해서는 乙이 개문 당시에 집 안에 있었던 점, 그리고 이와 같은 사유로 정신적 충격을 받아 이사하는 것이 불가피할 정도로 보기는 어렵다는 점, 그 밖에 乙은 자신이 제시한 사유 외에 이사를 할 수밖에 없는 불가피한 사유를 제시하지 않은 점 등을 고려한다면, 경찰의 직무집행과 주거이전이라는 손실발생 사이에는 직접적인 인과관계를 인정할 수 없다.

다. 결 론

乙이 입은 도어록 파손이라는 손실발생에 대하여 乙은 원인책임이 없으며, 또한 경찰의 직무집행과 도어록 파손이라는 손실발생 사이의 인과관계가 인정된다. 반면 乙이 주장하는 주거이전 비용 및 부동산 중개수수료 등의 경우에 있어서는 이러한 비용발생이 경찰의 직무집행으로 인한 것인지에 대한 증명이 어려운바 인과관계를 인정하기 어렵다. 따라서 乙은 도어록 파손에 대하여 손실보상을 받을 수 있을 뿐 주거이전 비용 및 부동산 중개수수료에 대한 손실보상은 받을 수 없다.

(2) 직무집행과 영업손실

가. 사실관계

사례 14

> 수만 명의 인파가 모인 축제 행사 중 거리에서 대규모 사상자가 발생하자, 경찰은 현장 통제 및 증거 보존을 위하여 약 13일간 사망자 발생 구역 전체에 폴리스라인(이하 '질서유지선')을 설치하였다. 한편 그 13일 중 약 7일 동안은 위 사건에 대한 국가적인 애도 기간이었으므로, 사고 발생 일대의 소상공인은 자발적으로 영업을 중지하였다. 몇 달 후 질서유지선이 설치된 구역에서 일반유흥 주점업을 운영하는 甲은 경찰이 설치한 질서유지선으로 인하여 영업손실을 입었다면서 사고 전 평균 매출을 기초로 약 5천만 원의 손실보상을 청구하였다. 경찰에 의한 질서유지선 설치와 사고 발생 지역의 유흥주점업주인 甲의 손실보상 사이에 인과관계가 인정되는가?

나. 사례의 해결

① 직무집행의 적법성: 경찰이 대규모 사상자가 발생한 지역의 현장을 통제하고 사고 조사를 위한 증거를 확보하기 위하여 질서유지선을 설치한 것은 「범죄수사규칙」 제168조(현장보존)[114]에 근거한 것으

---

114) 「(경찰청) 범죄수사규칙」[시행 2023. 11. 1.] [경찰청훈령 제1103호, 2023. 11. 1., 일부개정]
　　제168조(현장보존) ① 경찰관은 범죄가 실행된 지점뿐만 아니라 현장보존의 범위를 충분히 정하여 수사자료를 발견하기 위하여 노력하여야 한다.
　　② 경찰관은 보존하여야 할 현장의 범위를 정하였을 때에는 지체없이 출입금지 표시 등 적절한 조치를 하여 함부로 출입하는 자가 없도록 하여야 한다. 이때 현장에 출입한 사람이 있을 경우 그들의 성명, 주거 등 인적 사항을 기록하여야 하며, 현장 또는 근처에서 배회하는 등 수상한 사람이

로 적법성이 인정된다. 또한 현장보존이라는 목적의 정당성과 이를 위한 질서유지선 설치라는 수단의 적합성이 인정되며, 다음으로 대규모 사망사고 원인의 증거를 확보할 수 있는 기간에 한하여 질서유지선을 설치한 것이므로 침해의 최소성도 인정된다. 이어서 경찰에 의한 질서유지선 설치로 인하여 해당 구역에서의 영업이익이 침해될 수 있으나, 수많은 사상자의 증거 확보 및 원인 조사 및 재발 방지 등 공익이 그보다 크다고 볼 수 있으므로 상당성 또한 인정된다. 따라서 사례에 있어서의 경찰의 직무집행은 경찰비례의 원칙을 준수한 것으로서 직무집행의 적법성이 인정된다.

② 손실발생원인에 대한 책임: 1단계(경찰권 발동 단계)에서 경찰이 질서유지선을 설치할 당시를 기준으로 하면 이는 청구인을 대상으로 한 것이 아니므로 청구인은 경찰책임자라고 볼 수 없다. 한편 2단계(손실보상의 단계)에서 甲은 축제 기간 행사를 통하여 상당한 영업이익을 얻은 당사자에 해당하지만, 그렇다고 해서 대규모 사상자를 발생하게 하여 그로 인하여 질서유지선을 설치하게 만든 책임이 있다고 보기는 어렵다. 따라서 甲에게는 손실 발생의 원인 책임은 없다.

③ 인과관계의 부존재: 甲이 경찰 질서유지선이 설치된 기간 동안 영업손실을 입은 사실은 인정된다. 그러나 이러한 영업손실은 해당 지역에서 대규모 사상자가 발생함으로써 해당 구역이 사고 현장이

있을 때에는 그들의 성명, 주거 등을 파악하여 기록하도록 노력한다.
③ 경찰관은 현장을 보존할 때에는 되도록 현장을 범행 당시의 상황 그대로 보존하여야 한다.
④ 경찰관은 부상자의 구호, 증거물의 변질·분산·분실 방지 등을 위해 특히 부득이한 사정이 있는 경우를 제외하고는 함부로 현장에 들어가서는 아니 된다.
⑤ 경찰관은 현장에서 발견된 수사자료 중 햇빛, 열, 비, 바람 등에 의하여 변질·변형 또는 멸실할 우려가 있는 것에 대하여는 덮개로 가리는 등 적당한 방법으로 그 원상을 보존하도록 노력하여야 한다.
⑥ 경찰관은 부상자의 구호 그밖의 부득이한 이유로 현장을 변경할 필요가 있는 경우 등 수사자료를 원상태로 보존할 수 없을 때에는 사진, 도면, 기록 그밖의 적당한 방법으로 그 원상을 보존하도록 노력하여야 한다.

되었기 때문에 발생한 것일 뿐이다. 경찰이 설치한 질서유지선은 대규모 사상자가 발생한 사고 현장을 보존하기 위한 공익적인 목적으로 설치된 것인바, 질서유지선이 영업손실의 직접적인 원인이라고 볼 수 없다. 또한 甲은 대규모 사상자가 발생한 장소에서 유흥주점업을 운영하는 자로서, 당시 질서유지선이 설치된 기간 중 절반은 국민적 애도 기간이었으며 甲 본인도 참여한 사실, 애도 기간 이후에도 상당한 기간 동안 해당 구역의 상권이 상당히 침체된 점 등을 고려한다면 甲의 영업손실이 질서유지선으로 인한 것이라는 인과관계를 인정하기 어렵다.

다. 결 론

대규모 사상자가 발생한 재난현장의 보호를 위해 질서유지선을 설치한 것은 적법성이 인정된다. 또한 질서유지선이 설치된 구역에서 유흥주점을 하는 甲의 영업 매출이 감소된 직접적인 원인은 해당 장소에서 대규모 사상자가 발생한 사고 자체이지, 사고 구역에 설치된 질서유지선이라고 보기 어렵다. 따라서 질서유지선과 영업손실 사이의 직접적인 인과관계를 인정하기 어려운바 甲의 손실보상 청구는 기각되어야 한다.

실무 Tip

위 사례는 광화문 광장 인근에 집회를 관리하기 위하여 설치된 질서유지선으로 인하여 식당, 한복집 등의 손님이 줄었다며 영업손실 보상을 청구하는 경우와 유사하다. 만약 청구인에게 영업 손실이 발생하였다면 그것의 직접적인 원인은 광화문 광장 인근의 집회로 인한 것이지, 집회를 관리하기 위하여 설치된 질서유지선으로 인한 것이 아니다.

2. 비교사례

(1) 직무집행과 택시 휴업

가. 사실관계

사례 15

경찰은 강력사건 피의자를 체포하기 위하여 체포영장을 발부받았다. 그리고 잠복수사를 위하여 경찰 차량 대신 택시를 사용하기로 하여, 개인 택시기사 甲에게 하루 일당을 지급하고 택시를 이용하여 피의자 乙을 추적하게 되었다. 이 과정에서 경찰이 추적 중임을 눈치챈 피의자 乙의 차량이 甲의 택시를 치고 달아나 甲의 택시가 상당 부분 파손되었다. 경찰은 추격 끝에 피의자 乙을 체포하였다. 한편 甲은 택시를 수리하는 5일 동안 개인택시 영업을 하지 못하게 되자 차량 수리비뿐만 아니라 5일 동안의 일당을 영업손실로 청구하였다. 경찰의 직무집행과 甲의 영업손실 사이에 인과관계가 인정되는가?

나. 사례의 해결

① 직무집행의 적법성: 경찰이 「형사소송법」 제200조의2 제1항[115)에 따라 법관으로부터 발부받은 체포영장에 의하여 피의자 乙을 체포한 것은 적법하다. 그리고 경찰이 택시기사 甲의 차량을 이용하여 범인을 추적한 것은 피의자 검거라는 목적에 적합하며, 피의자 乙을 추적하는 데 차량을 이용한 것이므로 그 방법 역시 적합하다. 또한 택시

---

115) 「형사소송법」[시행 2022. 9. 10.] [법률 제18862호, 2022. 5. 9., 일부개정]
　　제200조의2(영장에 의한 체포) ①피의자가 죄를 범하였다고 의심할 만한 상당한 이유가 있고, 정당한 이유없이 제200조의 규정에 의한 출석요구에 응하지 아니하거나 응하지 아니할 우려가 있는 때에는 검사는 관할 지방법원판사에게 청구하여 체포영장을 발부받아 피의자를 체포할 수 있고, 사법경찰관은 검사에게 신청하여 검사의 청구로 관할지방법원판사의 체포영장을 발부받아 피의자를 체포할 수 있다. 다만, 다액 50만 원 이하의 벌금, 구류 또는 과료에 해당하는 사건에 관하여는 피의자가 일정한 주거가 없는 경우 또는 정당한 이유없이 제200조의 규정에 의한 출석요구에 응하지 아니한 경우에 한한다.

기사에게 일당을 지급하기로 하고 운전을 부탁한 것으로 침해의 최소성 요건에도 부합한다. 따라서 경찰이 택시 차량을 이용하여 피의자 乙을 추격한 것은 경찰비례의 원칙을 위반하지 않은 적법한 직무집행으로 볼 수 있다.

② 손실발생원인에 대한 책임: 청구인 甲은 개인택시 기사로서 일당을 받고 경찰을 위해 운전하던 중, 피의자 乙이 택시 안에 경찰에 있음을 알아채고 甲의 차량을 치고 달아나 차량이 파손된 것이므로, 甲은 차량 손실의 발생에 대하여 책임이 없는 자이다.

③ 인과관계의 존재: 청구인 甲의 차량이 파손된 이유는 경찰의 직무집행에 자발적으로 협조하거나 물건을 제공하는 과정에서 발생한 것이며, 비록 피의자 乙이 甲의 차량을 손괴하였으나, 이는 경찰이 수사업무를 수행하는 과정에서 발생한 것과 동일한 것으로 평가할 수 있다. 따라서 경찰의 수사업무 수행 과정에서 甲의 차량이 손실을 입은 것이므로 인과관계가 인정된다. 또한 甲은 택시로 생계를 유지하는 개인택시 운전자인바, 개인택시 영업에 필수적으로 요구되는 차량이 파손되고 그로 인하여 5일 동안 영업을 하지 못한 사실이 인정된다. 따라서 경찰의 직무집행으로 인하여 甲의 차량이 파손되고 5일 동안의 영업을 하지 못하게 된 손실 사이에 인과관계가 존재한다.

다. 결 론

개인 택시기사 甲이 입은 손실은 차량 수리비와 수리를 하는 동안의 영업손실[116]이며, 이는 경찰의 직무집행과정에서 발생한 것으로서 인과관계도 인정된다. 따라서 차량 수리비와 수리기간인 5일 동안의 영업손실에 대한 손실보상 청구는 인용될 수 있다.

---

116)「경찰관 직무집행법 시행령」[대통령령 제31380호, 2021.1.5., 타법개정] 제9조 (손실보상의 기준 및 보상금액 등) ① 법 제11조의2 제1항에 따라 손실보상을 할 때 물건을 멸실·훼손한 경우에는 다음 각 호의 기준에 따라 보상한다.
3. 영업자가 손실을 입은 물건의 수리나 교환으로 인하여 영업을 계속할 수 없는 경우: 영업을 계속할 수 없는 기간 중 영업상 이익에 상당하는 금액

(2) 직무집행과 대체 물품 대여비용

가. 사실관계

사례 16

甲 키즈카페에서 아동 대상 성폭력 사건이 발생했다는 신고를 접수한 경찰이 현장에 출동하였다. 하지만 성폭력 사건은 이미 며칠 전에 발생하였기 때문에 경찰은 범죄사실 확인을 위한 甲 키즈카페의 내부 CCTV 영상 분석이 필요했다. 그러나 이미 CCTV 녹화 영상은 5일이 도과되어 삭제되어 있었다. 경찰은 범죄사실 확인을 위하여 삭제된 영상을 복원할 필요가 있었으므로, 영상을 복원하기 위하여 CCTV 본체에 대한 압수·수색·검증영장을 발부받았다. 甲 키즈카페 운영자는 영업을 위하여 해당 CCTV가 반드시 필요하였기 때문에 경찰이 영상을 복원하는 동안 다른 CCTV를 대여할 수밖에 없었다. 경찰의 직무집행과 甲 키즈카페 운영자의 CCTV 대여비용 사이에 인과관계가 인정되는가?

나. 사례의 해결

① 직무집행의 적법성: 경찰은 키즈카페에서 발생한 성폭력 사건 발생 신고를 받고 수사에 반드시 필요한 범죄사실 영상을 확보하기 위하여 「형사소송법」 제215조 제2항에 따른 압수·수색·검증영장[117]을 발부받아 이를 집행하였다. CCTV 영상을 복원하기 위해서는 본체가 필요한 상황이었으므로, 경찰이 영상복원에 필요한 기간을 영장에 기재하여 CCTV 본체를 압수·수색·검증한 것은 경찰비례의 원칙에 위반하지 않는다. 따라서 이 사건에 있어서 경찰의 직무집행은 적법하다.

② 손실발생원인에 대한 책임: 청구인 甲은 키즈카페 운영자로서,

---

117) 「형사소송법」[시행 2022. 9. 10.] [법률 제18862호, 2022. 5. 9., 일부개정]
　　제215조(압수, 수색, 검증) ② 사법경찰관이 범죄수사에 필요한 때에는 피의자가 죄를 범하였다고 의심할 만한 정황이 있고 해당 사건과 관계가 있다고 인정할 수 있는 것에 한정하여 검사에게 신청하여 검사의 청구로 지방법원판사가 발부한 영장에 의하여 압수, 수색 또는 검증을 할 수 있다.

키즈카페 내에서 발생한 손님들 간의 성폭력 사건 발생에 대하여 책임
이 없는 자이다. 그럼에도 불구하고 범죄 수사를 위하여 자신이 운영
하는 카페의 CCTV를 압수당한 상황인바, 영상복원 기간 동안 키즈카
페 운영을 위하여 대체 CCTV를 대여함으로써 발생한 재산상 손실에
대하여 아무런 원인책임이 없다.

③ 인과관계의 존재: 甲은 키즈카페 운영을 위해서는 CCTV가 반
드시 필요하였고, 경찰이 영장에 의하여 적법하게 압수해 간 자신의
CCTV를 대체할 CCTV를 대여할 필요가 있었으므로, 경찰의 직무집
행과 대체 CCTV 대여비용이라는 재산상 손실 사이에는 인과관계가
인정된다.

다. 결 론

키즈카페에서 발생한 성폭력 범죄 수사를 위하여 적법하게 발부받
은 영장을 집행한 경찰의 직무집행과 甲이 CCTV를 압수당함으로써
발생한 CCTV 대여비용이라는 재산상 손실 사이에는 인과관계가 인
정되므로, 압수 기간 동안 甲이 지급한 CCTV 대여비용 청구는 인용
될 것이다.

V. 청구인적격

손실보상의 청구인은 경찰의 적법한 직무집행으로 인하여 직접 손
실을 입은 자가 청구하여야 한다. 다만 직접 손실을 입은 자가 대리인
을 통하여 손실보상을 청구할 수는 있으며, 이 경우 위임관계를 증명
할 수 있는 위임장을 제출하여야 한다.

청구인적격 여부와 관련하여 문제되는 사례는 청구인이 경찰의 직
무집행으로 인하여 직접 손실을 입은 자인지가 명확하지 않은 경우이
다. 실무상 손실보상제도 운영 초기에는 직무를 집행한 경찰이 대상자
에게 자비(自費)로 손실을 우선 보상하고 이후에 경찰 본인이 손실보상

을 청구하는 사례들이 다수 존재하였으나, 이 경우 해당 직무를 집행한 경찰은 직무집행으로 인하여 손실을 입은 당사자가 아니므로 청구인적격이 인정되지 않는다. 실제로도 경찰 본인의 손실보상청구는 청구인적격이 없음을 이유로 각하결정을 받았다.[118]

1. 기본사례

(1) 임차인의 현관문 수리비용을 청구하는 임대인

가. 사실관계

사례 17

경찰 甲은 살인사건 피의자 乙을 검거하기 위하여 체포영장을 발부받아 乙의 주거지로 출동하여 乙에게 영장 집행을 고지하며 스스로 집 밖으로 나오기를 여러 차례 요구하였다. 그러나 乙은 현관문을 걸어 잠그고 한 시간이 넘도록 이에 응하지 않았으며, 집 안에서는 무언가 타는 냄새까지 나기 시작했다. 이에 경찰 甲은 증거인멸 및 피의자 자해 우려 등의 위험이 발생할 개연성이 높다고 판단하여 피의자 乙의 현관문을 강제 개문하고 집 안으로 진입하여 피의자 乙을 검거하였다. 이후 피의자 乙이 살고 있는 주거의 임대인 丙이 현관문 수리비에 대하여 손실보상 청구를 하였다. 이 경우 임대인 丙에게는 청구인적격이 인정되는가?

나. 사례의 해결
① 직무집행의 적법성: 경찰이 「형사소송법」 제200조의2 제1항[119]

---

118) 이 경우에는 손실을 입은 대상자의 손실이 이미 보존되었으므로, 만약 대상자가 다시 손실보상을 청구하더라도 기각될 것이다. 따라서 경찰 개인이 사비를 털어 직접 손실을 보상하는 일은 지양되어야 하며, 그것이 경찰 손실보상제도 도입의 취지이기도 하다.

119) 「형사소송법」 [시행 2022. 9. 10.] [법률 제18862호., 2022. 5. 9., 일부개정] 제200조의2(영장에 의한 체포) ①피의자가 죄를 범하였다고 의심할 만한 상당한 이유가 있고, 정당한 이유없이 제200조의 규정에 의한 출석요구에 응

에 따라 법관으로부터 발부받은 체포영장에 의하여 살인 피의자 乙을 체포한 것은 법률에 근거한 직무집행이다. 그리고 경찰 甲은 피의자 乙이 스스로 집 밖으로 나오기를 요구하며 한 시간이 넘게 기다리다 집 안에서 타는 냄새가 나 증거인멸 및 생명·신체의 위해 방지를 위하여 강제개문을 하여 乙을 체포하였으므로, 이 경우 경찰 甲의 강제개문은 경찰비례의 원칙에도 위반되지 않는다. 따라서 경찰의 직무집행의 적법성이 인정된다.

② 손실발생원인에 대한 책임: 이 사안에서의 손실은 살인사건 피의자 乙의 거주지 현관문이 파손된 것이다. 乙은 경찰 甲의 적법한 직무집행에 불응하고 증거를 인멸하고자 시도한 자이므로, 따라서 乙은 강제개문이라는 손실이 발생한 상황에 대하여 원인책임이 있다. 그러나 손실보상을 청구한 자는 乙의 임대인인 丙인바, 丙에게는 현관문 파손이라는 손실발생 원인에 대하여 아무런 책임이 없다.

③ 인과관계의 존재: 경찰의 직무집행으로 인하여 乙의 거주지의 현관문이 파손되었음은 명백하므로 인과관계가 인정된다.

④ 청구인 부적격: 이 사안에서 현관문 파손이라는 손실을 입은 자는 그곳에 거주하는 乙이다. 그럼에도 손실을 입은 乙이 아닌 임대인 丙이 손실보상을 청구하고 있는바, 丙은 손실 자체가 없는 자이므로 손실보상 청구인적격이 없다.

다. 결 론

경찰의 적법한 직무집행으로 乙의 현관문이 파손된 손실이 발생하였으며, 이는 청구인 丙의 손실이 아닌바, 丙에게는 청구인적격이 없

하지 아니하거나 응하지 아니할 우려가 있는 때에는 검사는 관할 지방법원판사에게 청구하여 체포영장을 발부받아 피의자를 체포할 수 있고, 사법경찰관은 검사에게 신청하여 검사의 청구로 관할지방법원판사의 체포영장을 발부받아 피의자를 체포할 수 있다. 다만, 다액 50만 원 이하의 벌금, 구류 또는 과료에 해당하는 사건에 관하여는 피의자가 일정한 주거가 없는 경우 또는 정당한 이유없이 제200조의 규정에 의한 출석요구에 응하지 아니한 경우에 한한다.

으므로 이 사안은 각하되어야 한다.

실무 Tip

1. 임차인의 현관문 등 파손에 대하여 임대인이 먼저 수리한 후, 손실보상을 청구하는경우
실제 심의위원회에서는 임차인의 현관문 또는 도어록 파손에 대하여 임대인이 먼저 수리한 후 임대인이 손실보상을 청구하는 사례가 빈번히 발생하고 있다. 이 경우 실무상 임대인에게 손실발생의 원인에 대한 책임이 없음을 이유로 손실보상을 인용하는 결정을 하여 왔다. 즉 위 사안과 같이 임차인에게 손실발생의 원인에 책임이 있는 경우에 만약 임차인이 수리비에 대하여 손실보상을 청구한다면 기각되어야 할 사안임에도, 단지 임대인이 도어록을 수리한 후 손실보상을 청구하면 인용해 주는 경우가 많았던 것이다.[120] 그러나 이는 손실을 입지 않은 자에게 손실보상청구권을 인정하여 보상을 받을 수 있도록 허용하는 것으로서 경찰손실보상에 관한 법리에 비추어 볼 때 타당하지 않을 뿐만 아니라 경찰 손실보상제도가 악용되는 결과를 초래한다.

2. 피의자에 대한 영장집행 과정에서 피의자 주거지 출입문이 파손되는 손실이 발생한 경우
1) 이러한 경우 이에 대한 손실보상을 피의자의 임대인이 청구하면 손실보상심의위원회는 임대인에게 손실보상의 원인책임이 없다고 판단하여 인용해 주는 사례도 많았다. 그러나 경찰의 직무집행으로 인하여 임차인의 거주지 현관문이 파손되었다면 이는 임차인의 재산상 손실로 보아야지 임대인의 재산상 손실로 보아서는 안 된다는 점을 유의할 필요가 있다. 즉 이 경우 경찰의 직무집행으로 인

---

[120] 현재 경찰 손실보상 규정과 소방 손실보상 규정(「소방기본법」 제49조의2 제1항)은 요건이 거의 동일함에도 보상금 지급 여부나 지급 액수에서는 차이가 나타난다. 또한 소방의 경우에는 경찰 손실보상심의위원회보다는 청구인의 원인책임을 보다 엄격하게 판단하고 있다고 평가된다. 소방 손실보상심의회에서는 손실발생에 대한 원인이 불법행위를 한 임대인에게 있는 경우 「민법」 제750조를 근거로 임대인은 임차인에게 손해배상을 청구하여 보전받을 것을 안내하고 있다. 서울특별시 소방재난본부, 재난현장 민원업무처리 사례집, 2019.12. 135쪽. 판례 역시 임차인의 귀책사유로 발생한 도어록 파손 등에 대하여 임차인에게 수리의무가 있다고 판시하고 있다.

하여 직접 손실을 본 당사자는 그곳에 거주하는 손실발생의 원인책임자인 임차인으로 보아야 한다. 만약 임대인이 도어록을 수리하였다면 임대인은 임대차 계약관계에 따라 해당 수리비를 임차인에게 청구하는 것이 타당하다.

2) 이러한 논리는 임차인에게 손실발생의 원인에 대한 책임이 없는 경우에도 마찬가지로 적용되어야 한다. 직무집행으로 직접 손실을 본 자는 임차인이므로 임차인이 수리비 상당 손실에 대한 손실보상 청구를 하여야 하며, 따라서 경찰의 직무집행으로 인하여 손실을 보지 않은 임대인이 임차인의 현관문을 수리한 후 손실보상을 청구하는 경우에는 청구인 부적격으로 각하하여야 한다. 이 경우 만약 임대인이 임차인의 현관문을 수리하였다면 임차인에게 그 비용을 청구할 수 있을 뿐이다. 임대인의 손실보상 청구에 대하여 각하한 후 손실발생의 원인에 대하여 책임이 없는 임차인이 재청구 하면 인용될 것이므로, 실무상 청구인의 시간·절차의 편익을 배려하여 임대인이 손실보상을 청구하는 경우에도 손실보상을 인용해온 경우가 많았으나 이는 경찰손실보상의 법리상 타당하지 않다.

(2) 열쇠업자

가. 사실관계

사례 18

"당장 출동해 주세요! (상황실: 신고 여성은 계속 울면서 더 이상 상황 설명을 안 함)"라는 112 신고를 접수한 경찰 甲은 즉시 신고자 乙의 주거지로 출동하여 현장에서 여성 신고자 乙에게 전화를 걸었으나 乙은 전화를 받지 않았다. 이에 경찰 甲은 乙의 신변을 확인하기 위하여 乙의 주소지인 3층 빌라 현관문을 두드리며 개문을 요구하였으나 아무도 응하지 않았으며, 집 내부에서는 아무 소리도 들리지 않았다. 경찰 甲은 울면서 신고하던 여성 乙이 아무 말도 하지 못하고 있는 것으로 보아 가정폭력 등이 의심되었으므로 3층 빌라 창문을 통한 진입을 시도하였으나 불가능하였다. 이에 경찰 甲은 즉시 열쇠업자를 불러 현관문 자물쇠를 손괴한 후 집안으로 진입하였다. 현장에는 신고자인 乙이 아들과 함께 안방 침대 위에 앉아 울고 있었으며, 乙은 자신보다 훨씬 덩치가 큰 12살 아들 丙으로부터 폭행을 당하였다고 진술하였다. 경찰 甲은 왜 개문에 응하지 않았냐고 묻자 乙은 아들 丙이 자신을 붙잡아서 움직일 수가 없었다고 하였고, 반면 아들 丙은 乙

에게 문을 열라고 했음에도 乙이 열지 않았다고 진술하였다. 이후 열쇠업자는 해당 자물쇠를 새것으로 수리한 후 경찰에 손실보상 청구를 하였다. 이 경우 열쇠업자의 손실보상 청구는 인용될 수 있는가?

나. 사례의 해결

① 직무집행의 적법성: 乙의 신고 내용은 가정폭력[121]이 의심되는 상황이었으므로, 경찰 甲이 즉시 신고 현장으로 출동하여 「가정폭력범죄의 처벌 등에 관한 특례법」 제5조(가정폭력범죄에 대한 응급조치)에 따른 폭력행위의 제지 및 가해자와 피해자의 분리조치를 하기 위하여 개문을 시도한 것은 적법한 조치라고 볼 수 있다. 또한 신고자 乙은 경찰이 현관문 밖에 있음을 알고 있음에도 불구하고, 개문에 응하지 않아서 경찰 甲이 乙을 보호하기 위하여 열쇠업자를 통하여 강제개문을 한 것은 경찰비례의 원칙을 준수한 것으로 보인다.

② 손실발생원인에 대한 책임: 위 사안에서 乙은 경찰 甲에게 출동해 달라는 신고를 하였으나, 불분명한 이유로 현관문을 열지 않았다. 현장에서 乙과 그녀의 아들 丙이 침대에 앉아 있는 상황이었으므로 응급한 상황은 아니었고, 아들 丙은 乙에게 문을 열라고 말했다고 진술

---

121) 「가정폭력범죄의 처벌 등에 관한 특례법」(약칭: 가정폭력처벌법)[시행 2023. 6. 14.] [법률 제19068호, 2022. 12. 13., 일부개정]
제5조(가정폭력범죄에 대한 응급조치) 진행 중인 가정폭력범죄에 대하여 신고를 받은 사법경찰관리는 즉시 현장에 나가서 다음 각 호의 조치를 하여야 한다.
1. 폭력행위의 제지, 가정폭력행위자·피해자의 분리
1의2. 「형사소송법」 제212조에 따른 현행범인의 체포 등 범죄수사
2. 피해자를 가정폭력 관련 상담소 또는 보호시설로 인도(피해자가 동의한 경우만 해당한다)
3. 긴급치료가 필요한 피해자를 의료기관으로 인도
4. 폭력행위 재발 시 제8조에 따라 임시조치를 신청할 수 있음을 통보
5. 제55조의2에 따른 피해자보호명령 또는 신변안전조치를 청구할 수 있음을 고지

하였다. 결국 乙이 개문 요구에 응하지 않음으로써 현관문 자물쇠가 손괴된 결과에 이르렀다고 볼 수 있으며, 따라서 乙에게 위 현관문 자물쇠 손괴라는 손실발생에 대한 원인책임이 인정된다. 그러나 손실보상 청구인인 열쇠업자는 112 신고 출동을 받고 현장에 출동한 경찰 甲으로부터 개문에 협조해 달라는 요청에 대하여 적법한 범위 내에서 이에 응한 것에 불과한 바, 손실보상을 청구한 열쇠업자는 손실발생 원인에 대한 책임이 없다.

③ 인과관계의 존재: 위와 같이 경찰 甲이 강제개문을 위하여 열쇠업자를 불러 열쇠업자가 개문한 것은 경찰 甲의 직무집행의 일환으로 볼 수 있고, 그로 인하여 乙 주거의 현관문 자물쇠가 손상되었다. 또한 열쇠업자는 경찰 甲의 직무집행에 협조하기 위하여 乙 현관문의 자물쇠를 손괴한 후 乙의 주거에 새로운 자물쇠를 설치하였는바, 경찰 甲의 직무집행과 열쇠업자의 자물쇠 손괴를 위한 노동력, 그리고 새로운 자물쇠 교체비용이라는 손실 사이에는 인과관계가 인정된다.

④ 청구인적격 부재: 사안은 경찰 甲의 요청으로 열쇠업자가 요구조자 乙의 주거지 현관문 자물쇠를 손괴하여 경찰 甲이 집 내부에 들어가 사실관계를 파악한 이후 사건을 종결하고, 이후 열쇠업자가 다시 새로운 자물쇠를 설치한 후 이에 소요된 비용을 손실보상으로 청구하는 경우이다. 그러나 열쇠업자는 경찰 甲의 직무집행으로 인하여 손실을 입은 당사자가 아니므로 손실보상의 청구인이 될 수 없으며(청구인적격 부재), 따라서 이 경우 열쇠업자는 현장에 출동한 경찰이 소속된 경찰서와의 도급계약에 따른 보수를 청구할 수 있을 뿐이다.

다. 결 론

경찰의 요청으로 현관문 자물쇠를 손괴한 후 새로운 자물쇠로 교체한 열쇠업자는 경찰과의 직무집행으로 인하여 손실을 입은 자로 볼 수 없으므로 청구인적격이 인정되지 않는다. 따라서 이 사례의 경우 열쇠업자의 손실보상 청구는 각하되어야 한다.

실무 Tip

실무상 흔하지는 않으나, 112 신고를 받고 현장에 출동한 경찰이 요구조자의 안전을 확인하기 위하여 현관문을 강제 개문하였으나 요구조자는 집에 없었던 상황에서, 요구조자의 민원에 못 이겨 경찰이 자비(自費)로 요구조자의 현관문 도어록을 고쳐준 후 그 수리비를 경찰손실보상위원회에 청구하는 경우가 있었다. 이 경우에 해당 경찰은 경찰의 직무집행으로 인하여 손실을 입은 자가 아니므로 청구인 적격이 없으며, 따라서 경찰의 손실보상청구는 각하된다.

2. 비교사례

(1) 소방 손실보상을 지급받은 자

가. 사실관계

사례 19

홀로 빌라에서 거주 중인 80대 할아버지 甲은 오랜만에 욕조에 물을 받아 목욕하기 위하여 화장실에서 물을 틀어 놓고 기다렸다. 물이 차기를 기다리는 동안 甲은 빌라 옥상에 올라가 의자에 앉아 따스한 햇볕을 받고 앉아 있다가 잠이 들었다. 그사이 아래층 주민의 화장실 천장에는 윗집에서 흘러 내려오는 물이 흐르기 시작하였고, 상황을 확인하기 위하여 아랫집 주민이 윗집 甲의 현관문을 아무리 두드려도 응답이 없었고 甲의 핸드폰으로 전화를 해도 받지 않았다. 이에 甲이 갑자기 쓰러져 의식을 잃었거나 생명에 위험이 있는 상황인지 의심이 들어 112에 신고를 하였다. 112는 119와 공조를 하여 현장에 즉시 출동하였으며, 119구조대원이 불가피하게 甲의 현관문 손잡이를 부수고 집안으로 진입하였다. 이후 甲은 119에 현관문 손잡이 수리비를 청구하였고, 119에서는 「소방기본법」 제49조의2에 근거하여 甲에게 현관문 손잡이 수리비에 대한 손실보상금을 지급하였다. 그런데 甲은 경찰도 현장에 있었던 것이 갑자기 생각나 이번에는 경찰에 현관문 손잡이 수리비를 청구하였다. 이 경우 甲의 손실보상 청구는 받아들여질 수 있는가?

나. 사례의 해결

이 사안은 경찰과 소방의 직무집행이 적법하였고, 甲은 손실발생 원인에 대한 책임이 없으며, 경찰과 소방의 공동대응 협조로 인하여 甲이 손실을 입은 상황임이 인정된다. 그러나 甲은 이미 현관문을 부순 소방으로부터 현관문 손잡이 수리비에 대한 손실보상금을 지급받았음에도 불구하고 또다시 경찰손실보상위원회에 손실보상을 청구하였다. 이 경우 甲은 이미 자신이 입은 손실을 보상받은 상황이므로 더 이상 손실이라는 상황이 없다. 따라서 甲이 이미 소방으로부터 손실보상을 지급받았다면 경찰로부터 손실보상을 중복하여 지급받을 수 없다.

다. 결 론

甲에게는 손실이 인정되지 않는바, 甲의 청구는 기각되어야 한다.

실무 Tip

실무상 경찰과 소방은 112 신고 또는 119 신고를 접수하면 서로 공동대응 협조 요청을 하여 함께 현장에 출동하는 경우가 많다. 만약 현관문 도어록을 파손한 손실에 대하여 청구인에게 원인책임이 없는 경우 청구인이 경찰에 손실보상 청구를 하면, 경찰은 이에 대하여 손실을 보상할 수 있다. 한편 청구인이 동일한 내용으로 소방에 손실보상 청구한다면, 이 또한 「소방기본법」 제49조의2에 의하여 인용될 것이다. 따라서 만약 같은 손실을 원인으로 이미 소방 손실보상심의위원회에서 손실을 보상받은 후에 재차 경찰 손실보상 청구를 한다면, 이 경우 청구인에게는 더 이상 손실이 없는 것이므로 경찰 손실보상청구는 기각되어야 한다. 이와 달리 이미 경찰 손실보상 청구가 인용된 후에 또다시 같은 손실을 원인으로 경찰 손실보상을 청구하는 경우에는 각하하여야 한다.[122]

---

122) 「경찰관 직무집행법 시행령」 제10조(손실보상의 지급절차 및 방법) ③ 제2항에 따라 보상금 지급 청구서를 받은 경찰청장 등은 손실보상심의위원회의 심의 · 의결에 따라 보상 여부 및 보상금액을 결정하되, 다음 각 호의 어느 하나에 해 당하는 경우에는 그 청구를 각하(却下)하는 결정을 하여야 한다.
　　1. 청구인이 같은 청구 원인으로 보상신청을 하여 보상금 지급 여부에 대하여

그러나 실무상 문제 되는 것은 청구인이 이미 소방으로부터 손실을 보상받았는지 알기가 어렵다는 것인바, 만약 사후에라도 청구인이 소방으로부터 손실을 보상받은 사실을 숨기고 중복하여 경찰로부터 보상받은 사실을 발견한다면, 「경찰관 직무집행법」 제11조의2 제4항 및 같은법 시행령 제17조의2[123] "거짓 또는 부정한 방법으로 보상금을 받은 사람에 대하여는 해당 보상금을 환수하여야 한다"에 의하여 경찰로부터 지급받은 보상금을 환수함이 타당하다.

(2) 원인책임자의 동거가족

가. 사실관계

사례 20

"화상으로 친구랑 채팅 중이었는데, 친구가 발작을 하고 쓰러졌다"라는 112 신고가 접수되어 경찰이 119에 공동대응 협조를 하고 즉시 현장에 출동하였다. 당

결정을 받은 경우. 다만, 기각 결정을 받은 청구인이 손실을 증명할 수 있는 새로운 증거가 발견되었음을 소명하는 경우는 제외한다.

2. 손실보상 청구가 요건과 절차를 갖추지 못한 경우. 다만, 그 잘못된 부분을 시정할 수 있는 경우는 제외한다.

123) 「경찰관 직무집행법 시행령」 제17조의2(보상금의 환수절차) ① 경찰청장 또는 시·도경찰청장은 법 제11조의2 제4항에 따라 보상금을 환수하려는 경우에는 위원회의 심의·의결에 따라 환수 여부 및 환수금액을 결정하고, 거짓 또는 부정한 방법으로 보상금을 받은 사람에게 다음 각 호의 내용을 서면으로 통지해야 한다.
1. 환수사유
2. 환수금액
3. 납부기한
4. 납부기관
② 법 제11조의2 제6항에서 "대통령령으로 정한 기한"이란 제1항에 따른 통지일부터 40일 이내의 범위에서 경찰청장 또는 시·도경찰청장이 정하는 기한을 말한다.
③ 제1항 및 제2항에서 규정한 사항 외에 보상금 환수절차에 관하여 필요한 사항은 경찰청장이 정한다.

시 신고자 甲은 친구와 동아리 운영에 관련된 회의를 하는 중이었는데, 친구 乙이 갑자기 책상에서 발작을 하면서 쓰러지더니, 화면에는 친구 乙의 다리 부분만 보이고 미동이 없어 급히 신고하였다고 진술하였다. 현장에 도착한 경찰이 친구 乙의 집 초인종을 수차례 눌렀으나, 인기척이 없어 급박한 상황임을 감안하여 즉시 현관문 도어록을 뜯어내고 강제진입을 하였다. 요구조자(要救助者) 乙은 3년 전 교통사고로 뇌병변 후유증을 앓고 있는 자였으며, 다행히 즉시 119구급차를 타고 병원으로 후송되어 목숨을 구할 수 있었다. 이후 요구조자 乙과 함께 거주하는 아버지 丙이 도어록 수리비에 대한 손실보상 청구를 하였다. 이 경우 丙의 손실보상 청구는 인용될 수 있는가?

나. 사례의 해결

① 직무집행의 적법성: 경찰이 채팅 중 발작을 하고 쓰러진 요구조자 乙의 생명을 구하기 위하여 「경찰관 직무집행법」 제7조(위험 방지를 위한 출입)에 따라 요구조자 乙의 주거로 들어가 乙을 구조한 행위는 적법하다. 또한 발작으로부터 요구조자 乙의 생명·신체에 대한 중대한 법익을 신속히 보호하기 위하여 강제개문을 한 것이 경찰비례의 원칙을 위반하였다고 볼 수도 없다. 따라서 이 사안에서 경찰이 현장에 출동하여 乙의 생명·신체를 보호하기 위한 조치로 출입문을 강제로 개방한 것은 적절한 조치로서 직무집행의 적법성이 인정된다.

② 손실발생원인에 대한 책임: 위 사안에서 경찰이 출동하게 된 이유는 요구조자 乙이 발작을 일으키며 쓰러져, 생명·신체에 대한 구체적인 위험상황이 존재하고 있기 때문이다. 또한 집안에 혼자 있던 요구조자 乙이 쓰러져 이에 대한 구조를 위하여 경찰이 강제개문을 한 것이므로, 요구조자 乙에게는 손실발생 원인에 대한 책임이 있다. 한편 손실보상을 청구한 자는 요구조자 乙과 동거하는 아버지 丙인바, 丙은 요구조자 乙과 함께 거주하며 경제적 이해관계를 같이하는 자이므로, 요구조자 乙에게 손실발생 원인에 책임이 있는 경우라면 이 또한 청구인 丙의 원인책임으로 보아야 한다. 만약 이와 달리 동거가족 개개인을 손실발생 원인책임자와 별개로 평가할 경우 가족 중 누구라도 손실보상을 신청하기만 하면 무조건 인용해 주어야 하는 부당한 결

론에 도달하게 된다. 따라서 손실발생에 원인책임이 있는 자와 함께 거주하는 가족의 경우 경제적 이해관계를 같이하는 자로 보아 청구인 丙에게도 손실발생원인에 대한 책임을 인정하여야 한다.

다. 결 론

요구조자 乙이 쓰러져 그를 구조하는 과정에서 도어록이 파손된 경우이므로 요구조자 乙에게 손실발생의 원인책임이 인정되며, 그와 함께 거주하는 아버지가 손실보상을 청구한 경우에도 이를 동일하게 평가하여야 한다. 따라서 丙의 손실보상 청구는 기각되어야 한다.

실무 Tip

동거하지 않는 가족이 가족의 신변을 우려하며 112 신고를 하는 경우가 있다. 예컨대, 홀로 서울에서 대학을 다니는 딸이 새벽 2시가 될 때까지 연락이 안 되고, 딸의 친구 등 연락할 만한 곳은 다 해 봤지만 역시 연락이 안 된다고 하면서 실종신고를 하는 경우 등이다. 이 경우 경찰이 신고대상자의 안전을 확인하기 위하여 거주지 현관문을 강제 개문하는 과정에서 도어록이 손상되는 경우도 발생하는바, 이후 밤늦게 친구들과 놀다가 새벽에 귀가한 신고대상자가 자신의 도어록 수리비에 대하여 손실보상을 청구하는 경우가 있다. 이 경우는 일반적으로 손실보상 청구인에게 손실발생의 원인에 대하여 책임이 있다고 보기는 어려운 면이 있으므로 손실보상을 인정하고 있다.

(3) 손실발생을 승낙한 자

가. 사실관계

사례 21

심각한 우울증을 앓고 있는 딸과 단둘이 거주하는 甲은, 중국 항저우에 일주일 동안 출장을 가게 되었다. 甲이 항저우로 출장 온 지 3일째 되는 날부터 딸 乙이 연락을 받지 않자 甲은 乙이 자살을 시도한 것은 아닌지 너무 걱정되어 결국 6일째 되던 날 112에 신고를 하였다. 경찰은 119구조대원에게 공동대응 요청을 하고 甲의 아파트로 출동하여 딸 乙의 휴대전화로 전화를 걸었다. 집안에서는 乙의 전화벨 소리가 울렸으나 乙은 경찰의 개문 요구에 응하지 않았고, 이에 경찰은 甲이 알려 준 도어록 비밀번호를 눌렀으나 도어록은 집안에서 차단되어 열리지 않았다. 경찰이 즉시 이러한 상황을 항저우에 있는 甲에게 알리자 甲은 현관문을 파손하고 들어가도 좋으니 당장 자신의 딸을 구해 달라고 하였고, 이에 경찰과 소방은 아파트 출입문을 강제로 개방하여 방안에서 술에 만취하여 잠들어 있는 乙을 발견하였다. 甲은 출장에서 돌아오자마자 자신의 아파트 현관문을 교체하고 교체비용을 손실보상 청구하였다. 이 경우 甲의 손실보상 청구는 인용될 수 있는가?

나. 사례의 해결

① 직무집행의 적법성: 경찰이 甲의 112 신고를 접수하고 乙의 생명·신체의 위험을 방지하기 위하여 「경찰관 직무집행법」 제7조(위험방지를 위한 출입)에 따라 요구조자 乙을 구조한 행위는 적법하다. 또한 생명·신체라는 중대한 법익을 신속히 보호하기 위하여 강제개문을 한 것이 경찰비례의 원칙을 위반하였다고 볼 수도 없다. 따라서 이 사안에서 경찰이 현장에 출동하여 甲의 요청에 따라 출입문을 즉시 강제개방한 것은 외관상 위험 상황에서 乙의 생명·신체의 위험을 방지하기 위한 적절한 조치로서 직무집행의 적법성이 인정된다.

② 손실발생원인에 대한 책임: 위 사안에서 경찰이 출동하게 된 이유는 甲이 심각한 우울증 환자인 딸 乙이 자살을 시도한 것은 아닌지 우려되어 112 신고를 하였기 때문이다. 이 경우 乙에게 생명·신체에 대한 구체적인 위험이 발생할 개연성이 높으나 현관문을 열 수 없는 상황에서, 신고자 甲이 강제개문을 하여서라도 乙을 구조해 달라고 하였고, 이에 경찰과 소방은 甲의 아파트 현관문을 즉시 강제 개방하여 내부로 진입하였다. 결국 甲은 손실이 발생하더라도 이를 감수할 의사를 밝힌 것으로 보아야 하므로 甲에게 손실발생에 대한 원인책임이 있다고 볼 수 있다.

다. 결 론

甲은 자신의 딸 乙의 생명을 구하기 위하여 자신의 아파트 문을 파손해도 좋다고 승낙을 하였고, 이에 경찰이 강제개문을 하여 乙을 구조한 상황인바, 甲에게는 손실발생원인에 대한 책임이 있다고 볼 수 있다.

실무 Tip

위 사례는 앞서 제2장에서 검토한 실제 행정심판 사례와 유사한 쟁점을 다루고 있다(국민권익위원회(중앙) 2021-15926, 2022. 1. 25 [손실보상금 지급 청구 각하결정 취소청구], 인용). 해당 행정심판 결정문에서는, "「소방기본법 시행령」 제12조 제3항 제2호[124]의 '손실보상 청구가 요건을 갖추지 못한 경우'란 손실보상 청구 요건 자체를 결여한 경우, 즉 손실보상 청구자가 소방기관 또는 소방대의 적법한 소방업무 또는 소방활동으로 인하여 발생한 손실내용과 손실금액을 증명할 수 있는 서류를 제출하지 않았을 뿐만 아니라 증빙·보완 자료 제출 요구를 통한 시정도 이루어질 수 없는 경우 등을 의미한다 할 것인데, 청구인의 경우는 119구조대원의 긴급구조 활동으로 인하여 이 사건 아파트 출입문이 강제로 개방되었고, 청구인이 이 사건 아파트 출입문의 방화문 교체공사를 한 후 관련 전자세금계산서를 피청구인에게 제출한 것이 확인되므로, 청구인은 「소방기본법 시행령」 제12조 제3항 제2호에 따른 손실보상금 지급 청구 각하 대상자에 해당한다고 볼 수 없다"라고 판단하였다. 즉 소방 손실보상심의위원회가 "청구인의 사전 동의하에 문 개방을 실시하였으므로, 책임을 질 자가 따로 있는 재산권 손실에 해당하여 손실보상 청구가 요건을 갖추지 못한 경우로서 각하되어야 한다"라고 결정한 처분에 대하여, 행정심판위원회는 이 사건 청구인은 각하 대상이 아니라 손실보상심의위원회의 심사, 의결을 거쳐 손실보상의 지급 여부를 판단할 문제로 본 것이다. 실제로 청구인이 자신의 딸을 구하기 위하여 강제개방을 해도 좋다고 한 경우라면 제2단계 손실보상 결정 단계에서 청구인에게 손실발생에 원인책임이 있음을 이유로 손실보상 청구를 기각할 수 있을 것이다.

---

124) 「소방기본법 시행령」[시행 2023. 12. 13.] [대통령령 제33710호, 2023. 9. 12., 일부개정]
　　제12조(손실보상의 지급절차 및 방법) ③ 소방청장 등은 다음 각 호의 어느 하나에 해당하는 경우에는 그 청구를 각하하는 결정을 하여야 한다.

VI. 소멸시효

「경찰관 직무집행법」 제11조의2 제2항은 "제1항에 따른 보상을 청구할 수 있는 권리는 손실이 있음을 안 날부터 3년, 손실이 발생한 날부터 5년간 행사하지 아니하면 시효의 완성으로 소멸한다."라고 규정하고 있다. 따라서 청구인이 손실이 있음을 안 날로부터 3년이 도과하여 손실보상 청구를 하거나, 손실이 발생한 날부터 5년이 도과하여 청구를 하는 경우, 즉 주관적 소멸시효와 객관적 소멸시효 중 어느 하나만 도과되는 경우에도 소멸시효 도과로 청구를 기각하여야 한다.

한편, 실무상으로는 경찰손실보상제도가 도입되어 운영된 역사가 길지 않아 지금까지는 소멸시효 도과로 손실보상청구가 기각되는 사례는 거의 없었다. 그러나 향후 소멸시효가 쟁점이 되는 사례가 발생할 경우 '손실이 있음을 안 날'의 의미와, '손실이 발생한 날'에 대해서는 「국가배상법」에서의 소멸시효에서와 유사하게 해석할 수 있을 것이다.

실무 Tip

서울특별시경찰청에서는 2017년 발생한 사건에 대하여 손실이 있음을 안 날로부터 3년을 훨씬 도과하여 청구한 사건이 있었다. 청구인은 당시 임대인으로 자신의 임차인 카톡 프로필에 적힌 "영원히 쉬고 싶다. 굿바이!"라는 글을 읽고 임차인의 자살이 의심된다고 판단하여 112 신고를 하였다. 현장에 출동한 경찰은 해당 주거지 문틈 사이로 썩는 냄새가 나고, 임차인은 연락이 되지 않아 생명의 위험이 있는 상황일 수 있다고 판단하여 강제 개문하고 진입하였다. 그러나 집안에는 아무도 없고 싱크대와 침대에 곰팡이가 피어 있고, 냉장고 안 음식들은 모두 썩어서 냄새가 난 상황이었다. 당시 손실보상심의회에서는 해당 사안이 소멸

1. 청구인이 같은 청구 원인으로 보상금 청구를 하여 보상금 지급 여부 결정을 받은 경우. 다만, 기각 결정을 받은 청구인이 손실을 증명할 수 있는 새로운 증거가 발견되었음을 소명하는 경우는 제외한다.
2. 손실보상 청구가 요건과 절차를 갖추지 못한 경우. 다만, 그 잘못된 부분을 시정할 수 있는 경우는 제외한다.

시효가 도과되었으므로 각하되어야 한다고 판단하였으나, 소멸시효 도과는 각하
가 아닌 기각 사유에 해당한다. 손실보상청구 채권에 대하여 소멸시효 완성이라
는 항변 사유가 있다면 이를 심리하여야 하고, 심리 결과 손실보상청구 채권이
시효로 소멸하였음이 인정되면 기각 결정을 하여야 하기 때문이다.[125]
그러나 위 사안은 청구인인 임대인이 경찰의 직무집행으로 인하여 손실을 입은
자에 해당하지 않는바, 청구인 적격의 부재로 각하되어야 할 사안으로 판단된다.
만약 손실을 입은 자에 해당하는 사유가 있다고 하더라도, 위 사안은 소멸시효
도과로 기각되어야 한다.

VII. 보상단계에서의 경찰비례의 원칙

손실보상청구에서 인용 또는 일부인용이 된 경우라면, 어느 정도
로 손실을 보상을 해 주어야 하는지 구체적인 액수를 산정하는 단계가
필요하다. 이 경우 객관적인 손실액을 계산하는 것이 무엇보다도 중
요하며, 이 단계에서는 과실상계가 고려되어야 한다. 즉 실무상 일부
인용의 경우에는 청구인이 실제 발생한 손실보다 과다 청구하여 손실
보상심의위원회는 시가에 의해 객관적으로 책정된 비용으로만 감축해

---

125) 이와 달리 행정소송에서의 제소기간은 처분의 상대방 등이 소송을 제기할 수
있는 시간적 간격을 말하며, 이는 법원의 직권조사사항으로 제소기간이 도과
된 소에 대하여는 각하판결을 한다.
「행정소송법」[시행 2017. 7. 26.] [법률 제14839호, 2017. 7. 26., 타법개정]
제20조(제소기간) ①취소소송은 처분 등이 있음을 안 날부터 90일 이내에 제기
하여야 한다. 다만, 제18조 제1항 단서에 규정한 경우와 그 밖에 행정심판
청구를 할 수 있는 경우 또는 행정청이 행정심판청구를 할 수 있다고 잘
못 알린 경우에 행정심판청구가 있은 때의 기간은 재결서의 정본을 송달
받은 날부터 기산한다.
②취소소송은 처분 등이 있은 날부터 1년(제1항 단서의 경우는 재결이 있은
날부터 1년)을 경과하면 이를 제기하지 못한다. 다만, 정당한 사유가 있는
때에는 그러하지 아니하다.
③제1항의 규정에 의한 기간은 불변기간으로 한다.

서 보상해 주는 경우가 있고, 또한 손실발생 원인에 대한 청구인의 책임으로 인하여 손실이 발생한 것은 아니지만 청구인에게 과실 또는 법위반행위가 개입되어 있음을 이유로 손실보상 범위에서 과실상계를 하는 경우도 있다. 더 나아가 청구인에게 손실발생에 대한 원인책임이 있는 경우에는 「경찰관 직무집행법」 제11조의2 제1항 제2호 "손실발생의 원인에 대하여 책임이 있는 자가 자신의 책임에 상응하는 정도를 초과하는 생명·신체 또는 재산상의 손실을 입은 경우"에 근거하여 청구인에게 적절한 보상액을 결정하여야 한다는 점을 유의할 필요가 있다.

1. 기본사례

(1) 손실 과다측정

가. 사실관계

사례 22

마약류 범죄 집중단속기간 중인 어느 날 "게임장에서 사람들이 모여서 마약을 소지하고 사기도박을 하고 있다"라는 112 신고를 접수하였다. 신고를 접수한 지구대의 경찰들은 마약 소지, 불법도박 등의 위험한 상황을 확인하기 위하여 신고 대상 게임장에 출동하였다. 당시 게임장은 문이 잠긴 상태로 시끄럽게 영업 중이었고, 사람들이 게임을 하는 모습이 보였음에도 불구하고 게임장 내 어느 누구도 경찰의 개문 요구에 응하지 않았다. 이후 관할 경찰서 강력팀 수사관들이 추가로 게임장에 출동하여 30여 분간 개문을 더 요구하였으나 역시 아무도 이에 응하지 않자, 강력팀 수사관들이 잠겨 있는 게임장 문을 부수고 게임장 안으로 진입하였다. 내부에는 10여 명이 도박을 하고 있었으나 불법도박이라는 증거는 찾지 못하였고, 확인 결과 해당 게임장은 허가를 받아 운영하는 곳이었다. 또한 게임장 관리인 및 게임 중이던 사람들은 게임장 소음으로 인하여 경찰의 개문 요구를 듣지 못하였다고 주장하였으며, 마약을 소지한 증거 또한 발견하지 못하였다. 게임장 업주 甲은 부서진 방화문과 도어록을 최신형으로 교체한 후 교체비용 110만 원을 손실보상청구 하였다. 이 경우 甲의 청구는 모두 인용될 것인가?

나. 사례의 해결

① 직무집행의 적법성: 마약 소지 및 불법도박 등의 112 신고를 접수한 경찰은 「경찰관 직무집행법」 제6조(범죄의 예방과 제지), 같은 법 제7조(위험 방지를 위한 출입) 제2항[126)]에 따라 게임장에 출입하여 사실을 확인할 수 있다. 또한 게임장 관리자나 그에 준하는 관계인은 경찰관이 범죄나 사람의 생명·신체·재산에 대한 위해를 예방하기 위하여 해당 장소의 영업시간이나 해당 장소가 일반인에게 공개된 시간에 그 장소에 출입하겠다고 요구하면 정당한 이유 없이 그 요구를 거절할 수 없다. 그럼에도 불구하고 게임장 관리자는 문을 잠그고 영업을 하면서 경찰의 개문 요구에 불응한바, 경찰이 강제로 개문을 하고 들어가 마약 소지 및 투여 여부, 불법도박 여부를 확인한 것은 경찰비례의 원칙에 위반되지 않는다. 따라서 이 경우 경찰 직무집행은 적법하다.

② 손실발생원인에 대한 책임: 1단계(경찰권 발동 단계)인 경찰출동 당시에는 위 사안은 외관상 위험에 해당하는 상황으로서, 경찰은 「경찰관 직무집행법」 제6조(범죄의 예방과 제기) 및 제7조(위험 방지를 위한 출입)에 근거하여 개문을 요구하였으므로, 직무집행의 적법성이 인정된다. 그러나 2단계(손실보상의 단계)에서는 손실보상의 대상 여부와 관련하여 게임장에 있는 사람들은 허가받은 게임장에서 게임을 한 것이었을 뿐이었고, 게임장 관리자뿐만 아니라 누구도 개문을 요구하는 경찰의 소리를 듣지도 못하였다고 주장하는 것을 받아들이면, 甲에게는 손실발생의 원인에 대한 책임이 있다고 보기 어렵다.[127)]

③ 인과관계의 존재: 경찰의 강제개문으로 인하여 甲의 게임장 방

---

126) 제7조(위험 방지를 위한 출입) ② 흥행장(興行場), 여관, 음식점, 역, 그 밖에 많은 사람이 출입하는 장소의 관리자나 그에 준하는 관계인은 경찰관이 범죄나 사람의 생명·신체·재산에 대한 위해를 예방하기 위하여 해당 장소의 영업시간이나 해당 장소가 일반인에게 공개된 시간에 그 장소에 출입하겠다고 요구하면 정당한 이유 없이 그 요구를 거절할 수 없다.

127) 「게임산업진흥에 관한 법률」(약칭: 게임산업법) 일부개정 2023. 3. 21. [법률 제 19242호, 시행 2024. 1. 1.]에는 문을 잠그고 영업을 한 것 자체에 대한 벌칙 규정은 없다.

화문과 도어록이 손괴되었으므로 경찰 직무집행과 손실 사이의 인과
관계가 인정된다.

④ 손실보상의 범위: 甲에게는 손실발생의 원인에 대하여 책임이
없으므로 甲이 입은 손실은 모두 보상되어야 한다. 그러나 감정인의
감정 결과 甲이 새로 설치한 방화문은 기존 방화문에 비하여 훨씬 높
은 가격이며, 도어록 역시 기존 물품과 달리 최신형이었다. 즉 甲은 자
신이 입은 객관적 손실액 이상의 손실보상을 청구하고 있는 것인데,
이 경우에는 교체비용을 기존 물품에 상응하는 정도로 한정하는 것이
바람직하다. 따라서 손실보상의 범위를 기존 물품으로 교체하는 데 소
요되는 비용으로 제한할 수 있다.

다. 결 론

청구인 甲의 손실보상 청구는 인용 가능하나, 甲이 방화문 및 도어
록을 최신형으로 교체한 후 청구한 교체비용 110만 원은 과다하므로
기존 물품과 동일한 물품 및 교체비용에 해당하는 금액만 인용하는 것
이 적절하다.

실무 Tip

실무적으로는 손실보상에 있어서 손실액의 정확한 책정이 가장 중요한 문제가
된다. 청구인의 경우 자신의 손실을 과다하게 책정하는 경향이 있으므로 그의 객
관적인 입증이 요구된다. 손실보상위원회에서 청구인이 주장하는 손실이 발생하
지 않았거나 청구금액보다 적은 손실을 입었음을 입증하기 위해서는 청구인 또
는 참고인 신문, 현장검증, 증거조사 등 정식재판에 준하는 심의절차가 필요하다.
그러나 현재 손실보상심의위원회에는 이러한 절차를 진행할 예산이 전혀 없을
뿐만 아니라 인력도 부족하여 위와 같은 조사가 현실적으로 불가능한 상황이며,
대부분 청구인이 제출한 증거 서류에 의존하고 있다.[128] 따라서 청구인이 제출
한 증거 서류에 대하여 정확한 감정을 할 필요가 있는바, 이에 대하여는 법령에
규정된 바가 없으나 서울특별시경찰청 손실보상심의위원회에서는 모든 사례에
대해서 심의 전에 손해사정인 감정인에게 청구인의 손실보상 청구금액이 객관
적으로 적절한지 여부에 대한 감수를 받고 있다.[129]

따라서 손실액의 정확한 책정을 위하여 전문가에 의한 감정 절차를 거칠 것을 시행령 등에 의무조항으로 두는 것이 바람직하다. 특히 향후 생명·신체에 대한 보상신청 사건이 본격적으로 논의될 경우를 대비하여 손실액 책정을 위한 외부 전문가 참여를 필수적으로 하도록 규정하여 절차적 객관성 및 전문성을 확보함은 물론, 이러한 전문 인력 활용에 따르는 관련 예산을 확보할 수 있도록 제도적 개선이 필요하다.

(2) 과실 또는 법위반 행위의 개입

가. 사실관계

사례 23

주한미국대사관 방호근무를 하던 경찰 甲은 근무 교대 중 집회 관리를 위하여 도로에 설치되어 있던 바리케이드를 살짝 건드렸으나 갑자기 바리케이드가 도로 쪽으로 쓰러져 대사관 앞에 주차되어 있던 乙 소유의 차량의 옆문이 파손되었다. 한편 乙이 차량을 주차한 대사관 앞 도로는 주차 금지 구역이었다. 乙은 차량 수리비 100만 원에 대하여 경찰손실보상을 청구하였다. 이 경우 청구인이 요구한 액수는 모두 인용가능한가?

---

128) 손실보상심의위원회의 예산은 보상액 및 외부위원 회의 참석비에 대해서만 책정되어 있으며 자주 회의를 개최하기 힘들 정도로 부족한 정도의 액수이며, 증거조사를 위한 별도 예산은 전무하다. 서울경찰청의 경우 서울 전체의 손실보상 사건을 담당하는 인력은 단 1명이어서 현장 조사는 현실적으로 불가능한 상황이다.

129) 최근 경찰들이 집회 현장에서 적법하게 채증을 하는 과정에서 넘어져 수입 골동품 가게 앞에 진열된 앤틱 그릇 수십 개를 깨뜨린 사안에서, 깨진 그릇들은 프랑스나 영국 등의 골동품들이어서 구매 영수증은 제출할 수 없었고, 앤티크 물품 특성상 연식 및 희소성, 디자인 등에 따라 가치가 주관적으로 평가되므로 객관적인 가치를 측정하기가 어려운 경우가 있었다. 이 경우에는 각 해당 그릇들의 판매 가격(총 140만 원)을 토대로 유사 제품과의 비교를 통하여 손실보상액을 재산정(총 112만 원)하여 일부인용하였다.

나. 사례의 해결

① 직무집행의 적법성: 경찰 甲은 경비경찰로서의 업무를 적법하게 수행하다가 교대 시간이 되어 이동하는 중 실수로 바리케이드를 건드려 바리케이드가 쓰러지게 되었는바, 이는 경미한 과실로 발생한 것이다. 게다가 乙이 주차한 해당 도로의 주차장소는 주차가 금지된 구역이었으므로, 乙의 불법 주정차가 없었다면 차량 파손 상황은 발생하지 않았을 것이라는 점에서 甲의 직무집행은 적법하다고 볼 수 있다.

② 손실발생원인에 대한 책임: 청구인 乙은 차량을 불법 주차한 상태로 부재중이었는바, 비록 불법 주정차를 하였으나 위와 같이 자신의 차량이 파손된 점에 대하여는 책임이 없다.

③ 인과관계의 존재: 경찰 甲의 실수로 바리케이드가 쓰러져 乙의 차량이 파손되었으므로 인과관계가 인정된다.

④ 손실보상의 범위: 비록 乙에게는 손실발생원인에 대하여 책임이 있다고 볼 수는 없으나, 주정차 금지 구역에 주차한 위법은 있으므로 불법 주정차 구역에 주차한 乙의 차량 손실에 대하여 과실상계가 가능하다.

다. 결 론

乙의 손실보상청구는 인용가능하나 乙에게도 불법 주정차라는 과실이 인정된다. 따라서 손실보상심의위원회는 乙의 과실을 상계하여 보상금액을 일부인용할 수 있다.[130]

---

[130] 실제로 그 당시 손실보상심의위원회는 乙의 과실을 20% 인정하여 80만 원의 보상금액으로 일부인용하였다.

실무 Tip

손실보상 청구인에게 손실발생의 원인에 대하여 책임은 없으나 청구인에게 손실
발생이나 확대에 관하여 과실 또는 법령 위반 행위가 개입된 경우, 「국가배상법
시행령」 제21조(결정 및 통지)[131]에 따른 국가배상 결정과 유사하게 손실보상심
의위원회에서 청구인의 과실의 정도에 따른 과실상계를 할 수 있다고 보는 것이
타당하다.[132]

(3) 책임에 비해 과도한 손실

가. 사실관계

사례 24

甲은 고등학교 졸업 후 배달 아르바이트를 하며 대학 입학을 준비하였으나 삼수
끝에 응시한 수능시험 점수가 첫해 성적보다도 떨어지자 자살을 결심하고 오토
바이를 타고 마포대교로 갔다. 甲이 마포대교 도로 위에 오토바이를 방치하고 난

---

131) 「국가배상법 시행령」[시행 2023. 10. 31.] [대통령령 제33834호, 2023. 10. 31.,
   일부개정]
   제21조(결정 및 통지) ① 배상결정은 믿을 수 있는 증거자료에 의하여 이루어져
      야 하며, 배상금을 지급하는 결정을 함에 있어 피해자 측의 과실이 있을
      때에는 법과 이 영에 정한 기준에 따라 산정한 금액에 대하여 그 과실의
      정도에 따른 과실상계를 하여야 한다.

132) 「민법상 과실상계제도는 채권자가 신의칙상 요구되는 주의를 다하지 아니한
   경우 공평의 원칙에 따라 손해배상액을 산정함에 있어서 채권자의 그와 같은
   부주의를 참작하게 하려는 것이므로 사회통념상 혹은 신의성실의 원칙상 단
   순한 부주의라도 그로 말미암아 손해가 발생하거나 확대된 원인을 이루었다
   면 채권자에게 과실이 있는 것으로 보아 과실상계를 할 수 있고, 채무불이행으
   로 인한 손해배상책임의 범위를 정함에 있어서의 과실상계 사유의 유무와 정
   도는 개별 사례에서 문제된 계약의 체결 및 이행 경위와 당사자 쌍방의 잘못
   을 비교하여 종합적으로 판단하여야 하며, 이 때에 과실상계 사유에 관한 사실
   인정이나 그 비율을 정하는 것은 그것이 형평의 원칙에 비추어 현저히 불합리
   한 것이 아닌 한 사실심의 전권사항이라고 할 수 있다」(대법원 1999. 5. 25 선고
   98다56416 판결).

간 위에 오르는 중에 마포대교를 지나가던 시민이 "젊은 애가 마포대교 도로 위에 오토바이를 세워 놓고 난간 위로 올라갔다"라고 112 신고를 하였다. 현장에 출동한 경찰은 난간 위에 서 있는 甲을 발견하고 신속히 甲을 끌어 내렸고, 경찰 乙이 도로 위에 방치되어 있던 오토바이를 도로 가장자리로 옮기는 과정에서 빙판에 오토바이가 전도되면서 오토바이 측면이 파손되었다. 며칠 후 마음이 진정된 甲은 파손된 오토바이를 수리한 후 200만 원의 손실보상을 청구하였다. 이 경우 甲의 손실보상 청구는 인용 가능한가?

나. 사례의 해결

① 직무집행의 적법성: 경찰 乙은 甲이 마포대교에서 자살을 시도하고 있다는 112 신고를 받고 「경찰관 직무집행법」 제4조(보호조치 등) 제1항[133]에 따라 즉시 甲을 구조하고 경찰관서에 보호조치를 하였다. 또한 경찰 乙이 마포대교 도로상에 방치되어 도로 교통에 위험을 초래할 수 있는 甲의 오토바이를 도로 가장자리로 이동시킨 행위 역시 적법하다. 한편 한겨울 마포대교 위의 도로가 얼어붙은 상황에서 방치된 오토바이를 안전한 곳으로 이동시키는 것은 경찰비례의 원칙을 위반한 것이라고 평가하기 어렵다. 즉 경찰 직무집행의 적법성이 인정된다.

② 손실발생원인에 대한 책임: 甲은 자살하기 위하여 스스로 오토

---

133) 「경찰관 직무집행법」 제4조(보호조치 등) ① 경찰관은 수상한 행동이나 그 밖의 주위 사정을 합리적으로 판단해 볼 때 다음 각 호의 어느 하나에 해당하는 것이 명백하고 응급구호가 필요하다고 믿을 만한 상당한 이유가 있는 사람(이하 "구호대상자"라 한다)을 발견하였을 때에는 보건의료기관이나 공공구호기관에 긴급구호를 요청하거나 경찰관서에 보호하는 등 적절한 조치를 할 수 있다.
1. 정신착란을 일으키거나 술에 취하여 자신 또는 다른 사람의 생명·신체·재산에 위해를 끼칠 우려가 있는 사람
2. 자살을 시도하는 사람
3. 미아, 병자, 부상자 등으로서 적당한 보호자가 없으며 응급구호가 필요하다고 인정되는 사람. 다만, 본인이 구호를 거절하는 경우는 제외한다.

바이를 타고 마포대교로 갔고, 오토바이를 도로 위에 불법적으로 방치하고 자살을 시도하였다. 즉 甲이 오토바이를 도로 위에 방치함으로써 도로교통상 위험을 초래하였고 경찰은 甲이 초래한 위험을 제거하기 위하여 오토바이를 이동시킨 것인바, 甲에게는 손실발생 원인에 대하여 책임이 인정된다.

③ 인과관계의 존재: 경찰 乙의 오토바이 이동 과정에서 甲의 오토바이가 파손되었으므로 직무집행과 손실 사이에 인과관계가 인정된다.

④ 손실보상의 범위: 甲은 자신의 오토바이를 마포대교 도로상에 방치함으로써 도로교통상의 위험을 초래하였으므로 손실발생의 원인에 대하여 책임이 있다. 그러나 오토바이를 불법 주정차하였다는 이유만으로 오토바이 파손이라는 결과에 대하여 甲에게 전적으로 책임이 있다고 보기는 어렵다. 즉 甲은 손실발생원인에 대하여 책임이 있는 자이지만, 자신의 책임에 상응하는 정도를 초과하는 200만 원이라는 상당한 재산상 손실을 입은 경우에 해당하므로 「경찰관 직무집행법」 제11조의2 제1항 제2호[134]에 따라 정당한 보상을 하여야 한다.

다. 결 론

甲은 손실발생원인에 대하여 책임이 있는 자이지만, 자신의 책임에 상응하는 정도를 초과하여 200만 원이라는 재산상 손실을 입었으므로, 손실보상위원회는 甲의 과실을 상계하여 일부인용할 수 있다.

---

134) 제11조의2(손실보상) ① 국가는 경찰관의 적법한 직무집행으로 인하여 다음 각
    호의 어느 하나에 해당하는 손실을 입은 자에 대하여 정당한 보상을 하여야
    한다.
    2. 손실발생의 원인에 대하여 책임이 있는 자가 자신의 책임에 상응하는 정도
    를 초과하는 생명·신체 또는 재산상의 손실을 입은 경우

2. 비교사례

(1) 임차인 사망으로 과도한 손실을 입은 경우

가. 사실관계

사례25

甲은 빌라 3층의 임대인으로 "원룸 303호 임차인이 보름 전부터 연락이 안 된다. 옆집 302호 임차인으로부터 구더기가 자꾸 집으로 들어온다는 연락을 받았다. 내가 퇴근하고 오늘 21시~22시경에 신고하면 문을 따줄 수 있냐"는 112 신고를 하였다. 112 신고를 받은 즉시 현장에 출동한 경찰은 303호 현관문 앞에서 다수의 구더기가 발견되고, 문틈 사이로 계속해서 구더기가 나오고 있었으며, 빌라 3층에 복도에는 심각한 악취도 났다. 이에 303호 세대 내부에 변사체가 부패되고 있을 가능성이 크다고 판단하여 신고자인 甲에게 전화하여 내부 확인이 필요하니 개문에 협조해 달라고 하자 甲은 일을 하고 있어 21시경에나 갈 수 있다 하였고, 이에 경찰이 甲에게 사설 열쇠업자를 통해 개문을 하라고 하자 머뭇거리며 이 또한 거부하였다. 이에 경찰은 손실보상 제도를 안내하며 甲에게 강제 개문에 동의하는지 문의하였고, 그제야 甲은 강제 개문에 동의하였다. 이에 경찰 乙은 119 구조대와 함께 현관문을 강제 개문하여 303호 내부로 진입하여 현장을 확인하니 303호 임차인은 원인을 알 수 없는 이유로 바닥에 엎드려 사망한 상태로 이미 부패가 심하게 진행된 채 발견되었다. 당시 303호 임차인은 보증금 50만 원에 월세 29만 원으로 임대 중이었으며, 월세는 이미 한 달 전부터 들어오지 않았다. 며칠 후 甲은 방화문, 디지털 키, 시공비, 부가세를 포함하여 총 99만 원의 손실보상 청구를 하였다. 甲의 손실보상 청구는 인용가능한가?

나. 사례의 해결

① 직무집행의 적법성: 청구인은 임대인으로 303호 임차인이 한 달 전부터 연락이 안 되고, 옆집 302호 임차인으로부터는 자꾸 집으로 구더기가 들어온다며 본인의 퇴근 후에 문을 따줄 수 있느냐는 112 신고를 하였다. 신고 내용은 이미 며칠 전에 임차인인 303호 거주자가 집 내부에서 사망하여 집 밖으로까지 구더기가 기어 나올 정도로 시신이 부패 중인 것으로 보인다는 내용인바, 이 경우 임대인의 신고 내용

은 실종신고라기보다는 변사자 발견 신고에 가깝다. 신고를 받은 경찰은 변사 사건으로 인식하고「범죄수사규칙」제166조(현장조사) 제1항,135)「변사 사건 처리 규칙」제10조(현장출동) 제1항136)에 따라 신속히 현장에 출동하였으며, 같은 조 제2항에 따라 119구급대에 출동을 요청하였다. 또한 임대인이자 신고자인 청구인이 개문에 동의한 상황이었고, 변사체를 확인하기 위해서는 개문이 필요한 상황이었으므로 경찰비례의 원칙도 준수하였다고 볼 수 있다.

② 손실발생원인에 대한 책임: 甲은 신고할 당시부터 임차인이 자신의 거주지인 303호 집 안에서 사망하여 부패 중이었다고 인식했을 가능성이 큰 상황이었음에도, 자비(自費)로 개문하는 것을 거부하다가 손실보상 제도를 안내받고 나서야 강제개문에 동의하였다. 따라서 청구인 甲 스스로 자신의 퇴근시간에 맞춰 강제개문을 해 달라고 신고하였고 강제개문에 동의한 상황이므로, 청구인에게는 현관문 파손이라는 손실발생의 원인에 대하여 책임이 있다고 볼 수 있다.

③ 인과관계의 존재: 경찰의 직무집행으로 인하여 303호의 현관문이 파손되었으므로 인과관계가 인정된다.

④ 손실보상의 범위: 일반적인 경우라면 경찰의 직무집행으로 인하여 임차인의 현관문이 파손된 것을 곧바로 임대인의 손실로 보기는

---

135)「(경찰청) 범죄수사규칙」[시행 2023. 11. 1.] [경찰청훈령 제1103호, 2023. 11. 1., 일부개정]
　　제166조(현장조사) 경찰관은 범죄현장을 직접 관찰(이하 "현장조사"라 한다)할 필요가 있는 범죄를 인지하였을 때에는 신속히 그 현장에 가서 필요한 수사를 하여야 한다.
136)「변사 사건 처리 규칙」[시행 2022. 2. 21.] [경찰청훈령 제1052호, 2022. 2. 21., 일부개정]
　　제10조(현장 출동) ① 변사 사건 신고가 접수되면 관할 지역경찰관, 변사 사건 담당자, 과학수사 업무 담당자는 신속히 현장에 출동하여 변사 사건을 처리하여야 한다.
　　② 지역경찰관과 변사 사건 담당자는 변사 신고를 접수할 때 119구급대에 출동을 요청하고, 필요하면 병원 후송 등 구호 조치를 하도록 하여야 한다. 다만, 전문의 진단 등으로 사망 사실이 명백한 경우에는 예외로 한다.

어렵다. 그러나 이 사안의 경우 이미 임차인이 사망한 상황이고, 임차 보증금 50만 원으로는 손실을 충당하기 불가능한 특수한 상황으로 강제개문으로 인하여 임대인에게 일부 손실이 인정된다는 특수한 상황 인바, 이런 점을 고려하면 임대인에게 청구인적격은 인정된다고 보인다. 다만 甲 스스로 강제개문을 해 달라고 신고하였고 강제개문에 동의한 상황이므로,「경찰관 직무집행법」제11조의2 제1항 제2호의 "손실발생의 원인에 대하여 책임이 있는 자가 자신의 책임에 상응하는 정도를 초과하는 재산상의 손실을 입은 경우"에 해당한다고 보아 현관문 수리비 일부를 임대인 甲의 손실로 인정해 주는 일부인용도 가능하다.

다. 결 론

甲은 비록 임대인이나 이미 임차인이 사망한 상황이고, 임차 보증금 50만 원으로는 손실을 충당하기 불가능한 특수한 상황으로 강제개문으로 인하여 일부 손실이 인정된다. 그러나 甲 스스로 강제개문을 해 달라고 신고하였고 강제개문에 동의한 상황이므로, 현관문 수리비 일부를 임대인 甲의 손실로 인정해 주는 일부인용이 가능하다.

실무 Tip

112 신고 출동 현장에서 손실이 발생한 경우 경찰 손실보상제도를 안내하는 것은 바람직하나, 손실보상 제도를 안내하는 과정에서 마치 손실보상을 청구만 하면 모두 인용이 될 것처럼 오해를 불러일으키는 경우가 종종 발생한다. 이후 손실보상심의위원회 심의 결과, 일부인용 또는 기각되는 경우 청구인으로부터 "손실을 보상한다고 약속해 놓고 왜 보상하지 않느냐"는 민원을 받는 경우가 상당하다. 따라서 손실보상제도는 「경찰관 직무집행법」 제11조의2, 같은 법 시행령 제10조(손실보상의 지급절차 및 방법)에 따라 손실보상심의위원회의 심의 결과에 따라 인용 여부 및 손실금액이 결정됨을 분명히 안내할 필요가 있다.

(2) 실제 수리 전 견적액을 청구하는 경우

가. 사실관계

사례 26

경찰 甲은 "어떤 남자가 소리를 지르며 행인에게 유리병을 던지고 있고 나도 병에 맞았다"라는 112 신고를 접수하고 현장에 출동하여 해당 남자를 특수폭행 현행범으로 체포하였으나, 체포 후에도 이상 행동을 보여 정신응급합동대응팀을 통해 정신상담을 진행하였고, 상담 결과 타인에 대한 위해의 위험성이 높아 인근 병원으로 응급입원을 시켰다. 한편 경찰 甲이 해당 남자를 현행범으로 체포하는 과정에서 상가 앞에 주차되어 있던 乙의 스쿠터가 한쪽으로 넘어지면서 파손되었다. 乙은 스쿠터의 "거울, 레버, 핸들, 핸들카바, 라이트카바, 언더카바, 아스터 실린더캡, 앞쇼바, 삼발이, 머플러" 등 총 100만 원의 수리비가 예상된다며 견적서와 파손된 스쿠터 사진을 제출하였다. 이 경우 乙의 청구금액은 모두 인용가능한가?

나. 사례의 해결

① 직무집행의 적법성: 특수폭행 현행범이 있다는 112 신고를 접수한 후 즉시 현장에 출동한 경찰 甲은 유리병을 던지고 있던 가해자를 즉시 「형사소송법」 제211조 및 제212조[137])에 따라 현행범으로 체포하였고, 체포과정에서 체포 장소 옆 상가 앞에 스쿠터가 밀려 한쪽으로 넘어지는 결과가 발생한바, 이는 체포과정에서 우연히 발생한 사고

---

137) 「형사소송법」 [시행 2022. 9. 10.] [법률 제18862호, 2022. 5. 9., 일부개정]
　　제211조(현행범인과 준현행범인) ① 범죄를 실행하고 있거나 실행하고 난 직후
　　의 사람을 현행범인이라 한다.
　　② 다음 각 호의 어느 하나에 해당하는 사람은 현행범인으로 본다.
　　1. 범인으로 불리며 추적되고 있을 때
　　2. 장물이나 범죄에 사용되었다고 인정하기에 충분한 흉기나 그 밖의 물
　　건을 소지하고 있을 때
　　3. 신체나 의복류에 증거가 될 만한 뚜렷한 흔적이 있을 때
　　4. 누구냐고 묻자 도망하려고 할 때
　　제212조(현행범인의 체포) 현행범인은 누구든지 영장없이 체포할 수 있다.

로 경찰의 직무집행은 적법하다고 평가할 수 있다.

② 손실발생원인에 대한 책임: 청구인 乙은 위 특수폭행 사건과 전혀 무관한 사람으로서 적법하게 스쿠터를 주차해 놓았으나 현행범 체포과정에서 자신의 스쿠터가 손상되는 손실을 입었다. 따라서 乙에게는 손실발생 원인에 대하여 아무런 책임이 없다.

③ 인과관계의 존재: 경찰 甲이 현행범을 적법하게 체포하는 과정에서 근처에 있던 청구인 乙의 스쿠터가 파손된 것이므로 인과관계도 인정된다.

④ 손실보상의 범위: 청구인 乙은 파손된 스쿠터 사진과 스쿠터를 수리하기 전이라고 하면서 견적서를 제출하였다. 청구인 乙이 제출한 사진상으로 확인되는 손해는 그리 크지 않은 반면, 견적서 내역에서는 스쿠터의 주요 부품 대부분의 수리비가 모두 포함되어 있었다. 감정인의 감정 결과 이는 통상 스쿠터 전도 사고 시 발생하는 손해와 비교하여 과도한 범위가 포함되어 있다고 판단되었다. 따라서 이 사안에 대한 손실은 사고로 인한 피해로 확인되는 부분에 대해서만 재료비, 노무비를 손실로 인정하여 일부인용할 수 있다.

다. 결 론

청구인 乙은 스쿠터를 수리하기 전이라고 하면서 견적서를 제출한 바, 견적서에 근거하여 손실보상은 가능하나 청구인 乙이 제출한 견적서상으로는 통상적인 스쿠터 전도 사고 시 발생하는 손실과 비교하여 과도한 범위가 포함되어 있으므로, 이 사건 사고로 인한 피해로 확인되는 부분에 대해서만 일부인용할 수 있다.

실무 Tip

손실액 측정과 관련하여 실무상 문제 되는 것은 수리비의 경우 실제로 수리를 받지 않고 견적액만 뽑아서 청구하는 경우, 또는 수리비 영수증을 간이영수증으로 처리해서 객관성이 담보되지 않거나 간이영수증에도 부가가치세를 포함해서 청구하는 경우 등이다. 이 경우 서울특별시경찰청 손실보상심의위원회에서는 실제 수리를 하지 않은 사례의 경우 견적서를 토대로 감정인의 감수를 거쳐 손실액을 결정하고 있다. 또한 청구인이 간이영수증에 부가가치세를 포함해서 청구하는 경우, 개인사업자의 경우에는 부가가치세를 포함한 전액 그대로를 손실로 인정하는 반면, 부가가치세 면세사업자인 일반사업자의 경우는 부가가치세를 제외한 나머지 액수만 손실로 인정하고 있다.

(3) 생명·신체상 손실이 과도하게 측정된 경우

가. 사실관계

사례 27

서울퀴어문화축제(Seoul Queer Culture Festival: SQCF)는 "성적 지향과 성별 정체성을 비롯한 다양한 정체성을 가진 모든 사람이 평등하게 어우러져 즐기는 장을 만드는 것"을 비전으로 매년 여름 서울에서 개최되는 문화행사이다. 그러나 매년 이 행사에 반대하는 집회가 동시에 열려 경찰은 미리 행사 참여자와 집회자를 분리하기 위한 철제 안전 펜스들을 설치해 놓았다. 그러나 2022년 축제 당일 알 수 없는 이유로 갑자기 무게가 100kg에 달하는 안전 펜스 하나가 넘어지면서 마침 해당 장소를 지나가던 행인 甲이 깔려 다리를 다치는 사고가 발생하였다. 이에 甲은 이 사고로 6일 동안 회사에 출근을 못 하고 병원 치료를 하였다면서, 진단서, 진료비 세부산정내역, 조제약 봉투 등을 증거로 진료비 및 약제비 총 100만 원을 제출하였으며, 5년 전 급여 지급명세서를 증거로 제출하며 자신은 연차수당 가산비율 1.5배를 적용받는 사람이라며 휴업손실 144만 원(통상시급 2만 원 × 법정근로시간 8시간 × 통원 목적의 연차 6일 × 연차수당 가산비율 1.5배)을 보상 청구하였다. 甲이 청구한 총 휴업손실 144만 원은 모두 인용 가능한가?

나. 사례의 해결

① 직무집행의 적법성: 경찰은 매년 정기적으로 열리는 서울퀴어 문화축제라는 다중운집행사가 예정되어 있고, 해당 축제 자체를 반대하는 것을 개최 이유로 하는 집회신고를 접수하자, 발생 가능한 구체적 위험을 방지하기 위하여 양측을 다른 구역으로 분리할 수 있는 철제 안전 펜스를 설치하였다. 이러한 경찰의 철제 안전 펜스 설치행위는 「경찰관 직무집행법」 제2조의 직무의 범위 내에서 이루어진 적법한 지역 내 다중운집 행사 관련 혼잡 교통 및 안전 관리행위이다. 따라서 비록 행사 당일 갑자기 안전 펜스가 넘어졌으나 그 원인을 알 수 없다고 하더라도 경찰 직무집행을 위법하다고 평가하기는 어렵다.

② 손실발생원인에 대한 책임: 청구인 甲은 위 지역을 지나가고 있던 행인으로서, 안전 펜스가 갑자기 넘어져 다리를 부상당한 손실발생의 원인에 대하여 아무런 책임이 없다.

③ 인과관계의 존재: 경찰이 위험방지를 위하여 안전 펜스를 설치하였고, 안전 펜스가 넘어지면서 甲이 신체상 손해를 입은 것 사이에 인과관계가 존재한다.

④ 손실보상의 범위: 청구인 甲이 제출한 진단서에 따르면 甲은 우측 측관절 원위 경비골 타방 및 골수부종, 전거비인대 및 삼각인대 부분 손상, 근위부 찰과상을 입었다. 외래 진료비 계산서·영수증에 따르면 실제로 1주일 동안 병원을 내원하며 치료를 받고 부분 케스팅을 하였으며, 체외충격파 치료까지 받았다. 따라서 甲이 제출한 영수증에 따라 진료비 및 약제비 전부를 인용하는 것이 적절하다. 또한 甲은 이 사고로 인한 다리 부상으로 인하여 6일 동안 회사에 출근하지 못하였다고 주장하고 있는바, 실제 해당 기간 동안 매일 병원을 왕래하며 통증 치료를 받은 사실이 인정되므로, 6일의 휴업손실을 인정할 필요가 있다고 판단된다. 그러나 甲이 청구한 액수는 자신의 5년 전 급여 지급명세서에 근거하여 '(통상시급 × 일일 법정 근로 시간 × 연차 일수) × 연차수당 가산비율 1.5'에 해당하는 비용을 청구하였는바, 감정인은 위 연차수당 가산비율 1.5에 대해서는 사고 당시 시점에도 그러한 보상

을 받고 있다고 입증할 만한 근거가 없으므로, 「근로기준법」상 연차수
당을 기준으로 연차수당을 지급하는 것이 적절하다고 감정의견을 제
시하였다. 결국 청구인이 청구한 휴업손실 중에서 연차수당 가산비율
1.5를 제외하고, 증명이 가능한 범위인 96만 원(통상시급 2만 원 × 법정
근로시간 8시간 × 통원 목적의 연차 6일)만 인정 가능하다.

다. 결 론

甲이 청구한 손실액인 244만 원 중에서, 객관적으로 증명 가능한
액수인 진료비 및 약제비 100만 원 및 휴업손실 96만 원을 합한 총 196
만 원만 인용할 수 있다.

실무 Tip

「경찰관 직무집행법 시행령」 제9조 [별표]에는 생명·신체상의 손실에 대한 보상
기준이 마련되어 있는바, 의사상자의 부상등급을 기준으로 손실보상액을 측정한
다. 사망자의 보상금액은 「의사상자 등 예우 및 지원에 관한 법률 시행령」 제12
조 제1항에 따라 보건복지부 장관이 결정하여 고시하는 금액을 보상하며, 부상
등급은 같은 법 시행령 제2조 및 [별표 1]에 따른 부상범위 및 등급을 준용하되,
별표 1에 따른 부상 등급 중 제1급부터 제8급까지의 등급에 해당하지 않는 신체
상의 손실을 입은 경우에는 부상등급 외의 부상으로 본다. 부상등급별 보상금은
같은 법 시행령 제12조 제2항 및 [별표 2]에 따른다. 부상등급 외의 부상에 대한
보상금액은 사망 시 보상금의 100분의 5를 최고 한도로 하여 그 범위에서 진료
비, 치료비, 수술비, 약제비, 입원비 등 실제로 지출된 의료비를 지급하며 위원회
가 최고 한도를 초과하여 보상이 필요하다고 인정하는 경우에는 최고 한도를 초
과하여 실제로 지출된 의료비를 지급할 수 있다.

제3절

결 론

I. 경찰손실보상 사례 분석의 결과

본서는 제1장 행정상 손실보상 일반이론에서 행정구제 수단으로서의 행정상의 손실보상 및 헌법에 근거한 손실보상제도 전반을 검토해 보았다. 그리고 제2장 경찰손실보상제도에서는 다양한 손실보상제도 중 경찰손실보상제도에 집중하여 경찰손실보상의 이론 및 경찰법 체계, 경찰손실보상의 요건 및 절차를 상세히 검토하였다. 그리고 제3장 경찰 손실보상 심의사례 분석에서는 1장과 2장에서의 논의를 바탕으로 경찰손실보상제도가 어떻게 운영되고 있는지를 알아본 후에, 경찰손실보상이 다루어졌던 사례를 분석하여 다음과 같은 결론을 도출하였다.

첫째, 경찰손실보상제도가 도입된 2014년부터 2022년까지의 경찰손실보상제도의 운영 현황 및 심의위원회 심의사례의 추이, 기각률, 기각이유 및 손실보상금액 등에 대한 분석을 통해 경찰손실보상제도가 시행 10년을 맞이하면서 어느 정도 정착되고 있다.

둘째, 손실보상청구가 기각된 가장 주요 원인은 청구인에게 손실 발생 원인에 대한 책임이 있는 경우라는 점 등을 도출하였다.

II. 손실보상 여부 결정에 있어서 고려할 사항

현재 경찰 손실보상심의위원회는 각 시·도경찰청에서 개별적으로 운영되고 있는바, 유사한 사례의 경우에도 각 경찰청마다 그 결과가 다른 경우가 많았다. 그 이유 중 하나는 손실보상 제도 자체가 손실을 입은 국민을 폭넓게 보호하고 동시에 직무를 수행하는 현장 경찰관들을 민원 등으로부터 보호하기 위하여 가능한 한 청구를 인용해 주는 방향으로 결론을 이끌어 왔기 때문이다. 이로 인하여 경찰손실보상제도의 도입 취지와는 달리 경찰손실보상제도를 악용하는 경우가 발생하기도 하고, 동일한 내용이 지역에 따라 그 결론이 다르거나, 같은 시·도경찰청이라고 하더라도 심의위원회 위원의 성향에 따라 결론이 달라지는 등 논리적 일관성을 띠지 못하는 경우들이 발생하였다. 그러나 경찰 손실보상제도가 2013년에 도입된 이래 이미 약 10년의 사례가 축적되고 제도가 안착된 만큼, 이제는 경찰 손실보상 법리에 부합하는 경찰손실보상의 요건에 관한 일관되고 정치한 해석이 필요하다. 이에 실제 사례를 바탕으로 재구성된 27개의 사례를 통하여 각 손실보상 요건 검토 시 경찰법 법리에 따라 고려해야 할 점과 손실보상심의위원회 실무 담당자들이 즉시 활용할 수 있는 팁을 제시하였다. 이에 실제 손실보상심의위원회에서 안건 검토 시 고려해야 할 점들을 정리하면 다음과 같다.

1. 경찰의 직무집행의 적법성

경찰의 직무집행의 적법성과 관련해서는, 경찰권 발동이 법률유보원칙 및 경찰비례의 원칙에 위반되지 않는지를 검토해 보아야 한다. 이 경우 법률유보원칙과 관련하여 경찰의 사후적 범죄행위 수사업무는「형사소송법」등을 근거로, 사전예방적 조치인 위험방지 직무는「경찰관 직무집행법」등을 근거로 경찰의 직무집행의 적법성 여부를 판단하여야 한다. 또한 경찰의 직무집행의 적법성을 판단함에 있어서

는 경찰비례의 원칙에 따라 적합성, 필요성, 상당성의 원칙이라는 단
계별로 필터링을 거칠 것이 필요하다.

2. 손실발생의 원인에 대한 책임

전술한 바와 같이 경찰손실보상의 기각 원인 중 대부분이 청구인
에게 손실발생의 원인에 대한 책임이 있는 경우인 점을 고려하면 손실
발생의 원인에 대해 청구인에게 책임이 있는지 여부를 면밀히 검토하
여야 한다. 이와 관련하여 손실발생원인에 대한 책임이 있는 자는 일
반적인 행위책임자 또는 상태책임자와 개념이 동일하지는 않다는 점
을 유의해야 한다. 또한 단계적인 검토가 필요한바, 우선 1단계(경찰권
발동 단계)에서는 경찰권 발동의 대상인지를 의미하는 경찰책임자인지
를 결정하여야 하며, 2단계(손실보상의 단계)에서는 경찰권 발동으로 인
한 손실발생의 원인에 대하여 책임이 있는 자인지 여부에 따라 손실보
상청구권이 인정되는지를 결정하여야 한다. 즉 2단계에서 손실발생에
원인이 있는 자에 해당하면 「경찰관 직무집행법」이 규정하고 있는 '손
실발생원인에 대하여 책임이 있는 자'에 해당하며, 따라서 그에게는 손
실보상 청구를 인용할 수 없다고 평가하여야 한다. 한편 손실발생원인
에 대하여 책임이 있는지 여부가 상당히 모호한 경우도 있는바, 이 경
우에는 청구인에게 법 위반 사실은 없는지, 청구인에게 원인 책임이
없다는 증거가 제출되었는지 등에 관하여 구체적으로 사안을 분석할
필요가 있다.[138] 또한 청구인이 손실발생의 원인에 대하여 책임이 있
다고 하더라도 자기 책임의 범위를 초과하는 손실을 입은 경우에는 그
한도 내에서 일부 보상이 가능하다.

---

138) 이를 위해서는 매년 국가경찰위원회에서 수집하는 전국 경찰손실보상 사례를
    분석하고, 이를 실무진들에게 공유하고 교육함으로써 전국 경찰 손실보상심의
    위원회별로 편차 없는 심의가 가능하도록 적극 지원할 필요가 있다.

3. 인과관계의 존재

인과관계의 존재 여부와 관련해서는 적법한 경찰 직무집행으로 인하여 청구인에게 손실이 발생하였는지가 증명되어야 한다. 다만 경찰손실보상에 있어서 인과관계의 증명 정도는 실험에 의한 논리적 증명이 요구되는 자연과학적 증명이 아니라 손실의 발생에 대한 고도의 개연성이 있으면 충분하다고 볼 수 있다. 이러한 인과관계의 증명책임은 손실보상을 청구하는 청구인에게 있으며, 손실보상심의위원회에서는 만약 다른 원인으로 인하여 손실이 발생하였다는 충분한 개연성이 있는 경우에는 손실보상 청구를 기각할 수 있다. 또한 영업손실, 차량 수리비용 이외의 렌트카 비용청구, 신체의 후유증 등에서 어느 범위까지가 경찰의 직무집행으로 인한 손실인지가 문제 되는바, 그 범위는 각 사안에 따라 청구인이 제출한 구체적인 자료·증거를 통하여 확정될 수 있을 것이다.

4. 청구인적격

손실보상청구가 인정되기 위해서는 청구인에게 청구인적격이 있을 것이 요구되는바, 이와 관련해서는 손실보상의 청구인이 경찰의 적법한 직무집행으로 인하여 직접 손실을 입은 자에 해당하는지가 주로 문제 된다. 만약 직접 손실을 입은 자가 대리인을 통하여 손실보상을 청구하는 경우라면 위임관계를 증명할 수 있는 위임장을 제출하여야 한다.

청구인적격 여부와 관련하여 문제 되는 사례는 청구인이 경찰의 직무집행으로 인하여 직접적으로 손실을 입은 자인지가 명확하지 않은 경우이다. 특히 경찰의 직무집행으로 현관문이 파손된 경우에는 거주하는 자가 현관문의 파손으로 인하여 손실을 입은 자임에 유의하여야 한다. 즉 임차인이 입은 손실에 대하여 임대인이 청구하는 경우에는 이를 각하하여야 한다. 또한 직무를 집행한 경찰이 발생한 손실에 대한 수리비를 대신 지급한 경우라 하더라도 직무를 집행한 경찰은 손실을 입은 당사자로 볼 수 없다.

5. 소멸시효

소멸시효와 관련해서는, 청구인이 손실이 있음을 안 날로부터 3년이 도과하여 손실보상 청구를 하거나, 손실이 발생한 날부터 5년이 도과하여 청구를 하는 경우, 즉 주관적 소멸시효와 객관적 소멸시효 중 어느 하나만 도과되는 경우에도 소멸시효 도과로 청구를 기각하여야 한다.

6. 손실보상의 범위

손실보상의 범위와 관련해서는, 보상단계에서 경찰비례의 원칙에 따라 구체적인 보상 액수를 산정하는 단계가 필요하다. 즉 청구인이 실제 발생한 손실보다 과다 청구한 경우에는 손실보상심의위원회에서 객관적으로 책정된 비용으로만 감축할 필요가 있으며, 청구인의 원인책임으로 인하여 손실이 발생한 것은 아니지만 청구인에게 과실 또는 법 위반행위가 개입되어 있는 경우에는 손실보상 범위에서 과실상계를 할 수 있다. 또한 청구인에게 손실발생에 대한 원인책임이 있는 경우에는 「경찰관 직무집행법」 제11조의2 제1항 제2호 "손실발생의 원인에 대하여 책임이 있는 자가 자신의 책임에 상응하는 정도를 초과하는 생명·신체 또는 재산상의 손실을 입은 경우"에 근거하여 청구인에게 적절한 보상액을 결정하여야 한다.

III. 결 론

지금까지의 서술에서 볼 수 있듯이 경찰 손실보상의 인정여부 및 그 범위를 결정하는 것은 사례별 고려사항이 너무 다양한 관계로 획일적으로 판단하기는 쉽지 않다는 문제점을 안고 있으며, 이러한 문제점 내지 어려움을 공저자들은 누구보다도 잘 인식하고 있다. 그러나 공저자들은 그러한 문제점을 문제가 있다는 선에 마냥 방치해 두어서는 문제 해결에 있어 아무런 진전도 가져올 수 없다는 것에 인식을 같이했다. 이에 공저자들이 입수할 수 있는 손실보상심의위원회의 심의 사례를 면밀히 분석하여 모든 손실보상청구사건에 공통적으로 적용 가능한 기준을 도출해보고자 하였으며, 그러한 분석의 결과 손실보상여부를 결정함에 있어 고려하여야 할 공통적 요소로 ① 경찰의 직무집행의 적법성, ② 손실발생의 원인에 대한 책임, ③ 인과관계의 존재, ④ 청구인적격, ⑤ 소멸시효 및 ⑥ 손실보상의 범위를 제시하였다. 그리고 이러한 논의의 타당성 및 필요성을 분명히 하기 위하여 그러한 논의가 철저하게 경찰행정법 내지 손실보상법 일반이론에 기초하고 있음을 분명히 하였다. 또한 이와 같은 논의에 대한 이해를 제고하기 위하여 경찰손실보상 여부를 결정함에 있어 고려할 요소들에 관하여 기본사례와 비교사례를 통해 충분한 사례연습이 가능할 수 있도록 사례풀이와 실무 Tip을 제공하였다. 이러한 의도로 정리한 경찰손실보상 요건별 사례 해설이 경찰 실무가들과 일반 독자들 모두에게 유익하기를 기대한다.

관련 규정

1. 법률: 「경찰관 직무집행법」

제11조의2(손실보상) ① 국가는 경찰관의 적법한 직무집행으로 인하여 다음 각 호의 어느 하나에 해당하는 손실을 입은 자에 대하여 정당한 보상을 하여야 한다.

1. 손실발생의 원인에 대하여 책임이 없는 자가 생명·신체 또는 재산상의 손실을 입은 경우(손실발생의 원인에 대하여 책임이 없는 자가 경찰관의 직무집행에 자발적으로 협조하거나 물건을 제공하여 생명·신체 또는 재산상의 손실을 입은 경우를 포함한다)

2. 손실발생의 원인에 대하여 책임이 있는 자가 자신의 책임에 상응하는 정도를 초과하는 생명·신체 또는 재산상의 손실을 입은 경우

② 제1항에 따른 보상을 청구할 수 있는 권리는 손실이 있음을 안 날부터 3년, 손실이 발생한 날부터 5년간 행사하지 아니하면 시효의 완성으로 소멸한다.

③ 제1항에 따른 손실보상신청 사건을 심의하기 위하여 손실보상심의위원회를 둔다.

④ 경찰청장 또는 시·도경찰청장은 제3항의 손실보상심의위원회의 심의·의결에 따라 보상금을 지급하고, 거짓 또는 부정한 방법으로 보상금을 받은 사람에 대하여는 해당 보상금을 환수하여야 한다.

⑤ 보상금이 지급된 경우 손실보상심의위원회는 대통령령으로 정하는 바에 따라 국가경찰위원회에 심사자료와 결과를 보고하여야 한다. 이 경우 국가경찰위원회는 손실보상의 적법성 및 적정성 확인을 위하여 필요한 자료의 제출을 요구할 수 있다.

⑥ 경찰청장 또는 시·도경찰청장은 제4항에 따라 보상금을 반환하여야 할 사람이 대통령령으로 정한 기한까지 그 금액을 납부하지 아니한 때에는 국세 체납처분의 예에 따라 징수할 수 있다.

⑦ 제1항에 따른 손실보상의 기준, 보상금액, 지급 절차 및 방법, 제3항에 따른 손실보상심의위원회의 구성 및 운영, 제4항 및 제6항에 따른 환수절차, 그 밖에 손실보상에 관하여 필요한 사항은 대통령령으로 정한다.

2. 대통령령: 「경찰관 직무집행법 시행령」

제9조(손실보상의 기준 및 보상금액 등) ① 법 제11조의2 제1항에 따라 손실보상을 할 때 물건을 멸실·훼손한 경우에는 다음 각 호의 기준에 따라 보상한다.

1. 손실을 입은 물건을 수리할 수 있는 경우: 수리비에 상당하는 금액

2. 손실을 입은 물건을 수리할 수 없는 경우: 손실을 입은 당시의 해당 물건의 교환가액

3. 영업자가 손실을 입은 물건의 수리나 교환으로 인하여 영업을 계속할 수 없는 경우: 영업을 계속할 수 없는 기간 중 영업상 이익에 상당하는 금액

② 물건의 멸실·훼손으로 인한 손실 외의 재산상 손실에 대해서는 직무집행과 상당한 인과관계가 있는 범위에서 보상한다.

③ 법 제11조의2 제1항에 따라 손실보상을 할 때 생명·신체상의 손실의 경우에는 별표의 기준에 따라 보상한다.

④ 법 제11조의2 제1항에 따라 보상금을 지급받을 사람이 동일한 원인으로 다른 법령에 따라 보상금 등을 지급받은 경우 그 보상금 등에 상당하는 금액을 제외하고 보상금을 지급한다.

제10조(손실보상의 지급절차 및 방법) ① 법 제11조의2에 따라 경찰관의 적법한 직무집행으로 인하여 발생한 손실을 보상받으려는 사람은 별지 제4호서식의 보상금 지급 청구서에 손실내용과 손실금액을 증명할 수 있는 서류를 첨부하여 손실보상청구 사건 발생지를 관할하는 국가경찰관서의 장에게 제출하여야 한다.

② 제1항에 따라 보상금 지급 청구서를 받은 국가경찰관서의 장은 해당 청구서를 제11조 제1항에 따른 손실보상청구 사건을 심의할 손실보상심의위원회가 설치된 경찰청, 해양경찰청, 시·도경찰청 및 지방해양경찰청의 장(이하 "경찰청장 등"이라 한다)에게

보내야 한다.

③ 제2항에 따라 보상금 지급 청구서를 받은 경찰청장 등은 손실보
상심의위원회의 심의·의결에 따라 보상 여부 및 보상금액을 결
정하되, 다음 각 호의 어느 하나에 해당하는 경우에는 그 청구
를 각하(却下)하는 결정을 하여야 한다.

1. 청구인이 같은 청구 원인으로 보상신청을 하여 보상금 지급 여
부에 대하여 결정을 받은 경우. 다만, 기각 결정을 받은 청구인
이 손실을 증명할 수 있는 새로운 증거가 발견되었음을 소명(疎
明)하는 경우는 제외한다.

2. 손실보상 청구가 요건과 절차를 갖추지 못한 경우. 다만, 그 잘
못된 부분을 시정할 수 있는 경우는 제외한다.

④ 경찰청장 등은 제3항에 따른 결정일부터 10일 이내에 다음 각
호의 구분에 따른 통지서에 결정 내용을 적어서 청구인에게 통
지하여야 한다.

1. 보상금을 지급하기로 결정한 경우: 별지 제5호서식의 보상금 지
급 청구 승인 통지서

2. 보상금 지급 청구를 각하하거나 보상금을 지급하지 아니하기로
결정한 경우: 별지 제6호서식의 보상금 지급 청구 기각·각하 통
지서

⑤ 보상금은 다른 법률에 특별한 규정이 있는 경우를 제외하고는
현금으로 지급하여야 한다.

⑥ 보상금은 일시불로 지급하되, 예산 부족 등의 사유로 일시금으
로 지급할 수 없는 특별한 사정이 있는 경우에는 청구인의 동의
를 받아 분할하여 지급할 수 있다.

⑦ 보상금을 지급받은 사람은 보상금을 지급받은 원인과 동일한 원
인으로 인한 부상이 악화되거나 새로 발견되어 다음 각 호의 어
느 하나에 해당하는 경우에는 보상금의 추가 지급을 청구할 수
있다. 이 경우 보상금 지급 청구, 보상금액 결정, 보상금 지급 결
정에 대한 통지, 보상금 지급 방법 등에 관하여는 제1항부터 제

6항까지의 규정을 준용한다.

1. 별표 제2호에 따른 부상등급이 변경된 경우(부상등급 외의 부상에서 제1급부터 제8급까지의 등급으로 변경된 경우를 포함한다)

2. 별표 제2호에 따른 부상등급 외의 부상에 대해 부상등급의 변경은 없으나 보상금의 추가 지급이 필요한 경우

⑧ 제1항부터 제7항까지에서 규정한 사항 외에 손실보상의 청구 및 지급에 필요한 사항은 경찰청장 또는 해양경찰청장이 정한다.

제11조(손실보상심의위원회의 설치 및 구성) ① 법 제11조의2 제3항에 따라 소속 경찰공무원의 직무집행으로 인하여 발생한 손실보상청구 사건을 심의하기 위하여 경찰청, 해양경찰청, 시·도경찰청 및 지방해양경찰청에 손실보상심의위원회(이하 "위원회"라 한다)를 설치한다.

② 위원회는 위원장 1명을 포함한 5명 이상 7명 이하의 위원으로 구성한다.

③ 위원회의 위원은 소속 경찰공무원과 다음 각 호의 어느 하나에 해당하는 사람 중에서 경찰청장 등이 위촉하거나 임명한다. 이 경우 위원의 과반수 이상은 경찰공무원이 아닌 사람으로 하여야 한다.

1. 판사·검사 또는 변호사로 5년 이상 근무한 사람

2. 「고등교육법」 제2조에 따른 학교에서 법학 또는 행정학을 가르치는 부교수 이상으로 5년 이상 재직한 사람

3. 경찰 업무와 손실보상에 관하여 학식과 경험이 풍부한 사람

④ 위촉위원의 임기는 2년으로 한다.

⑤ 위원회의 사무를 처리하기 위하여 위원회에 간사 1명을 두되, 간사는 소속 경찰공무원 중에서 경찰청장 등이 지명한다.

제12조(위원장) ① 위원장은 위원 중에서 호선(互選)한다.

② 위원장은 위원회를 대표하며, 위원회의 업무를 총괄한다.

③ 위원장이 부득이한 사유로 직무를 수행할 수 없는 때에는 위원장이 미리 지명한 위원이 그 직무를 대행한다.

제13조(손실보상심의위원회의 운영) ① 위원장은 위원회의 회의를 소집하고, 그 의장이 된다.

② 위원회의 회의는 재적위원 과반수의 출석으로 개의(開議)하고, 출석위원 과반수의 찬성으로 의결한다.

③ 위원회는 심의를 위하여 필요한 경우에는 관계 공무원이나 관계 기관에 사실조사나 자료의 제출 등을 요구할 수 있으며, 관계 전문가에게 필요한 정보의 제공이나 의견의 진술 등을 요청할 수 있다.

제14조(위원의 제척·기피·회피) ① 위원회의 위원이 다음 각 호의 어느 하나에 해당하는 경우에는 위원회의 심의·의결에서 제척(除斥)된다.

1. 위원 또는 그 배우자나 배우자였던 사람이 심의 안건의 청구인인 경우
2. 위원이 심의 안건의 청구인과 친족이거나 친족이었던 경우
3. 위원이 심의 안건에 대하여 증언, 진술, 자문, 용역 또는 감정을 한 경우
4. 위원이나 위원이 속한 법인이 심의 안건 청구인의 대리인이거나 대리인이었던 경우
5. 위원이 해당 심의 안건의 청구인인 법인의 임원인 경우

② 청구인은 위원에게 공정한 심의·의결을 기대하기 어려운 사정이 있는 경우에는 위원회에 기피 신청을 할 수 있고, 위원회는 의결로 이를 결정한다. 이 경우 기피 신청의 대상인 위원은 그 의결에 참여하지 못한다.

③ 위원이 제1항 각 호에 따른 제척 사유에 해당하는 경우에는 스스로 해당 안건의 심의·의결에서 회피(回避)하여야 한다.

제15조(위원의 해촉) 경찰청장 등은 위원회의 위원이 다음 각 호의 어느 하나에 해당하는 경우에는 해당 위원을 해촉(解囑)할 수 있다.

1. 심신장애로 인하여 직무를 수행할 수 없게 된 경우
2. 직무태만, 품위손상이나 그 밖의 사유로 위원으로 적합하지 아니하다고 인정되는 경우
3. 제14조 제1항 각 호의 어느 하나에 해당하는 데에도 불구하고 회피하지 아니한 경우
4. 제16조를 위반하여 직무상 알게 된 비밀을 누설한 경우

제16조(비밀 누설의 금지) 위원회의 회의에 참석한 사람은 직무상 알게 된 비밀을 누설해서는 아니 된다.

제17조(위원회의 운영 등에 필요한 사항) 제11조부터 제16조까지에서 규정한 사항 외에 위원회의 운영 등에 필요한 사항은 경찰청장 또는 해양경찰청장이 정한다.

제17조의2(보상금의 환수절차) ① 경찰청장 또는 시·도경찰청장은 법 제11조의2 제4항에 따라 보상금을 환수하려는 경우에는 위원회의 심의·의결에 따라 환수 여부 및 환수금액을 결정하고, 거짓 또는 부정한 방법으로 보상금을 받은 사람에게 다음 각 호의 내용을 서면으로 통지해야 한다.

1. 환수사유
2. 환수금액
3. 납부기한
4. 납부기관

② 법 제11조의2 제6항에서 "대통령령으로 정한 기한"이란 제1항에 따른 통지일부터 40일 이내의 범위에서 경찰청장 또는 시·도경찰청장이 정하는 기한을 말한다.

③ 제1항 및 제2항에서 규정한 사항 외에 보상금 환수절차에 관하

여 필요한 사항은 경찰청장이 정한다.

제17조의3(국가경찰위원회 보고 등) ① 법 제11조의2 제5항에 따라 위원
회(경찰청 및 시·도경찰청에 설치된 위원회만 해당한다. 이하 이 조에서
같다)는 보상금 지급과 관련된 심사자료와 결과를 반기별로 국가경
찰위원회에 보고해야 한다.

② 국가경찰위원회는 필요하다고 인정하는 때에는 수시로 보상금
지급과 관련된 심사자료와 결과에 대한 보고를 위원회에 요청
할 수 있다. 이 경우 위원회는 그 요청에 따라야 한다.

■ 경찰관 직무집행법 시행령 [별표] 〈신설 2019. 6. 25.〉

생명·신체상의 손실에 대한 보상의 기준(제9조 제3항 관련)

1. 사망자의 보상금액 기준
   「의사상자 등 예우 및 지원에 관한 법률 시행령」 제12조 제1항에
   따라 보건복지부장관이 결정하여 고시하는 금액을 보상한다.

2. 부상등급의 기준
   「의사상자 등 예우 및 지원에 관한 법률 시행령」 제2조 및 별표 1에
   따른 부상범위 및 등급을 준용하되, 같은 영 별표 1에 따른 부상 등
   급 중 제1급부터 제8급까지의 등급에 해당하지 않는 신체상의 손실
   을 입은 경우에는 부상등급 외의 부상으로 본다.

3. 부상등급별 보상금액 기준
   「의사상자 등 예우 및 지원에 관한 법률 시행령」 제12조 제2항 및
   별표 2에 따른 의상자의 부상등급별 보상금을 준용하되, 제2호에
   따른 부상등급 외의 부상에 대한 보상금액의 기준은 제4호와 같다.

4. 부상등급 외의 부상에 대한 보상금액 기준
   가. 부상등급 외의 부상에 대한 보상금액은 제1호에 따른 보상금의
      100분의 5를 최고 한도로 하여 그 범위에서 진료비, 치료비, 수
      술비, 약제비, 입원비 등 실제로 지출된 의료비를 지급한다.
   나. 가목에도 불구하고 위원회가 최고 한도를 초과하여 보상이 필
      요하다고 인정하는 경우에는 가목에 따른 최고 한도를 초과하
      여 실제로 지출된 의료비를 지급할 수 있다.

[별지 제1호서식] 〈개정 2021. 1. 5.〉

임 시 영 치 증 명 서

제 　 호

영치인	①성 명		②생년월일	
	③주 소			
영치물	④품 명	⑤단 위	⑥수 량	⑦비 고
⑧임시영치기간	. 　 . 　 . 시~ 　 . 　 . 시(일간)			
⑨수령일시	. 　 . 　 . 시		⑩수령장소	

　위 물건을 경찰관직무집행법 제4조제3항의 규정에 의하여 임시영치하오니 지정된 날짜에 이 증명서와 주민등록증 및 도장을 가지고 수령하시기 바랍니다.

. 　 . 　 .

○○경찰서장
(○○지구대장 · 파출소장 · 출장소장)
귀하

2106-34A　　　　　　　　　　　　　　　190mm×268mm
81.5.2 승인　　　　　　　　　　　　　(인쇄용지(2급) 60g/m²)

※기입요령: ⑧임시영치기간은 임시영치한 날로부터 수령한 날까지 10
　　일을 초과할 수 없음

[별지 제2호서식] 〈개정 2017. 7. 26.〉

○○경 찰 서

분류기호 및
문서번호

시행일 　.　.　.

수 신　　　　　　　　　　　　　발 신　　　　　　(인)

제 목　피구호자 인계서 송부

피구호자	①성 명		②생년월일	.　.　.
	③직 업		④주민등록번호	～
	⑤주 소			
	⑥인상착의			
발견	⑦일 시	.　.　.	⑨당시개항	
	⑧장 소			
⑩인계일시		.　.　.	⑪인계장소	
⑫인 계 인		소속	계급	성명
⑬인 수 인		소속	직위	성명

　경찰관직무집행법 제4조제6항의 규정에 의하여 피구호자인계서를 위와 같이 송부합니다.

2106-32D　　　　　　　　　　　　　　190mm×268mm

81.5.2 승인　　　　　　　　　　　(인쇄용지(2급) 60g/m²)

※기입요령: ⑥피구호자의 인적사항이 확인되지 아니한 때에는 성별·신장·체격·착의등 피보호자를 특정할 수 있는 사항을 기입

[별지 제3호서식] 〈개정 2021. 1. 5.〉   (전 면)

우 편 엽 서

우
표

(받을 분)
① 성 명 _____

② 주 소 _____

○○경찰서장

□□□-□□

2106-41A   95mm×150mm
81.5.2 승인   (인쇄용지(특급) 120g/m²)

(이 면)

③ 제   호

출 석 요 구 서

④ 출석일시	. . . 시
⑤ 출석장소	○○경찰서 ○○과 ○○계(실) (전화)
⑥ 출석요구사유	
⑦ 지참품	
⑧ 담당경찰관	계급 성명

  귀하에게 위 사항에 대한 사실을 확인하고자 하오니 이 출석요구서와 주민
등록증 및 도장을 가지고 나와 주시기 바랍니다.

                        . . .
⑨   ○○경찰서장

※작성요령
  ⑨ 경찰서장 또는 해양경찰서장의 직인을 날인함

278

■ 경찰관 직무집행법 시행령 [별지 제4호서식] 〈개정 2019. 6. 25.〉

보상금 지급 청구서(□ 신규, □ 추가)

※ 바탕색이 어두운 난은 청구인이 적지 않습니다.

접수번호	접수일	처리일	처리기간

청구인	성명		생년월일 (외국인등록번호)	
	주소			
			(전화번호:)	

손실개요	손실내용 및 신청이유	
	손실액 산출기초	
	손실금액(청구금액)	
	금	원

위 손실과 관련 하여 다른 법령에 따라 이미 지급받은 금액 (해당하는 경우에만 작성합니다)	내용(적용된 다른 법령)	
	지급일자	지급기관(지급자)
	지급금액	
	금	원

「경찰관 직무집행법」 제11조의2 및 같은 법 시행령 제10조제1항·제7항에 따라 위와 같이 보상금의 지급을 청구합니다.

년 　 월 　 일

청구인 　　　　　(서명 또는 인)

○○경찰청장 귀하

첨부서류	손실내용과 손실금액을 증명할 수 있는 서류	수수료 없음

처리절차

청구서 작성 청구인	→	청구서 작성 처리기관 (지방해양경찰관서를 포함한 국가경찰관서)	→	심의·의결 처리기관 (손실보상심의위원회)	→	결정서 통보 처리기관 (경찰청·해양경찰청·지방 경찰청·지방해양경찰청)

210mm×297mm[백상지 80g/m²(재활용품)]

■ 경찰관 직무집행법 시행령 [별지 제5호서식] 〈개정 2019. 6. 25.〉

보상금 지급 청구(일부·전부) 승인 통지서

청구인	성명		생년월일	
	주소			
			(전화번호:)	

보상 결정 사항	보상원인
	보상금액(청구금액)
	보상방법
	그 밖의 사항

「경찰관 직무집행법」 제11조의2 및 같은 법 시행령 제10조제3항·제7항에 따라 귀하의 손실보상 청구에 대하여 위와 같이 보상하기로 결정하였음을 알려 드립니다.

년   월   일

※ 문의: (담당부서 및 담당자)
　　　　 (전화번호)

〇〇경찰청장 | 직인 |

210mm×297mm[백상지 80g/m²(재활용품)]

■ 경찰관 직무집행법 시행령 [별지 제6호서식] 〈개정 2019. 6. 25.〉

보상금 지급 청구 기각·각하 통지서

청구인	성명		생년월일	
	주소			
			(전화번호:)	
보상 결정 사항	결정 내용			
	결정 이유			

「경찰관 직무집행법」 제11조의2 및 같은 법 시행령 제10조제3항·제7항에 따라 귀하의 손실보상 청구에 대하여 위와 같이 (기각·각하) 결정하였음을 알려 드립니다.

년   월   일

※ 문의: (담당부서 및 담당자)
　　　 (전화번호)

○○경찰청장　직인

〈신설 2023. 3. 24.〉

손실보상 이의신청서

※ 바탕색이 어두운 칸은 신청인이 작성하지 않습니다.

접수번호	접수일	처리일	처리기간

신청인	성명(한글)		생년월일 (외국인등록번호)
	주소 (전화번호:)		

보상금 신청 결과	(□일부인용 · □기각 · □각하) 통지서 통보일자
	결정 내용
	결정 이유

이의신청 내용	이의신청의 취지
	이의신청의 이유
	※새로운 주장이나 증거 없이 동일한 내용으로 이의신청을 할 경우 별도의 심사 · 의결을 거치지 아니하고 각하할 수 있습니다.

「행정기본법」 제36조제1항에 따라 위와 같이 이의신청서를 제출합니다.

년   월   일

청구인   (서명 또는 인)

〇〇경찰청장 귀하

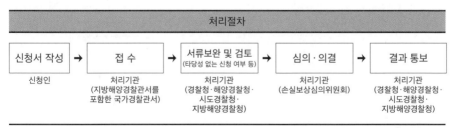

처리절차

신청서 작성	→	접 수	→	서류보완 및 검토 (타당성 없는 신청 여부 등)	→	심의 · 의결	→	결과 통보
신청인		처리기관 (지방해양경찰관서를 포함한 국가경찰관서)		처리기관 (경찰청·해양경찰청· 시도경찰청· 지방해양경찰청)		처리기관 (손실보상심의위원회)		처리기관 (경찰청·해양경찰청· 시도경찰청· 지방해양경찰청)

210mm×297mm[백상지 80g/m² (재활용품)]

〈신설 2023. 3. 24.〉

이의신청 ([ ]인용 [ ]부분 인용 [ ]기각 [ ]각하) 결정 통지서

청구인	성명(한글)		생년월일 (외국인등록번호)	
	주소			
			(전화번호:)	
이의신청 내용				
결정 내용				
결정 이유				
보상 결정 사항	보상원인			
	보상금액(청구금액)			
	보상방법			
	그 밖의 사항			

「행정기본법」 제36조 제2항에 따라 귀하의 이의신청에 대한 위와 같이 결정하였음을 알려 드립니다.

년   월   일

※ 문의: (담당부서 및 담당자)
        (전화번호)

○○경찰청장 | 직인 |

210mm×297mm[백상지 80g/m² (재활용품)]

〈신설 2023. 3. 24.〉

이의신청 결정기간 연장 통지서

이의신청 내용			
접수일 및 접수번호		당초 결정기간	
연장 사유			
연장 결정기간			
그 밖의 안내사항			

「행정기본법」 제36조 제2항에 따라 귀하의 이의신청에 대한 결정기간이 위와 같은 사유로 연장되었음을 알려드리며, 궁금하신 사항은 담당자에게 문의하여 주시면 자세히 설명하여 드리겠습니다.

년　　　월　　　일

※ 문의: (담당부서 및 담당자)
　　　　(전화번호)

○○경찰청장　| 직인 |

210mm×297mm[백상지 80g/m²(재활용품)]

찾아보기

서정범

고려대학교 법과대학(법학사)
동 대학원 석사과정, 박사과정(법학박사)
독일 Mannheim Uni.에서 Post. Doc(국비유학)
독일 Freiburg Uni. 객원연구원
한국공법학회, 한국행정법학회 부회장
경찰청 손실보상위원장
변호사시험, 행정고시 출제위원
현) 경찰대학 법학과 교수

〈주요저서 및 논문〉
독일경찰법론(1998), 세창출판사
경찰법연구(2018), 세창출판사
경찰행정법(2021), 세창출판사
일반행정법(공저, 2022), 세창출판사
사권보호를 위한 위한 경찰개입에 관한 연구(공저, 2022)
21세기 치안상황 변화에 대한 경찰의 대응(2023) 외 논문 다수

김용주

서울대학교 법과대학(법학사)
고려대학교 대학원 석사과정, 박사과정 수료(법학박사)
한국비교공법학회 부회장
한국행정법학회 조직이사
현) 초당대학교 공공행정학부 교수

〈주요저서 및 논문〉
(경찰법으로서) 테러방지법의 이해(2021), 박영사
일반행정법(공저, 2022), 세창출판사
정보경찰작용에 대한 행정법적 쟁점과 과제(2021)

시 · 도자치경찰위원회의 법적 성격 및 지위, 그리고 자리매김을 위한 소고(小考)
　(2022)
공법적 관점에서 시대―국민―안전과 경찰법(2023) 외 논문다수

김민정

한국외국어대학교 서양어대학 독일어과
서울대학교 행정대학원 행정학과(정책학전공)
한국외국어대학교 법학전문대학원(법학석사)
한국외국어대학교 법학전문대학원(법학박사)
현) 서울특별시경찰청 송무관(변호사)
　　한국외국어대학교 겸임교수

〈주요저서 및 논문〉
경찰작용에서의 손실보상의 법적 문제에 관한 연구(한국외국어대학교 박사학위
　논문, 2021)
재난상황에서의 경찰 손실보상 요건판단의 특수성(2023)

경찰손실보상법

초판 1쇄 인쇄   2024년 2월 8일
초판 1쇄 발행   2024년 2월 23일
—

저   자 ㅣ 서정범 · 김용주 · 김민정
발행인 ㅣ 이방원
—

발행처 ㅣ 세창출판사
　　　　신고번호 · 제1990-000013호 ㅣ 주소 · 서울 서대문구 경기대로 58 경기빌딩 602호
　　　　전화 · 02-723-8660 ㅣ 팩스 · 02-720-4579
　　　　http: / /www.sechangpub.co.kr ㅣ e-mail: edit@sechangpub.co.kr
—

ISBN 979-11-6684-305-1 93360